U0598754

张振华 / 著

信用风险及信用保险法律制度研究

Research on Credit Risk
and Credit Insurance Legal System

中国法制出版社
CHINA LEGAL PUBLISHING HOUSE

序　言

　　根据我国《保险法》规定，信用保险是独立的保险险种，是财产保险公司法定业务范围之一。信用保险在风险转移、经济补偿、社会管理、资金融通等方面均发挥了作用，是保险职能的综合体现和复合作用，对经济、社会、民生的发展均具有积极作用，具体表现为转移信用风险、便利资金融通、扩大销售规模、完善风险管控、优化财务报表等方面。从 2014 年来看，我国全年信用保险保费规模达到 200 多亿元，承保金额突破 4000 亿美元，推动出口金额超过 6000 亿美元，占我国出口总额同期比重达到 25% 左右，信用保险对我国 GDP 贡献率达到 5.5% 左右。

　　鉴于信用保险在促进经济发展、解决小微融资难融资贵、提升产业结构转型升级以及深入推进"一带一路"和"供给侧改革"等重大国家战略等方面发挥了积极的作用，中央以及地方各级政府对于信用保险高度重视，国务院多次办公会议均强调要高度重视、积极发展出口信用保险，相继出台了一系列积极推动信用保险业务发展的政策。国务院于 2014 年 10 月发布《关于加快发展现代保险服务业的若干意见》（国发〔2014〕29 号），强调要着力发挥出口信用保险促进外贸稳定增长和转型升级的作用，稳步放开短期出口信用保险市场，进一步增加市场经营主体。国务院于 2016 年 5 月 9 日发布《国务院关于促进外贸回稳向好的若干意见》（国发〔2016〕27 号），把"充分发挥出口信用保险作用"提升到前所未有的重要地位，列为各项工作举措的首条，提出要进一步降低短期出口信用保险费率，对大型成套设备出口融资应保尽保，在风险可控的前提下，抓紧评估和支持一批中长期险项目。此外，我国保监会联合央行、工信部、商务部、银监会于 2015 年 1 月发布《关于大力发展信用保证保险服务和支持小微企业的指导意见》，这是我国首次在政府层面将发展信用保险与支持小微企业密切结合起来，强调要以信用保险产品为载体，在促进小微企业发展的过程中要充分利用信用保险增信和融资的作用，缓解小微企业融资难、融资贵问题。

与其他财产保险相比，信用保险具有以下特殊性：第一，信用保险承保被保险人对第三方享有的债权。首先，与车险等财产损失保险的保险标的属于绝对权和对世权不同，信用保险承保的债权是相对权和对人权，权利的内容及变动通常只被相对方所知晓，权利变动也不一定遵循公示公信原则，具有较强的相对性、互动性。其次，与责任保险的保险标的属于法定之债不同，信用保险的保险标的属于约定之债，完全基于被保险人与买方的合同约定，体现较强的约定性和隐蔽性。正因为如此，保险人在信用保险承保理赔时面临着更大的风险随意性及不确定性，有必要通过如实告知义务、资信调查、统保义务等措施进行相应的规制。第二，风险主体是保险合同当事人以外的第三方。在常规财产保险（例如意外保险、责任保险等）中，保险合同当事人（投保人或被保险人）就是保险合同中的风险主体。但是，在信用保险中，风险主体既非投保人，也非被保险人，而是第三方主体——投保人/被保险人的交易对手（买方），因此该第三方主体通常也被称为风险方。该风险方虽非信用保险合同的当事人，但却是信用保险存在的关键基础，是保险利益的重要载体。风险方的信用状况和风险水平直接影响信用保险事故的发生与否以及损失大小。在贸易信用保险中，保险人与被保险人订立信用保险合同、签发保险单之后，被保险人还需要向保险人为自己的债务人（买方）再行申请信用限额，经保险人批复后，被保险人才获得相对于上述债务人（买方）的信用风险保障。第三，显著的信息不对称性。在信用保险中，被保险人与其买方（即信用保险合同的风险方）多为关联产业的上下游关系，交易对手之间、同业之间有着较多正式或非正式的信息往来渠道。相对于保险人，被保险人作为交易的当事人，对交易对手的实际还款能力和还款意愿往往掌握更多的信息（尤其是非公开信息），被保险人与保险人之间存在着显著的信息不对称性。上述信息不对称性使得信用保险中的道德风险或者逆选择风险显著高于普通财产保险，而近一时期国内信用保险欺诈案件的高发也与此有着密切的关系。第四，被保险人与保险人对等的议价地位。信用保险的投保人和被保险人均为具有独立法人资格的公司主体，双方的议价能力和认知水平并无明显的差异，在信用保险合同订立的过程中，双方总体上处于对等的议价地位。鉴于保险市场目前已处于自由竞争的买家市场阶段以及信用保险被保险人所具有的信息不对称优势，在很多信用保险项目的磋商过程中，被保险人的议价地位甚至还优于保险人。在上述情况下，仍片面地将信用保险合同项下的被保险人视为合同弱势一方，予以不合理的偏护，无疑有悖于公平原则。第五，保险事故现场的非物理性。常规财产保险主要承保由自然灾害或意外事故造成的物质损失，保险事故以物理事故的形式展现。相对而言，信用保险承保的是信用风险，保险事故是非物理性的财务损失。与常规财产保险可以通过现场查勘校验损失的真伪不同，信用保险的保险理赔不存在物理性的损失现场，保险人需要被保险人配合提供各类单证，保险人通过对单证的审核来校验损失的真实性，因而对单证的一致性、完备性和真实性有着严格的要求。

信用保险的上述特殊性凸显了对信用保险进行深入研究的必要性和价值性，尤其是促使我们从法律的角度去体系化地看待信用保险的属性、地位、内在逻辑以及外延衔接等因素，这些都是我国保险法研究领域的价值洼地。此外，从近现代保险的起源和发展轨迹来看，尤其是从 1906 年《英国保险法》面世以来，保险的内核外延经历了多次的历史演进，最为核心的风险识别和管理因素也随之变化，保险法律关系主体之间的权利义务配置及平衡需要应时而变、顺势而成。尤其是具有显著信息不对称等特性的信用保险，其是否适宜适用目前的保险法、保险人和投保人＼被保险人之间的权利义务关系如何配置和平衡都需要我们进行深入探索和系统研究。

目前国内外对于信用保险研究较少，从法律角度对信用保险进行系统性梳理和研究更是少之又少。现有关于信用保险的研究，更多的是从保险学或者金融学角度进行信用保险原理和功能、经营模式、经营机构的研究，而且主要是针对政策性的出口信用保险，或者从实务角度对信用保险的全流程操作进行介绍。张振华博士立足于工作实践，依托于理论研究，着眼于立法完善，实现了信用保险在实践和理论方面的紧密结合，体现了较强的实务和理论综合价值。张振华博士在本书中着重对信用保险的政策性和商业性进行了梳理并提出了两者的协调机制，对世界主要国家或者地区的信用保险法律制度进行了类型化研究并提出了我国的信用保险立法思路和模式，对信用保险法律关系中的主体、客体、内容等要素进行了详细的阐述和系统的研究，最终从立法模式、原则、内容等不同层次提出了完善我国信用保险法律制度的具体建议，这些都是促进我国信用保险领域和谐发展的重要理论研究成果，在国内具有较为突出的开创性和前沿性。

信用保险是一项全新而重要的事业，本书是我国信用保险发展历程中一个方面或者一个阶段性的研究和展示，是我国信用保险法律制度研究的重要开端。学无止境，术有专攻，希望我国更多的专家学者能够多多关注信用保险、研究信用保险，通过理论研究强化信用保险的自信力和影响力，通过立法完善促进信用保险行业的规范竞争以及和谐发展。

邹志洪 博士

中国人民财产保险股份有限公司法律部总经理

2016 年 7 月 28 日

目　录

导　论

一、研究依据

追根溯源，信用萌发于伦理道德范畴，是人们在日常生活和社会交往中逐步形成的行为规范之一，其主要是要求行为人自觉遵守承诺、履行义务等道德准则，是一个人自身固有品行的体现。信用随着历史演进和社会变迁，逐步进入经济视野。经济语境下的信用是指受信主体基于授信主体的信任无须支付现金即可先行获得商品、服务或者货币的能力，这已经成为市场经济活动中的基本规律和要求。在生产资料私有制、商品社会化生产和货币流通条件下，产生以商品赊销或货币信贷为形式的经济关系，以偿还为条件的价值转化过程，也就是商品或者货物有条件让渡的独特运动形式。[1] 以货币为媒介的商品流通模式使商品买卖发生了时间和空间分离，借贷规模和范围在不断地扩大，促进信用活动和信用关系的规模和范围也在不断地扩大。信用的萌芽和产生成为调整商品交易和资金流向之间不匹配形态的桥梁，有效地促进商品流通和资金流动。在马克思政治经济学看来，社会生产以及再生产的过程必须经由商品循环和资本循环。其中，在资本循环过程中（G-W…P…W′-G′），商品转变为货币的过程被马克思称之为"商品的惊险跳跃"，"这个跳跃如果不成功，摔坏的不是商品，而一定是商品所有者"。[2] "惊险的跳跃"不仅包括商品生产出来销售不出去的风险，也蕴含即便销售出去但却无法回收货款的风险。当货物销售之后却无法收回货款，资本循环链条中断，商品生产者和销售者不得不面临信用风险所带来的损失。

信用的存在可能会发生信用风险，一旦信用风险确定发生，必然会随之产生相应的消极影响和不利后果，进而形成可以确定和评估的经济损失，主要包括投

---

[1]　中共中央马克思恩格斯列宁斯大林著作编译局编著：《马克思恩格斯选集》（第2卷），人民出版社1972年版，第390页。

[2]　马克思著：《资本论》（第1卷），人民出版社2004年版，第127页。

机行为的发生、蕴藏产生经济危机的风险、容易导致资源配置失灵。信用风险是人类在生产生活中所面临的众多风险中的一种，并且是较为特殊的一种风险。通常认为，信用风险是指债务人未能如期还款而给债权人带来的风险。按性质标准划分，信用风险还分为还款不能风险和还款不愿风险。还款不能风险指由于不可抗拒的客观因素所导致债务人无法还款，从而对债权人造成损失的风险，即"想还款而还款不能"。还款不愿风险指债务人出于主观故意而在有能力还款的情况下拒绝还款，从而对债权人造成损失的风险，即"能还款而不想还款"。信用风险的存在必然要求风险防范和解决方法的出现，信用保险应运而生。

信用保险是指债权人向保险人投保其债务人因破产、拖欠、政治因素等而未能履行还款义务的信用风险的保险。与财产损失保险等传统财产保险相比，信用保险具有以下重要特征：（1）保险标的是无形物且体现相对权的法律属性；（2）风险主体是保险合同当事人以外的第三方；（3）显著的信息不对称性；（4）较强的风险传递性；（5）风险概率分布的厚尾性。信用保险具有转移和保障信用风险、促进和便利资金融通、扩大出口和内销规模、提高和完善风险管控、优化财务报表等作用和功能。我国信用保险起步较晚，加上此前较长一段时间内中国出口信用保险公司近乎垄断经营的市场发展实际情况，信用保险市场长期处于初级阶段。近年来，随着我国经济贸易的持续高速增长以及发展模式的日新月异，我国信用保险也进入了发展的黄金时期。但随之而来的是企业面临着形形色色的信用风险，信用风险的频发导致对于信用保险需求的增强，积极研究信用保险、提供符合市场需求的信用保险产品既必要也迫切。同时，国家也高度重视信用保险在促进经济发展、提升产业结构转型升级方面的作用，制定各种政策积极推动信用保险发展。2009 年 3 月，温家宝总理在《政府工作报告》中指出：扩大出口信用保险覆盖面；同年 5 月 27 日，国务院常务会议确定了六项稳定外需的政策措施，其中第一项就是"完善出口信用保险政策"。2014 年 4 月 30 日，国务院总理李克强主持召开国务院常务会议，部署支持外贸稳定增长和优化结构有关工作，其中强调"加强出口信用保险支持，扩大出口信用保险规模和覆盖面，加大对品牌产品、小微企业等的支持力度。鼓励保险公司扩大短期出口信用保险业务，进一步增加短期出口信用保险经营主体"。2014 年 10 月公布的《国务院关于加快发展现代保险服务业的若干意见》强调：拓展保险服务功能，促进经济提质增效升级，着力发挥出口信用保险促进外贸稳定增长和转型升级的作用，加大出口信用保险对自主品牌、自主知识产权、战略性新兴产业的支持力度，重点支持高科技、高附加值的机电产品和大型成套设备，简化审批程序，稳步放开短期出口信用保险市场，进一步增加市场经营主体；推动保险服务经济结构调整，加快发展小微企业信用保险，增强小微企业融资能力；促进保险市场与货币市场、资本市场协调发展，探索发展债券信用保险。2015 年 1 月，中国保监会联合工信部、商务部、央行、银监会发布关于《大力发展信用保证保险服务和支持小微企业的指导意见》，强调要以信用保证保险产品为载体，创新经营模式，营造良好发展环境，坚持改革创新，调动各方参与主体的积极性，发挥信用保证保险的融资增信功能，缓解小微企业融资难、融资贵问题。李克强总理在 2016 年《政府工作报告》中把"增加短期出口信用保险规模，实现成套设备出口融资保险应保尽保"纳入 2016 年政府重点工作之列。2016 年 5 月 11 日，国务院发布《关于促进外贸回稳向好的若干意见》（国发〔2016〕27 号），把出口信用保险提升到前所未有的高度，将"充分发挥出口信用保险作用"作为首要措施，强调要进一步降低短期出口信用保险费率。对大型成套设备出口融资应保尽保，在风险可控的前提下，抓紧评估和支持一批中长期险项目。

与信用保险的快速发展、受到越来越多的关注以及巨大的发展潜力相比，我国的信用保险法律制度几乎一片空白，尚未形成基础的法律制度体系。2004 年，我国颁布了《对外贸易法》，其中第 53 条规定："国家通过进出口信贷、出口信用保险、出口退税及其他促进对外贸易的方式，发展对外贸易。"我国 1995 年《保险法》第 91 条规定："财产保险业务包括财产损失保险、责任保险、信用保险等保险业务"，这表明我国法律的形式明确了信用保险是财产保险中的险种之一，信用保险具有独立的法律地位。但遗憾的是，我国《对外贸易法》和《保险法》并未对信用保险的定义等内容进行规定，也未有其他更多的解释说明。在随后的 2002 年、2009 年和 2015 年《保险法》修订中，也均未涉及任何信用保险定义及相关内容。2003 年，为了正确适用《保险法》，公正、及时审理保险纠纷案件，保护保险活动当事人的合法权益，根据保险法及其他有关法律的规定，结合审判实践，最高人民法院制定了《关于审理保险纠纷案件若干问题的解释（征求意见稿)》（以下简称《征求意见稿》），对人民法院审理保险纠纷案件适用法律问题做出详细解释。在此次《征求意见稿》中，最高人民法院对信用保险的定义在第 33 条中进行了详尽的规定："商业信用保险合同是由保险人承保权利人因债务人破产、解散、政府行为等引起的非正常商业信用风险的保险。商业信用保险合同的投保人为被保险人。商业信用保险的保险人赔偿被保险人的商业信用损失后，有权依照合同向债务人追偿。"该条明确了信用保险合同的主体是保险人和投保人（投保人也是被保险人），且投保人和被保险人是权利人。同时，《征求意见稿》还对信用保险合同的保险责任范围和保险人的代位追偿权进行了规定，认为信用保险的保险责任是权利人因债务人破产、解散、政府行为等引起的非正常商业信用风险，采用列明具体损因的方式解释了信用保险的风险范围，基本覆盖了信用保险的基本内涵，具有积极和进步的意义，其探索和努力值得肯定。不幸的是，该《征求意见稿》最终不了了之、再无下文，并未实际颁布生效。

从世界范围来看，英国、美国、韩国、加拿大、法国、韩国、日本等国家以及我国的澳门和香港地区都制定了信用保险法律法规，从立法模式上看，主要分为"政策单行"模式和"政商不分"模式，从我国的实际情况出发，建议考虑采用"寓政于商"模式。从立法内容上来，其他国家或地区的信用保险立法尽管具体内容不尽相同，各有千秋，但可以给我国信用保险法律制度的建立健全提供诸多借鉴之处：（1）法律位阶高、效力强；（2）立法模式和内容体现本国和地区实际情况；（3）政策性信用保险机构不与商业性信用保险机构竞争；（4）政府提供积极的政策支持；（5）有针对性的风险管理措施；（6）严格的行政监管体系。

二、研究意义

研究信用保险，制定信用保险法律，建立信用保险法律制度体系，对提升信用风险管理能力，构建社会诚信体系，扩大出口和内销，创新保险理论等都具有积极效应。本书希望通过对我国信用保险法律制度进行系统性研究达到以下目标：

第一，进一步提高我国信用保险法律制度研究的深度和厚度。由于我国信用保险市场发展尚处于初级阶段，对于信用保险的研究非常匮乏和狭窄，不管是在研究范围还是理论深度等方面。即便是从国际信用保险研究领域来看，虽然研究范围和深入领先于我国，但是其基本都是从经济学、保险学等角度进行研究，也有从实务角度所开展的较为全面的研究，但是从法律角度尤其是合同法角度对信用保险进行深入研究则难以见到。目前国内对于信用保险研究也主要是集中在经济学和实务操作等方面，信用保险的经济学研究基本是采用经济学原理和模型来论证信用保险存在的作用和功能，尤其是出口信用险在保障出口企业收汇安全、促进外贸经济发展等方面的必要性和重要性；也有学者从金融学和保险学角度对信用保险中的风险管理进行了较为深入的研究和阐释，具有一定的理论深度。信用保险的实际操作研究主要是信用保险实务部门所开展的有关信用保险具体的承保、核保和理赔等操作流程和环节的介绍，实务性和操作性较强，但缺乏必要的研究角度和理论深度。目前我国关于信用保险研究的学术著作和论文少之又少，公开出版的信用保险学术研究著作不超过 5 本，其中仅有一本学术著作与信用保险法律制度有关，即赵明昕博士所著的《中国信用保险法律制度的反思与重构——以债权人的信用利益保障为中心》，其余著作则是从经济学、金融学和实务等方面对信用保险进行研究。在近年的博士学位论文中，只有 5 篇左右研究信用保险法律制度以及相关问题。

法治是市场经济的生命线，相关法律制度的深入研究为市场发展提供智力支持、政策指引、法律环境和制度保障。积极推动信用保险发展的前提是必须对信用保险有更加深入和体系化的研究，尤其是对信用保险法律制度的深入而体系化的研究，比如信用风险以及信用保险的属性、商业性信用保险和政策性信用保险的协调、信用保险合同的法律性质、信用保险合同的成立生效以及保险责任的承担、信用保险的风险管控、行政监管等内容，这些都有待深入挖掘和耕作，其研究必要性、重要性和广阔性不言而喻。保险行业里，信用保险由于其风险性质特殊、技术含量大、金融属性高等特征，被誉为"保险皇冠上的明珠"，堪称保险中的无冕之王。因此，从法律角度，尤其是从合同法律角度对信用保险进行深入而完整的研究，是一项具有里程碑意义的工作，必将产生重要而深远的影响。

第二，健全完善我国信用保险法律制度。哪里有贸易，哪里就有法律。[1]法律为市场经济、贸易发展提供操作规则和纠纷解决方案，进而形成有序的贸易准则和市场秩序。我们都说市场经济是法治经济，是因为所有的市场主体、市场关系和市场行为都必须置于法律的规范和调整之中，与市场和贸易密切相关的信用保险更是不能例外。

目前，信用保险在我国法律法规层面仅仅是略有触及。在法律层面，现行《保险法》和《对外贸易法》只是提及信用保险和出口信用保险的名称而已；在行政法规层面，《外资保险公司管理条例》信用保险属于法定保险业务范围。上述法律法规关于信用保险的规定仅仅是表明信用保险是保险公司保险业务经营范围之一，同时确认信用保险隶属于财产保险以及将出口信用保险作为促进对外贸易发展的手段之一，这是非常宽泛的规定。除此之外，在我国的法律法规体系中，再无更多关于信用保险更为具体、更为具有操作性的规定。

凡事预则立，不预则废。世界主要发达国家在经营信用保险过程中都非常重视法律制度的构建和完善，通过立法规范和引导信用保险发展，促成信用保险良好秩序的法治秩序和发展环境。虽然我国的信用保险仍然处于初级发展阶段，但从2009年以来，我国信用保险呈现快速发展局面，尤其是2013年1月短期出口信用保险首次向商业保险公司——中国人保开放以及国务院2014年要求"稳步放开短期出口信用保险市场、进一步增加市场经营主体"，我国信用保险事业进

〔1〕 〔美〕E.博登海默著：《法理学——法律哲学与法律方法》，邓正来译，中国政法大学出版社1999年版，第485页。

入了快车道和黄金期。与之对应的是更加迫切需要立法对于信用保险的明确指引和具体规定，如此才能为信用保险市场的逐步放开和快速发展提供坚实的立法基础和良好的法治环境，避免出现无法可依、野蛮生长、积重难返的不利局面。同时，从比较的角度而言，与信用保险同属于新兴财产险业务的责任保险，两者在风险属性、发展规模等方面相对最为接近，但是责任保险的法律法规更为完善和具体，现行《保险法》不仅明确规定责任保险是财产保险业务的经营范围之一，同时在第 65 条和第 66 条中明确了责任保险的理赔规则和理赔费用范围，并界定了责任保险的定义。此外，仅仅是责任保险众多险种之一的旅行社责任保险，竟然有保监会专门制定颁布的《旅行社责任保险管理办法》。因此，责任保险在立法层面的篇幅之多、内容之细，让信用保险相形见绌、倍感尴尬。从业务属性、风险特质、存在意义、发展空间等角度来看，信用保险都不应该在我国立法中处于如此尴尬和弱势的地位。

第三，促进我国信用保险业务和谐有序发展。中国出口信用保险公司（以下简称中国信保）是我国政策性信用保险专业经营机构，也是我国最大的信用保险经营主体，其保费收入和承保金额占据我国信用保险市场份额达到 90%以上，近乎完全垄断。以 2015 年为例，中国信保全年实现承保金额 4715.1 亿美元，同比增长 5.8%；其中中长期出口信用保险新增承保金额 238 亿美元，海外投资险承保金额 409.4 亿美元，短期出口信用保险承保金额 3638.8 亿美元，向客户支付赔款达 14.5 亿美元，承保规模持续位居国际同业前列。中国信保全年承保我国面向"一带一路"沿线国家的出口、投资、承包工程金额达到 1163.9 亿美元，其中承保"一带一路"战略清单项目 38 个，承保金额 232.2 亿美元，发挥了中长期出口信用保险、海外投资保险和短期出口信用保险政策性作用。

2013 年 1 月，经财政部同意，中国人保获得短期出口信用保险经营资格，成为继中国信保后能经营短期出口信用保险的第二家保险公司，也是第一家商业性保险公司。2014 年 6 月，中国平安财产保险股份公司、太平洋财产保险股份有限公司、中国大地财产保险股份有限公司等公司获得经营短期出口信用保险的资格，出口信用保险市场化进程加快。根据国务院发展研究中心的数据模型测算，2014 年通过出口信用保险直接和间接拉动我国出口超过 5500 亿美元，约占我国出口总额的 24%；促进和保障了 1400 多万个就业岗位，对经济社会发展作出了一定贡献。

在国内贸易信用保险市场完全市场化、商业化、短期出口信用保险市场逐步放开、信用保险市场经营主体进一步增加的背景下，对信用保险的研究，尤其是信用保险合同法律制度的研究更为必要和迫切，理论研究将为信用保险市场发展提供理论基础、智力支持、决策参考、产品开发依据，为整个信用保险行业的规范、有序、和谐发展正本清源、保驾护航。

第四，有助于实现个人职业实践与理论研究兴趣的有机结合。本人自 2009 年开始在中国人保从事信用保险工作，至今已经整整 7 年，历经信用保险的承保、理赔、资信评估等多个工作岗位，具有全流程、立体化的实务经历和深入思考，同时也非常熟悉中国信用保险行业的发展现状和趋势以及国际信用保险市场发展格局。本人在日常的信用保险承保和理赔实务操作中，遇到了很多很多的难题和困境，其中大部分与我国信用保险研究匮乏息息相关、与我国信用保险法律制度缺位密切相连。因此，希望借攻读博士学位的契机，对信用保险法律制度进行全面而深入的梳理和学习，坚持理论联系实践、实践推动研究的思路，力求实现工作和兴趣的结合、事业和学习的互动，为建立健全完善我国信用保险法律制度尽绵薄之力。

三、文献综述

目前国内外对于信用保险研究较少，从法律角度研究信用保险进行专题性研究更是少之又少。专著方面，仅有赵明昕博士对信用保险法律制度进行了相对完整、体系化的研究。博士学位论文方面，江丽娜、韩强、贾余广等人对信用保险法律制度进行了论述，但都是针对政策性的出口信用保险，没有从整体对信用保险进行法律解读。其他专家学者对于信用保险研究，更多的是从保险学或者金融学角度进行信用保险原理和功能、经营模式、经营机构的研究，而且主要是针对政策性的出口信用保险，或者从实务角度对信用保险的全流程操作进行阐释。

（一）国内研究代表性成果

信用保险法律论述方面，赵明昕博士所著《中国信用保险法律制度的反思与重构——以债权人的信用利益保障为中心》是国内第一本也是目前唯一一本信用保险法律研究的专著，其选择从民商法、合同法角度来研究信用保险，设立了"信用保险基本理论研究——信用保险合同具体问题研究——信用保险法律制度构建"这样一个法学味道十足的逻辑线索。信用保险合同研究是该著作的中坚，也是信用保险法律制度的核心，此部分阐述了信用保险合同较为独特的各项要素。该著作最具有开创性的研究成果是从合同法的视角审视信用保险的基本原则和主要流程，对信用保险合同进行了较具创新性的阐述，包括信用保险合同基本原则，信用保险合同成立生效要件，信用保险合同的分类与要素，信用保险合同的履行与终止等，同时提出了构建我国信用保险法律制度的初步思路。

信用保险实务介绍方面，中国出口信用保险公司出版的《出口信用保险——操作流程与案例》是目前第一本较为全面详细的信用保险实务性著作。它以常用信用保险险种划分章节，全面地介绍不同的信用保险在承保理赔等方面的操作，这是一本内容实用的出口信用保险实务操作指导书，是业内公认的出口信用保险实务经典著作。中国出口信用保险公司前总经理唐若昕先生主编的《出口信用保险实务》一书，系统地介绍了出口信用保险的起源、历程、模式以及具体实务操作流程和环节，对出口信用保险进行了较为深入的研究，特别是在引荐国外ECA发展经验、探索我国出口信用保险发展实践等方面做出了有益尝试。王东伟、李雪峰所著的《出口信用保险原理与实务》一书对出口信用保险的特点、种类、经营管理规则以及国外先进国家出口信用保险运营经验予以介绍，寻找和发现我国出口信用保险存在的问题和不足，进而对我国出口信用保险经营模式进行研究，提出私营出口信用保险的发展存在巨大空间，我国出口信用保险从长期来看还是要坚持商业化为主，尤其是坚持短期出口信用保险的市场化。

信用保险经济学研究方面，何慎远、汪寿阳所著的《中国出口信用保险研究》一书从政策性出口信用保险出发，梳理我国出口信用保险的演变历程，比较各国出口信用保险的运营模式，论证出口信用保险对出口的相关性，挖掘出口信用保险海外风险影响因素及其风险度量维度，为加快我国出口信用保险发展提出了具有针对性和可操作性的政策建议。本书的重要研究成果在于借鉴进出口政策性金融的研究成果，在国内第一次提出了政策性出口信用保险发展的基础理论，尤其对政策性出口信用保险产生、存在的理由以及政策性出口信用保险保险应当在哪些领域发挥作用，提出了独到的见解。同时从管理科学的角度建立了一个四维的分析框架，对我国与世界主要发达国家的出口信用保险进行了比较，分析了出口信用保险的发展规律及我国与发达国家的差距。最终为加快我国出口信用保险发展提出了具有针对性和可操作性的政策建议。严启发、成泽宇所著的《官方出口信用：理论与实践》一书首先从理论和实践两个层面出发对官方出口信用的存在、运营和发展进行了系统分析。理论层面，通过理论研究论证了官方出口信用存在的合法性和正当性，尤其是从 WTO、OECD 以及欧盟等世界性组织的一系列协议和文件中对官方出口信用进行了深入阐述。实践层面，对世界上主要国家的官方出口信用机构进行了详细介绍，包括基本情况、法律制度、组织机构、运营机制、风险管理、行政监管等方面。

除了上述学术专著，国内也有一些关于信用保险的学术论文，但绝大多数都是集中于出口信用保险，其中涉及法律方面的更是少之又少。信用保险立法方面，翟因华先生在《浅谈出口信用保险立法中的若干问题》中提出要借鉴英国、法国等国家的先进经验，对出口信用保险进行单独立法，同时构建了比较完整具体的出口信用保险法律体系框架和内容。李本在《出口信用保险制度立法的技术性考量》一文中认为，我国应学习借鉴发达国家经验，制定出口信用保险相关法律，明确规定出口信用保险的性质、宗旨、经营原则、管理方式、参与机构的权利和义务等，同时强调出口信用制度立法必须考虑两个关键性技术制衡点，一是出口信用保险的盈亏经营问题；二是是否应双轨制经营的问题。周玉坤博士在《短期出口信用保险合同相关问题研究》一文中对短期出口信用保险合同的保险责任承保起点进行了比较论述，阐述了信用保险成立、生效以及保险责任承担的不同时间节点，最终认为短期出口信用保险合同的保险责任始于货物交付，并对如何界定交付提出了具体建议。江丽娜博士在其博士毕业论文《出口信用保险合同问题研究》中对出口信用保险合同的定义、原则、种类、成立、生效、责任开始、变更、终止等情况进行了较为完整的研究。贾广余博士在其博士毕业论文《出口信用保险法律制度研究》中对出口信用保险合同以及信用保险业的法律制度进行了系统化的探索和论证。韩强博士在其博士毕业论文《我国出口信用保险问题研究》重点阐述了构建我国出口信用保险法律制度的模式、路径和具体立法内容。在出口信用保险经营模式研究方面，赵苑达在《出口信用保险的商业化经营问题探讨》一文中对出口信用保险商业化的路径、范围和具体内容进行阐述。徐放鸣和魏志峰的《关于法国、意大利、韩国、香港等国家和地区出口信用保险体制的考察报告》是国内较早系统化介绍国外信用保险经营体制和模式的文献，重点对法国、意大利、韩国和我国香港地区的出口信用保险经营机制和机构进行了详细论述和比较研究。

（二）国外研究代表性成果

国外目前未见对信用保险专门从法律角度进行研究的专著，主要还是从经济学、保险学以及实务操作等方面展开研究和论述。国际信用保险及保证保险协会（International Credit Insurance & Surety Association，ICISA）于 2013 年出版的 *AN INTRODUCTION TO TRADE CREDIT INSURANCE* 是目前世界领域对于信用保险最为全面、最为详尽、最为前沿的综合性信用保险著作，其理论和实务价值不言而喻。本书一共 14 章，从贸易的起源开始，逐步引出贸易信用保险的概念、发展、产品类型、风险类型，进而详细介绍贸易信用保险合同的标准成立过程、保险费定价机制与因素、保单日常管理、买方风险承保等最为核心的内容，其后又谈及可损通报、定损理赔、催收追偿、保单到期和续转、再保险等配套流程和措施，同时还具体地研究了出运前风险、单一风险等贸易信用险的特殊承保风险和模式，具有非常高的理论和实务参考借鉴价值，代表了信用保险研究的最高水准。

Miran Jus 所著的 *Credit Insurance* 出版于 2013 年，是目前世界范围内比较能

够体现信用保险理论和实务发展前沿的专业著作。其作者 Miran Jus 具有较为深厚的法律背景，具有丰富的出口信用保险从业经历，兼有信用保险方面的理论和实务功底。该书较为详细地介绍了信用保险的整体流程，主要包括信用保险的定义、参与主体、供应商信用保险、买方信用保险、信用风险、信用保险流程、风险管理、风险组合、供应商和卖方信用限额、操作流程等方面。作者认为信用保险虽然具有诸如信用期限长、人力密集型多方主体合作以及被保险人更多的参与保单日常管理等特殊方面，但其仍然存在于其他财产保险的基本原理之上：互助性和团结性、近因原则、大数法则、风险分散等。同时提出，短期信用保险所承保的风险主要是商业风险和别的可以市场化运作评估的风险，也是全球再保险市场所通常接受的险种。因此，短期信用保险是信用保险市场的基础和主流险种。此外，作者强调信用保险必须坚持统保原则，要求被保险人将其与全部买方的所有交易都向保险人投保，如此可以避免被保险人的逆选择和道德风险。

除了上述学术专著，在学术论文方面，国外对出口信用保险进行了较为深入的研究。出口信用保险的功能方面，Dick Briggs 通过出口信用保险的多维度研究，强调出口信用保险在扩大出口、扩展国际市场等方面对国家具有重要意义，政府应当采取积极的财政支持政策并实施适合实际国情的经营机制，如此将对该国的经济发展体现显著的促进作用。McCauley 也对出口信用保险如何促进出口进行了多维度论证。出口信用保险经营模式方面，Fabrice 对世界主要发达国家的出口信用保险市场运营情况进行实证研究，并对英国、美国、法国等国家的出口信用保险经营管理模式和具体的经营机构开展横向比对，将主要发达国家的出口信用保险经营体制类型化为国家专营、政府委托私营机构经营等方式，同时对出口信用保险的国别风险、市场风险和经营风险进行研究分析。出口信用保险合法性方面，Coppens 论述了出口信用保险合法性以及籍此实现促进出口的目的。

（三）我国信用保险法律制度研究存在的问题

我国目前对信用保险的研究主要是从经济学、保险学、管理学等角度进行研究，也有一些从实务角度进行介绍，但是从法律制度角度对信用保险进行深入体系研究的成果非常稀少。即使是对信用保险进行法律研究的代表性成果也基本都是针对出口信用保险，比如翟因华先生的《浅谈出口信用保险立法中的若干问题》、周玉坤博士的《短期出口信用保险合同相关问题研究》、江丽娜博士的《出口信用保险合同问题研究》、贾广余博士的《出口信用保险法律制度研究》、韩强博士的《我国出口信用保险问题研究》等。

如何从法律整体层面对信用保险进行梳理是我国信用保险法律制度研究的薄弱环节，也是今后信用保险研究者应该重点投入和关注的。宏观层面，主要体现为如何理解信用保险的概念和特征，如何对信用保险的政策性和商业性进行协调，如何确定我国信用保险的监管模式和路径，如何理解建立健全信用保险法律制度的必要性并探讨其可行性，如何构建我国的信用保险法律制度体系等。微观层面，如何界定我国政策性信用保险的具体范围、短期出口信用保险如何商业化、统保原则以及法律责任如何确立、如何合理界定信用保险合同成立生效要件以及保险责任起始点、信用保险合同主体资格如何确定、如何对信用保险的承保风险进行法律规制、我国信用保险法律制度的主要规则如何确定等。

（四）本书的创新性

本书的创新性主要体现在以下几个方面：其一，不仅仅是局限于国内既往研究普遍集中扎堆的出口信用保险，而是扩大研究视野，提升分析宽度和厚度，着眼于更为整体全面的信用保险领域。其二，对美国、英国、韩国以及我国澳门和台湾地区等世界主要发达国家和地区的信用保险制度进行系统性的梳理，进行类型化的剖析和研究，划分为"政策单行"和"政商不分"两种主流模式，并根据我国实际情况提出"寓政于商"的总体立法模式思路。其三，对信用保险的商业性和政策性进行梳理和清分，确立清晰合理的信用保险商业性和政策性协调机制，并提出了具体可行的实践路径。其四，对信用保险法律规则核心要素进行系统化的解析，特别是通过"分离原则"范式对信用保险合同第三人的存在和功能进行解读，这是显著区别于其他险种的很大不同和新意所在。其五，在若干基础性研究的基础上，本书系统完整地提出了制定我国《信用保险法》的思路、原则、总体结构和具体规则。其六,首次在国内公布了诸多国内外信用保险领域的最新数据和真实案例,极大地丰富了我国信用保险法律制度研究的内涵和外延。

四、研究方法

本书主要运用以下研究方法:

其一,历史研究方法。恩格斯曾深刻地指明"历史从哪里开始,思想进程也应当从哪里开始,而思想进程的进一步发展不过是历史过程在抽象的、理论上前后一贯的形式上的反映"。[1] 后之视今,犹今之视昔。历史是一面镜子,也是一本深刻的教科书,在研究信用保险法律制度的过程中,需要温故知新、继往开来。信用的历史变迁和功能转化、信用风险的产生和防范、信用保险的前世今生和来龙去脉、我国信用保险法律制度的萌芽演进、各国信用保险立法模式的确立和制度完善、商业性信用保险和政策性信用保险的交织等种种内容都需要以历史的角度和逻辑去探寻和发现。

其二,实证分析方法。纸上得来终觉浅,绝知此事要躬行,法律是经世济民的学科,其生命和意义在于实践。信用保险法律制度更加侧重实务功能,其来源于实践,更需要用现实生活的实践来完善和指导,尤其是解决有争议的问题。对信用的起源及属性、信用保险与保证担保以及保证保险的区别、建立信用保险法律制度可行性分析等方面在理论探讨的基础上,更有必要进行实证的分析,了解实际情况,把握真实动态。同时,还需要完全了解我国信用保险发展现状、信用保险法律制度现状及其存在的问题,并对产生问题的原因进行剖析。此外,对建立我国信用保险法律制度的可行性也进行实证分析,主要梳理了我国目前的信用保险法律制度立法实践活动和成果,学习和借鉴其他国家或者地区的信用保险法律制度立法实践。

其三,比较分析方法。信用保险交织着商业性和政策性,通过比较的方式对

---

[1] 中共中央马克思恩格斯列宁斯大林著作编译局编著:《马克思恩格斯选集》(第2卷),人民出版社1975年版,第43页。

信用保险的政策性会有更加透彻的把握，同时也对政策性信用保险的不同运营模式进行比较研究。我国信用保险制度无论是理论研究还是实践操作都仍然处于初级阶段，了解和借鉴国外先进可行的信用保险法律制度确有必要。因此，如果要探索如何构建我国的信用保险法律制度，就需要在对我国信用保险法律制度现状进行分析的基础上，对比并借鉴其他国家或地区以及国家组织先进的立法与司法经验；同时，信用保险法律制度的理论研究过程中，需要对一些概念和现象进行比较分析，这样才能有更加深入的了解和把握，比如：信用保险与担保的区别、信用保险与保证保险的区别、信用保险的定义、信用保险合同的成立和生效要件以及保险责任开始要件、投保人和被保险人的如实告知义务履行标准等方面。

其四，法经济学、法哲学分析方法。在研究信用保险法律时，也会涉及一些价值判断的问题，需要运用哲学、经济学、保险学以及哲学等诸多学科内容，对信用的伦理、经济、法律属性进行深入论证，对信用风险的可保性进行阐述，对信用保险的功能进行解析。同时，从法哲学、法经济学和法社会等角度对信用保险的理论基础进行阐述。

其五，概念分析方法。理论研究需要一个正确的方向和明确的基础，即对研究对象的概念准确的把握，否则只能是缘木求鱼、南辕北辙，因此，需要对信用、信用风险、信用保险、信用保险的政策性和商业性业务等概念进行梳理和明确。

五、写作结构

本书以我国信用保险法律制度作为研究对象，遵循现状分析、问题导向、原因推敲、路径探索、措施构建的写作原则，构建"论述信用保险特征与功能——阐述我国信用保险法律制度现状及问题——探索完善我国信用保险法律制度的必要性——厘定信用保险商业性和政策性的关系和协调——重点研究构建信用保险法律制度的核心要素——提出完善我国信用保险法律制度建议"的写作逻辑，力求主要研究并回答信用的属性是什么、信用风险是否具有可保性、我国信用保险法律制度目前存在现实问题是什么、完善我国信用保险法律制度是否具有必要性、信用保险的商业性和政策性如何协调、政策性信用保险如何界定、构建信用保险保险法律制度的核心要素是什么、如何建立完善我国信用保险法律制度等问题。正文部分分六章对我国信用保险法律制度进行阐述：

第一章分为两个部分，第一部分主要就信用属性以及信用风险可保性进行讨论，首先梳理信用的起源和演进，进而对信用的伦理、经济、法律属性进行了深入分析，便于更加了解信用的特征。此外，从信用风险的特殊性出发，论证信用风险是否具有可保性，奠定信用保险的合理性和合法性基础。第二部分就信用保险的定义和特征予以阐述，在综合各种理论和立法的基础上，明确了信用保险的定义，考察了信用保险的特征，比较了信用保险和保证保险的区别所在。同时，还从实证角度对信用保险的功能进行了阐述，主要包括转移和保障信用风险、促进和便利资金融通、扩大出口和内销规模、提高和完善风险管控和优化财务数据和结构等。

第二章直面我国信用保险法律制度的现状和问题，首先要认识我国信用保险市场的实际发展格局以及信用保险法律制度的现状，并深入全面剖析问题所在，主要体现为信用保险市场的实质性垄断、相关法律法规的缺失、司法实践中对投保人和被保险人的过度保护、信用保险监管的滞后以及其他配套制度措施非常薄弱。

第三章探索完善我国信用保险法律制度的必要性，主要从三方面着手。其一，从法哲学、法经济学和法社会学等角度深入地梳理了信用保险的理论基础，为建立我国信用保险法律制度提供理论支持。其二，论证了建立我国信用保险法律制度的必要性，即有助于保障我国市场经济和谐有序发展、推动我国信用保险市场积极健康发展、确立我国信用保险独立完整的法律地位，提升信用保险的影响力以及促进信用保险行业监管的合法性和适度性。其三，在比较分析方法视野下，立足于国家化范围内归纳总结了"政策单行"和"政商不分"两种信用保险立法模式，进而充分梳理和借鉴了英国、美国、韩国、我国澳门地区和台湾地区等主要发达国家或地区的信用保险法律制度，进而提出我国信用保险立法思路在整体层面可以考虑采取"寓政于商"的模式，并提供了论证依据。

　　第四章旨在论述如何对信用保险的商业性和政策性进行协调。第一，明确区分商业性保险和政策性保险的主要因素。第二，对信用保险的商业性和政策性如何协调进行讨论，主要涉及商业性信用保险和政策性信用保险的运行机制以及政策性信用保险不同经营模式的梳理，进而提出适合我国实际情况的政策性信用保险经营模式。第三，研究如何界定和限制政策性出口信用保险范围，主要了解了世界主要国家或地区政策性信用保险的演进历程，然后探讨短期出口信用保险商业化的可行性以及在我国实施的具体路径和步骤。

　　第五章力求梳理信用保险法律制度的核心要素，主要分为信用保险合同法和信用保险业法两部分。信用保险合同法主要包括信用保险合同主体范畴的建构、信用保险合同中保险责任与责任免除的平衡、信用保险合同承保风险的综合管控等内容，同时对受益人设置、保险人的提示说明义务履行标准、投保人/被保险人的如实告知义务等方面进行了重点法理研究和分析。信用保险业法部分则是针对信用保险行业监管路径进行论证，最终推导出我国保险行业监管的关键举措以及信用保险监管路径的选择。

　　第六章是制定我国《信用保险法》的对策与建议。从我国的实际情况出发，本书建议我国信用保险采用"《保险法》+单行法"的立法模式，在《保险法》中增加信用保险基础原则性内容，发挥统领全局、承上启下的作用，主要规定信用保险定义、承保风险范围、相关立法授权等。在此基础上，制定《信用保险法》作为单行法，该《信用保险法》又具体分为商业性信用保险和政策性信用保险两大部分，在此体系框架引导下制定相应的具体规则，主要涉及信用保险合同及监管等内容。

第一章 信用保险的特征和功能

第一节 从信用到信用风险的演进

一、信用的起源和本质

（一）信用的历史演变

以礼仪之邦闻名于世的中国，一直以来都是极为推崇与人为信，以此作为中国人最为重要的道德传统之一。从博大精深的中华文化传统层面而言，"信"者，诚实不欺也。[1] 随着历史的变迁和社会的发展，"信"逐步演化出"信用"的概念，除了保有最初的"诚实"等道德内涵外，其已经更加侧重于强调经济意义上的"价值交换"等特征。《牛津法律大辞典》认为"信用是为得到或提供货物或服务后并不立即而是允诺在将来付给报酬的方法以及一方是否通过信贷与另一方做交易，取决于他对债务人的特点、偿还能力和提供的担保的估计"。[2] 信用已经从最初的仁义、诚实等道德情操范畴逐渐演化为体现履约、交换和偿还等内容的现代经济和法律范畴。

英国的 C. 达韦南特曾经说过，"在所有仅存于人类思维内的存在中，没有什么比信用更奇异和美好的了。信用从来不能强制，信用有赖于看法，信用取决于我们的希望和恐惧之情，它经常不期而至，又经常不辞而别；而一旦失去，就难以完全恢复"。[3] 从西方国家来看，"信用"（Credit）一词源于拉丁文"CREDERE"，与古代中国异曲同工、殊途同归，其最初含义也是"诚实、信任、

〔1〕 蒲小雷、韩家平著：《企业信用管理典范》，中国对外经济贸易出版社 2004 年版，第 9 页。
〔2〕 ［英］戴维·M. 沃克主编：《牛津法律大辞典》，北京社会与科技发展研究所编译，光明日报出版社 1989 年版，第 280 页。
〔3〕 ［美］理查德·H. 戴著：《混沌经济学》，傅琳译，上海译文出版社 1996 年版，第 9 页。

信赖"。随着商业社会的逐步发展，12 世纪的欧洲出现了赊销交易方式，"信用"的经济含义逐步凸显。到了 16 世纪的欧洲，凭借全球探险进程的加快以及越来越多的新大陆被发现，欧洲各国的经济和贸易快速发展，国内外商品交易越来越活跃，极大地促进了赊销等信用交易方式的发展。商人们必须把经过长途跋涉、漂洋过海才能送达的货物交给异地的贸易代理商代为销售，等到货物销售完毕后才能收回货款。如此情况下，货物的空间距离导致了货款的时间距离，产生了信用风险，异地代理商的信用状况尤其重要。17 世纪之后，欧洲的银行也加快了商业化发展步伐，逐步向贸易商借贷资金。由于银行的贷款利率较低，销售商的资金较为宽裕，采取了更为宽松的销售条件，使得赊销交易更为普及。经过两次世界大战后的休养生息，世界经济逐步恢复并进入快车道，新技术、新产品不断涌现，商品市场空前繁荣。商人们渐渐感到，市场已经在不知不觉中由卖方市场转为买方市场，激烈的市场竞争使销售压力越来越大。于是，赊销等信用交易方式又开始普及和盛行。到 20 世纪 80 年代，欧美等发达国家的贸易中，赊销已经达到全部销售的 90% 以上，而且这个比例还在继续上升。[1]

（二）信用的内涵裂变

对于信用的概念和本质，法律学者从法律角度进行了探究和界定。王利明教授认为信用是民事主体在社会上所获得的与其经济能力相适应的经济评价。[2] 吴汉东教授认为法律意义上的信用是指民事主体所拥有的债务清偿能力在社会化范内内所获得的信赖和评价。[3] 杨立新教授认为信用是指民事主体所拥有的经济能力在社会上获得的相应信赖与评价。[4] 三位学者虽然看法略有不同，但都认为信用的本质是通过内外两个层次体现，即内在于主体自身经济能力并外化于信赖和评价。对信用主体的信赖和评价必须基于主客观相统一的经济能力。主客

---

〔1〕 蒲小雷、韩家平著：《企业信用管理典范》，中国对外经济贸易出版社 2004 年版，第 10、11 页。
〔2〕 王利明著：《民法·侵权行为法》，中国人民大学出版社 1993 年版，第 299 页。
〔3〕 杨立新著：《人身权法论》，中国检察出版社 1996 年版，第 638 页。
〔4〕 吴汉东："论信用权"，载《法学》2001 年第 1 期。

观相统一的经济能力包括履约意愿和履约能力。履约意愿是指债务人在约定期限内保证履行义务的主观态度，即"想不想履约"；履约能力是指债务人在特定期限内实际履行义务的客观能力，即"能不能履约"，这与债务人的经济状况密切相关。

信用的本质内在于主体自身经济能力并外化于信赖和评价，其主要有以下特征：第一，客观性。虽然信用在一定程度上体现了主体的意愿或者态度，但信用的存在、发展和变化是客观的，不以个人的主观意志为转移。具体体现在以下方面：（1）主体客观性。信用主体通常是民事主体，主要包括自然人、法人以及其他组织等客观存在的主体。（2）内容客观性。信用的产生和变化依赖于信用主体的经济能力，其体现主客观相统一，但仍以客观内容为基础，即信用主体的履约能力，作为主观方面的履约意愿只是在一定程度和范围内影响履约能力。（3）表现形式客观性。作为信用核心的信赖和评价建立在对主体经济能力进行综合客观评价的基础上。信赖和评价虽然是外化形式，但无法偏离主体经济能力，尤其是从大范围和长周期角度来看，信赖和评价与主体经济能力正相关，如实客观地反映主体经济能力。第二，社会性。首先，信用体现为一种社会心理，也是安全感的体现。这种安全感不是虚无缥缈，必须生成于受信人的资信实力基础之上，最终由授信人通过理性的分析和判断予以确定。其次，信用外化为一种社会关系。信用不是仅仅囿于个体的孤立行为，而是不同的授信人和受信人之间的交互联结。随着社会主体范围的扩大，这种两两的交互关系变成多个两两交互关系甚至多极关系，进而裂变为不特定的授信人和受信人之间的社会化关系，主体身份在频繁转变，某个信用关系链中的授信人在另一个信用交易中则是受信人。第三，财产性。随着社会进步以及经济发展，信用的财产性逐步凸显，信用在市场交易中已经外化为一种独立的财产。在市场经济环境下，信用越来越被独立地认为就是财产类型之一。主体的信用与其经济能力、经营业绩好坏有着直接的关系，经济能力和偿债意愿越强，所获得的社会评价就越好，信用越高；信用越高，就具有更强的融资能力，也可以更好地与其他主体进行经济交往和社会联系，产生更强的市场竞争力、盈利能力。特别是对于企业而言，信用本身就可以成为一种无形财产——商誉，这种财产具有一定的市场价值，甚至可以评估作价、对外出资。第四，人格性。在市场经济和人格商业化越来越激烈的环境中，信用本身所具有的人格属性可能会有所弱化，但并非消亡，信用的人格属性仍有其存在的基础和依据。信用是一种资格、一种道德上的人格利益。在信用的发展史中，诚实、守信的良好品德等人格方面的因素与财产因素既相联系、又相分离，发挥着同等重要的作用。信用的人格利益在人类价值发现和创造中仍将发挥重要作用。

二、信用的属性特征

（一）信用的伦理属性

信用起源于道德伦理范畴，是行为人信守诺言、忠人之托的道德品行体现。信用一词在我国历史上最早见诸春秋战国时期的《左传·宣公十二年》："其君能下人，必能信用其民矣。"以及《史记·陈涉世家》："陈王信用之。"溯及原始本意，信用是指"信任而使用"，体现主体的主动性，也就是现在理解的用人不疑。随着历史的变迁，信用又被理解为"获得信任"，体现主体的被动性，也就是说某人诚信可靠，信守诺言，进而获得他人的信任。[1] 早期的信用，更多的将社会伦理、道德操守、日常规范融入其内涵之中，是普通老百姓心中所理解的"言而有信"、"无信而不立"。一个人失去信用就意味着与之交往的人将面临不可预测的道德风险。在这个层面上，信用往往属于道德价值判断的一般义务，即含有对行为实践者未来行为的潜在可能性的预设，是现在评价过去、引导未来的判断。[2]《三国演义》中，关公保护两位皇嫂千里走单骑，丝毫没有非礼之处；白帝城刘备托孤，诸葛亮鞠躬尽瘁，死而后已。在天下大乱、诸侯纷争、人人自危、朝不保夕的动荡年代，这种高度体现了信用的托妻寄子典故，为社会和百姓所称赞和向往，成为中华民族优秀传统道德不可或缺的一部分。

---

[1] 石淑华、李建平："论现代信用文化建设"，载《福建论坛（人文社科版）》2003 年第 1 期。
[2] 李锦彰著：《货币之魂》，中国金融出版社 2012 年版，第 4 页。

（二）信用的经济属性

信用作为经济活动的基本要求，是指一种建立在对授信人对受信人偿付承诺的信任的基础上，使后者无须支付现金即可获得商品、服务或者货币的能力。当人类进入生产资料私有化和商品生产社会化阶段，通过货币流通的广泛化，经济关系逐步体现为商品赊销或货币信贷等形式，货币或商品实现有条件的让渡运动。[1] 社会化分工和生产资料私有制是信用赖以产生的两个基础前提条件。在生产资料私有制背景下，人们对生产生活资料的占有具有排他性，不能随意地占有他人所有的生产生活资料。如此相互作用，便形成了依赖性和排他性之间的矛盾即每个人对生产生活资料需求的多样性与每个人所能够生产的生产生活资料占有的单一性之间的矛盾。正是由于社会分工和生产资料私有制所造成的前述矛盾，推动了以借贷为主要表现形式的信用的产生。人们为了更好地生产和生活，就必须尽可能地缓和甚至解决因社会分工和生产资料私有所造成的依赖性与排他性之间的矛盾。于是乎，不同的个体之间都努力尝试进行一定的交换活动，在交换过程中互通有无，以满足不同主体对生产生活资料多样化的需求。但是，在很多现实情况中，交换双方因各自或双方条件和能力的制约，往往并不一定能够顺利地进行彼此之间的交换活动并达到目的。尽管存在诸多障碍，但矛盾的解决过程并未停滞，人们基于强烈的需求而不得不进行更多的尝试和探索。在此背景下，能够在一定程度上扫除交换障碍、促进交换进程并最终实现交换目的的借贷活动便因此而产生。如此一来，不同主体之间的信用活动或信用关系也就相应地适时产生，尤其是在商品货币关系有了长足发展之后，"以货币为媒介的商品流通的发展使商品买卖在时间和空间上发生了分离"，[2] 人们之间的借贷规模和范围在不断地扩大，从而促进人们之间的信用活动和信用关系的规模和范围也在不断地扩大。通过信用的创造，使其成为修正物质运动和资金流通之间不

---

[1] 中共中央马克思恩格斯列宁斯大林著作编译局编著：《马克思恩格斯选集》（第2卷），人民出版社1972年版，第390页。

[2] 赵爱玲："马克思信用理论初探"，载《齐鲁学刊》2007年第5期。

匹配的桥梁，通过此信用之桥梁，大大地促进货物流通和资金流动。

（三）信用的法律属性

信用在法律上体现为一定的权益，这一点毋庸置疑。但信用的权益本质属性是什么，法学理论界存在不同看法：信用在法律上体现为一定的权益，这一点毋庸置疑。但对于信用的权益本质，法学界存在以下几种观点：其一，信用属于人格权。梅仲协先生在《民法要义》中谈到："按人格权（德）一语，系德国学者所创设，据 Egger 氏之解释，凡保证吾人能力所及，对于第三人得以享受之权利，无论为精神的或经济的关系，其与吾人生存上不可分离者，均属之。例如生命、健康、贞操、秘密、姓名、信用及劳动力是。"[1] 其二，信用属于财产权。吴汉东教授认为，信用不是一种人格利益，而应归类于无形财产的范畴，其理由如下：（1）信用是特定民事主体的财产利益。财产的性质表现为一定的经济利益，对于民事主体而言，信用作为影响当事人获得一定交易利益的特殊经济能力，其价值在于通过信用交换的形式获得对等的交换价值。（2）信用是一种没有物质形态的无形财产利益。财产的本质在于其内容的经济利益性，而不问其表现形态如何。信用是关于经济信赖的一种社会评价，反映的是特定主体的特殊经济能力。它虽然具有财产意义，但不具有最终的物质产品形态。信用或是与商誉一起作为特殊价值形态的财产列入企业会计表中的无形资产类别，或是通过专门的评估机构用科学的评估方法加以量化。（3）信用主要是以汇票、信用证、资信文件为载体的财产利益。信用是一种关于经济信赖的社会评价，它存在于商品交换与商业贸易之中，因此必须通过一定的形式表现出来，为当事人各方所认识、所接受。[2] 其三，近些年来有学者提出信用权是一种兼具人格权与财产权性质的商事人格权。首先，信用具有人格性，信用是一种资格、一种道德上的人格利益。其次，信用具有财产性，信用体现为一种以财产为基础的信用——财产

---

[1]　转引自杨立新著：《人身权法论》，人民法院出版社 2002 年版，第 698 页。
[2]　吴汉东："论信用权"，载《法学》2001 年第 1 期。

信用，并且信用本身已经成为一种无形财产，同时侵害商业信用主要承担财产责任。[1]

本书认为，法律对利益的发现和确认并非一成不变，而是随着历史的变迁而变迁，社会的发展而发展。在民事权利二元性理论角度的视野下，财产权和人格权均内在地具有财产利益和精神利益，只是由于两种利益在两者中的比例不同，从而决定了主体对不同权利客体的处分属性也不同。[2] 尽管信用起源于人格权，但随着历史时间的推移和社会背景的转型，信用的作用和意义更多地体现在经济和商业领域，其创造价值和财富的功能更为自然，也更为突出，财产权益已经是信用的最重要内涵和外化。因此，法律应对其更为显著和浓重的财产权益属性予以确认。

此外，信用也是法律语境下的契约。英国 18 世纪法律学家梅因认为所有社会进步的运动都是从身份到契约的运动。从传统身份社会到现代契约社会的演进意味着要从熟人伦理走向契约精神。在社会化大生产时代背景下，要在陌生人之间建立相互信任的关系必然会出现通过平等协商签订的契约，并以法律的形式建立起一种外在的强制力约束来保障交易实现。契约精神不但体现市场经济运行规律和风险管理规则，也蕴含平等、诚信、公正等道德标准和价值取向。信用是契约的基石和精髓，任何契约达成之日，就是诚信履行诺言之时；享受权利的同时，也必须履行相应义务；获取利益的同时，也必须承担风险。在一个正常社会里，契约的功能就是运用契约规范和约束人们的经济和社会行为，确保每个社会成员合理合法的利益，即保护守信、惩戒失信。

三、信用风险的可保性认识

信用的存在可能会发生信用风险，一旦信用风险确定发生，必然会随之产生相应的消极影响和不利后果，进而形成可以确定和评估的经济损失。马克思对信

---

[1] 程合红著：《商事人格权论——人格权的经济利益内涵及其实现与保护》，中国人民大学出版社2002年版，第 92~95 页。

[2] 姜福晓："人格权财产化和财产权人格化理论困境的剖析与破解"，载《法学家》2016 年第 2 期。

用所带来的风险及消极影响进行过深入的阐述：其一，信用导致投机行为的发生。关于信用与投机的关系，马克思指出："信用又使买和卖的行为可以互相分离较长的时间，因而成为投机的基础。"[1] 同时，他还指出："信用为单个资本家或被当作资本家的人，提供在一定界限内绝对支配他人的资本，他人的财产，从而他人的劳动的权利。"[2] 前述两个因素的交织，使得信用容易导致赌博、欺诈和投机等行为的发生。其二，信用蕴藏着发生经济危机的风险。在经济发展过程中，信用的助推可能会造成对商品的虚假需求，同时通过乘数效应和规模放大，进而产生经济泡沫。这种经济泡沫在信用的刺激下又进一步地激活和膨胀，最终会引发经济泡沫因过分地膨胀而破裂。一旦这种情况发生，就会使建立在信用基础上的整个债务链条断裂，从而不可避免地在经济领域引发一定的债务危机，甚至进而引发较为严重的经济危机。其三，信用还容易导致资源配置的失灵。[3]

信用风险是人类在生产生活中所面临的众多风险中的一种，并且是较为特殊的一种风险。信用风险一般可以从广义信用风险和狭义信用风险两个维度进行阐释，狭义信用风险是指还款风险，即在货物或者服务贸易以及资金融通过程中由于存在各种不确定性导致债务人不能按时付款，最终造成债权人实际损失的可能性；而广义信用风险则是指各种交易主体在其经济活动中所面临的违约风险，如不支付价款、不交付货物、不提供服务、不偿还借款、不履行特定行为或者实施了某种禁止行为等，这种由于交易对方不履约所带来的风险被统称为信用风险。[4] 本书中所论述的信用风险是狭义的信用风险，即债务人未能依约履行付款义务所造成债权人损失的风险。根据性质标准划分，信用风险还分为客观违约风险和主观违约风险。客观违约风险指由于不可抗拒的客观因素所导致债务人不

〔1〕 中共中央马克思恩格斯列宁斯大林著作编译局编著：《马克思恩格斯文集》（第七卷），人民出版社 2009 年版，第 494 页。
〔2〕 中共中央马克思恩格斯列宁斯大林著作编译局编著：《马克思恩格斯文集》（第七卷），人民出版社 2009 年版，第 497 页。
〔3〕 杨文礼："信用哲学引论"，中共中央党校 2013 年博士学位论文，第 35 页。
〔4〕 潘金生著：《中国信用制度建设》，经济科学出版社 2003 年版，第 16 页。

能还款，从而对债权人造成损失的风险，即"想还但还款不能"。主观违约风险指债务人出于主观故意而在有能力还款的情况下拒绝履行还款义务，从而对债权人造成损失的风险，即"能还但不想还款"。

传统的保险理论对风险的可保性进行了相当严格的条件限定，传统的保险经营也是在可保性风险条件确认的基础上才给予承保。原则上，适合承保的风险应当具备以下要件：经济上具有可行性，即损失的潜在严重性很大，但损失发生的概率较小；具有独立、同分布的大量同质风险标的，符合保险经营的大数法则要求；损失的概率分布可以被确定，计算保费时保险人能对客观存在的损失分布作出正确的判断；损失可以确定和计量，即损失发生的原因、时间、地点都可被确定以及损失金额可以测定；风险必须是偶然的，存在发生的可能性和不确定性，风险的发生超出了投保人的控制范围，且与投保人的任何行为无关；风险必须是意外的，是不可预知的，不是投保人的故意行为。[1] 从信用风险的本质和特征来看，其基本符合可保性要件中的经济可行性、大数法则、损失概率分布、损失确定和计量等多数要求，总体上具有可保性。但由于显著的道德风险和逆向选择特性而导致其在符合风险发生偶然性和意外性等要求方面存在较大的欠缺，使得信用风险的可保性有所下降，与火灾、交通意外等自然灾害和意外事故风险相比，信用风险的可保性确实存在弱化情形。实践中基本不存在与传统的可保风险条件标准完全符合的实际风险，传统的可保风险条件也只能作为相对的标准进行引导和遵从。人类社会在进步，其面临的各种风险也在日益不同，保险公司资本实力持续增强、承保理赔技术日臻完善、风险识别和管理水平逐步提升以及再保险市场和资本市场的发达，原来属于不可保的风险也会逐步地变成可保风险，比如巨灾风险、农业风险、艺术品风险等。同时，为了在激烈竞争中求得生存和发展，保险公司在业务范围方面不得不推陈出新，由此导致实务界在实践中对传统的风险可保性界定条件作出更多的反思和调整，顺应实际变化和实践需要，创新可保性标的和范围，逐步拓宽风险可保性条件。在此背景下，信用风险

---

[1] 谢家智、陈利："我国巨灾风险可保性的理性思考"，载《保险研究》2011 年第 11 期。

的可保性尽管存在弱化之情形，但并非绝对、必然地缺乏可保性，保险公司需要做的是如何提升信用风险的可保性，将其由弱承保性转化为强承保性。经过近百年的发展，信用保险逐步成熟，承保理赔技术日益完善，在应对道德风险、逆向选择以及提升信用风险承保性方面，形成了一系列行之有效的措施：（1）坚持统保原则，要求投保人和被保险人将所有的赊销交易都予以投保，实现信用风险的组合化和平衡性；（2）坚持风险共担原则，对每一次信用风险事故都设置了赔偿比例，提升投保人和被保险人的风险自留比例；（3）将投保人和被保险人的故意和重大过错纳入除外责任，强化信用风险的客观性、偶然性和纯粹性；（4）设置被保险人定期申报赊销交易的义务，过程化管控信用风险；（5）强化投保人和被保险人的如实告知义务，不仅是承保前的如实告知，还包括出单后的整个承保过程中的如实告知。

此外，从保险利益标准的角度来衡量，信用风险也具备可保性。我国《保险法》第 12 条第 6 款规定："保险利益是指投保人或被保险人对投保标的具有的法律上承认的利益。"当投保人将人的生命或者身体以及财产作为保险标的投保时，保险利益是否存在就具有举足轻重的意义。排除赌博可能性、避免道德风险以及限制损害赔偿程度是保险利益赖以存在的重要理由。[1] 财产保险中的保险利益若要存在，必须是合法、确定的经济利益。信用保险中的保险利益是投保人或者被保险人对债务人所享有的债权，该债权利益是合法、确定的利益，同时也是能以货币进行衡量评估的利益，即经济利益。具体而言，被保险人对作为保险标的的应收账款享有合法债权，有合法依据要求债务人按时偿还，如果债务人届时不履行应尽的还款义务，债权人就会遭受到实际而确定的损失，不确定性的风险发生转化为确定的经济损失，被保险人的保险利益毋庸置疑。

---

[1]　黎建飞著：《保险法新论》，北京大学出版社 2014 年版，第 48~50 页。

第二节　信用保险的概念探求

一、信用保险的历史演进

(一) 信用保险发端于欧美

信用保险起源于海上贸易，因国际贸易风险应运而生。19 世纪的欧洲凭借发达的海上通道走在世界前列，尤其是以英国、法国、德国、荷兰为首的诸国更是借此率先进入工业化国家行列，国际贸易和社会化大生产的快速发展为信用保险的萌芽奠定了基础。

通常认为，信用保险最初是由英国商业保险公司开办的，当时有一家公司成立于 1820 年，主要推出了火灾和生命保险业务。1852 年，英国成立第一个专业信用保险机构——商业信用和破产相互担保协会 (Commercial Credit Mutual Assurance Association and the Solvency Mutual Guarantee)。[1] 1919 年，英国建立了出口信用保险制度，根据出口担保法案 (Export Guarantee Act) 成立了第一家官方支持的出口信贷担保机构——英国出口信用担保局 (Export Credit Guarantee Department，ECGD)，ECGD 隶属于英国贸工部，属于政府机构，其主要承保出口信用保险，为出口企业资金融通，鼓励本国出口商出口商品到信用风险较高的东欧国家，为英国占据海外市场发挥了至关重要的作用。[2] 19 世纪末期，劳合社 (Lloyd's) 开始承保一些信用风险，促进英国及周边国家信用保险市场逐步发展。此后，劳合社中的一些保险公司组建了超额保险公司 (Excess Insurance

---

[1] 中国出口信用保险公司编著：《信用保险培训项目教材》（上册），中国出口信用保险公司 2007 年版，第 171 页。

[2] Dick Briggs & Burt Edwards：*Credit insurance : How to reduce the risk of trade credit*, Cambridge, Wood head Faulkner Limited, Simon&Sehuster International Group, 1998, P. 201.

Company)，具备了信用保险再保险公司的雏形。同时，劳合社借此开始更多地接触信用保险，被称为"劳合社之父"的库伯特·希斯（Cuthbert Heath）更是热衷于扩大信用保险业。希斯曾深入参与过建立贸易补偿公司机制，他认为信用保险是一个快速成长的领域，但是他在劳合社的计划在两次世界大战间遭到了流言蜚语的冲击。"哈里斯事件"中一个特定的保险商签发了承保财务违约的保单。在 1923 年，哈里斯财团由于 36 万英镑的债务而奔溃，劳合社被迫为支付其赔款而筹措资金，结果导致信用保险在劳合社市场上被禁止。但劳合社仍继续为信用交易保险提供再保险。20 世纪 90 年代，该禁令才被取消。[1]

在英国的影响下，信用保险在欧洲其他国家快速壮大，越来越多的国家认识到信用保险的必要性和重要性。1917 年，Hermes Kreditversicherungs bank 在德国成立，并于 1926 年获得政府许可，代理政府开展出口信用保险业务。1921年，比利时成立了出口信用保险局（ONDD），作为履行出口信用保险职能的官方机构，并一直运行至今。1925 年，荷兰也建立国家出口信用担保机制，设立了荷兰出口信用担保局。1929 年，挪威和西班牙建立出口信用担保公司。此后，法国于 1946 年相继建立了以政府为背景的出口信用保险和担保机构，法国政府委托 1948 年成立的法国对外贸易公司（COFACE）经营出口信用保险，专门从事对本国的出口和海外投资的政策支持。1944 年，加拿大成立加拿大出口发展公司（Export Development Canada，EDC），该公司系加拿大联邦国有机构（Federal Crown Corporation），也是加拿大的官方出口信用保险机构，其提供的服务包括出口信用保险、信贷保险、政治风险担保和出口融资等。1945 年，美国颁布《进出口银行法》，根据该法规定，美国进出口银行办理出口信用保险业务。

"二战"后，随着经济快速发展和世界贸易的持续增长，越来越多的国家和地区纷纷建立出口信用保险机构，尤其是作为新兴市场的亚洲国家。1950年，日本制定《输出保险法》，同时在通产省成立贸易保险课，其职能是经营出口信用保险，支持日本的出口贸易和资本输出。20 世纪 60 年代，韩国成立了政

〔1〕 中国出口信用保险公司编著：《信用保险培训项目教材》（上册），中国出口信用保险公司 2007 年版，第 172 页。

府支持的"出口信用保险公社"。1966 年，中国香港成立香港出口信用保险局
（HKEC），以此作为香港的官方出口信用保险机构，致力于为香港出口商提供出
口信用保险服务。[1] 20 世纪 70 年代以来，发展中国家的出口信用机构得到较
快发展。1975 年，新加坡成立了新加坡出口信用保险公司；1976 年，韩国另行
成立了韩国进出口银行，作为官方支持的信用保险机构；1982 年，印度成立了
印度进出口银行，负责出口信用保险业务；1985 年，印度尼西亚成立了印度尼
西亚出口信用保险公司，此乃官方支持的出口信用保险机构。

（二）信用保险主要的国际性组织

信用保险的国际性组织对信用保险行业以及信用保险公司的作用都是非常显
著的。信用保险国际组织的每一个成员公司都应该为组织投入资源并且参加组织
举办的国家会议和活动。除了共享直接信息和专门的技术以外，国际性组织的存
在还使得信用保险公司跟位于世界范围内的合作伙伴的个人接触成为可能。国际
性组织的另一个重要任务是制定信用保险行业普遍关注的专业术语。目前，信用
保险领域的主要国际性组织如下。

1. 国际信用和投资保险人协会

国际信用和投资保险人协会（The International Union of Credit & Investment
Insurers，中文简称"伯尔尼协会"），1934 年在瑞士伯尔尼成立，协会秘书处现
设立在英国伦敦。伯尔尼协会的宗旨是：（1）努力达成世界共识，维护并确立
国际贸易信用条件和基本原则；（2）促进良好的投资环境的形成，并确立海外
投资保险的基本原则；（3）为协会成员间及协会与其他国际金融组织之间提供
信息交流的论坛。

伯尔尼协会会员包括官方支持的出口信用机构（如美国进出口银行、中国出
口信用保险公司、日本贸易保险）、私营公司（如美国 AIG、法国 COFACE），以
及国际金融组织（如世界银行下属的多边投资担保机构）等，截至 2014 年，拥

---

[1] 中国出口信用保险公司编著：《出口信用保险操作流程与案例》，中国海关出版社 2008 年版，第 3 页。

有 79 个会员。中国人民保险公司于 1996 年以"观察员"身份加入伯尔尼协会，1998 年成为正式会员。2001 年，中国出口信用保险公司承继中国人民保险公司的会员资格，行使相关权利，履行相应义务。2016 年，中国人民财产保险股份有限公司也加入伯尔尼协会，成为正式会员。

伯尔尼协会下设短期、中长期和投资保险三个专家委员会，每年召开两次全体会议和多个专题研讨会。伯尔尼协会在全球出口和海外投资领域发挥着重要的核心作用。截至 2014 年年底，伯尔尼协会的全部会员一共承担 1.9 万亿美元的出口和海外直接投资业务，占据国际贸易总量的 10%；此外，伯尔尼协会的全部会员一共向出口商和海外投资者支付 460 万美元赔款，保护和弥补他们在全球各地所遭受的买方违约风险导致的损失。

2. 国际信用保险及保证保险协会

国际信用保险及保证保险协会（International Credit Insurance & Surety Association，ICISA），1928 年在法国巴黎成立，常设机构秘书处现位于荷兰阿姆斯特丹，是国际上第一家信用保险协会，迄今已有 80 余年历史。其成员主要是非官方的经营出口信用保险、国内贸易信用保险或保证保险业务的专业信用保险公司或者综合性保险公司，目前有 50 多个会员，全世界 95% 以上的非官方信用公司都是 ICISA 成员。ICISA 每年召开春、秋两次常规的全体会议和多个不确定的专题研讨会。

作为世界上第一个信用保险专业组织，ICISA 汇聚了当今全球范围内主要的信用保险和保证保险公司，成员的业务量占据全球信用保险业务的 90% 以上，支持着全球超过 2.7 万亿美元的贸易应收账款，并为价值数十亿美元的建设项目、服务和基础设施提供着担保，业务遍及世界五大洲的每一个国家。中国人民财产保险股份有限公司于 2009 年正式加入 ICISA，是中国第一家保险公司会员单位。

3. 泛美担保协会

泛美担保协会（Pan-american Surety Association，PASA）成立于 1972 年，由美洲大陆 12 家信用保险（Credit Insurance）及担保（Surety）公司在牙买加首都金斯敦发起成立，总部设在阿根廷首都布宜诺斯艾利斯。该协会宗旨是促进发展担保机构和组织，鼓励私营企业参加保证担保保险；增强公众对信用保险和担保的意识，改善行业运作的法律环境。

泛美担保协会会员最初限于担保公司及担保再保险公司。1988 年修改了协会章程，开始吸收信用保险公司及其再保险商入会。而今泛美担保协会已发展成为拥有 32 个国家、126 家会员公司的国际性组织，包括了担保、信用保险和再保险业界的大多数主要公司，是世界三大信用保险及担保组织之一。

泛美担保协会内设担保、信用保险、诉讼担保、经济交流和教育培训等委员会，进行相应各议题的研究活动，此外，每年在不同地点举办的年会是业内交流即时商情的理想论坛，也为会员公司提供了交互合作的机会。泛美担保协会作为行业组织代表，通过接触客户、受益人和代理人或竞争对手等利益集团，帮助各方澄清误解，防止或减少不当竞争；组织公共和民营政治经济讨论，将担保行业引入广泛的公众视点，促进对担保或信用保险的关注与合作。在国际层面，其与世界银行、美洲发展银行、国际商会、联合国国际贸易法委员会和国际贸易中心建立合作关系，并与同业相关组织保持密切联系，如伯尔尼协会、国际信用保险及保证保险协会、美国担保协会、加拿大担保协会、美国担保发展商协会和拉美出口信用保险协会等。

（三）世界三大信用保险机构

1. 裕利安怡信用保险集团（Euler Hermes）

裕利安怡信用保险集团是全球领先的信用保险公司，总部位于法国巴黎，至今拥有 100 年的信用保险经营历史，主要控股公司为财力雄厚的德国安联保险集团，在德国、英国、意大利、比利时、荷兰、瑞士、西班牙、美国、加拿大、巴西、澳大利亚、日本、新加坡、中国大陆及香港等 50 多个国家和地区拥有众多分支机构。裕利安怡集团荣获标准普尔 AA-财务评级，是巴黎证交所 120 大上市公司之一。

裕利安怡集团相继起源于 1893 年的成立的美国 American Credit Indemnity（ACI）、1917 年成立的德国 Hermes Kreditversicherungs- Bank AG、1918 年成立的

英国 Trade Indemnity Company（TIC）以及 1927 年成立的 Société Française d'Assurance-Crédit（SFAC），此后经过一系列历史变迁和并购整合，1997 年，SFAC 更名为 Euler；2002 年，Euler 集团与 Hermes 合并，2003 年正式更名为 Euler Hermes。

裕利安怡集团于 1999 年进入中国，在上海设立代表处。2007 年，裕利安怡集团在华设立子公司——裕利安怡管理咨询（上海）有限公司（以下简称裕利安怡中国），提供信用管理咨询业务。随着业务的快速发展，裕利安怡中国于 2012 年在北京、深圳设立分公司。2007 年和 2011 年，裕利安怡分别与中银保险有限公司和太平洋保险（集团）股份有限公司签署合作协议，为后者的国内贸易信用保险业务提供技术支持。根据裕利安怡集团 2015 年财务报告显示，2015 年保险费收入 22.05 亿欧元，同比上升 3.7%；净利润 4.17 亿欧元，同比上升 1%。标准普尔评级 AA-。

2. 安卓信用保险集团（Atradius Trade Credit Insurance Inc）

安卓信用保险集团总部位于荷兰阿姆斯特丹，起源于 1925 年在荷兰成立的 NCM（Dutch credit insurer Nederlandsche Credietverzekering Maatschappij）和 1954 年在德国成立的格宁信用保险集团（Gerling-Konzern Speziale Kreditversicherung）。2001 年，荷兰的 NCM 和德国的格宁信用保险集团合并，组成 GERLING NCM 信用保险集团，并于 2004 年更名为 Atradius 信用保险集团。2008 年，安卓信用保险集团公司又并购了西班牙最大的信用保险公司，也是世界第四大信用保险公司——Crédito y Caución。

NCM 成立于 1925 年，旨在促进荷兰企业的贸易活动，1932 年，NCM 与荷兰政府进行合作，代表荷兰政府向荷兰的出口企业提供出口信用保险，承担了官方出口信用保险机构的角色，此政策性业务合作关系一直延续至今。格宁信用保险集团 1954 年成立于德国，是世界上第一家提供出口信用保险的私营保险公司，其于 1962 年在瑞士开设了在德国以外的第一家国际机构。Crédito y Caución 成立于 1929 年，是西班牙最大的信用保险和保证保险公司。

通过不断的并购和整合，安卓信用保险集团目前是世界第二大信用保险集团，提供全面的信用风险转移、融资和应收贸易账款管理服务。安卓信用保险集团在信用保险方面近 90 年的悠久历史，占据了世界信用保险业务 30% 的市场份额，在全球 50 多个国家拥有 3300 名员工和 160 多家办事处，拥有全球 2 亿家企业的信用信息。

基于安卓信用保险集团稳健的财务和综合实力，贝氏（A. M Best）对其评级为"A"级（展望稳定），穆迪（Moody's）将其评为"A3"级（展望稳定）。在中国，安卓信用保险集团与中国大地财产保险股份公司从 2007 年开始合作，共同开展信用保险业务，逐步从国内贸易信用保险拓展至短期出口信用保险。根据安卓信用保险集团 2015 年财务报告显示，2015 年保险费收入 15.37 亿欧元，同比增长 5.4%；净利润 2.17 亿欧元，同比增长 7.4%。

3. 科法斯信用保险集团（COFACE）

科法斯成立于 1946 年，是法国政府成立专营出口信用保险服务的法国公司。进入 20 世纪 90 年代，科法斯开始进行国际扩张，逐步拓展其业务网络。1991 年，分别于德国、奥地利设立分支机构；1992 年，陆续进入英国和意大利市场；随后建立科法斯集团伙伴网络（Coface Partner Network），涵盖全球各地信用保险公司、资信资信提供机构、综合保险公司和应收账款融资机构。1994 年，科法斯集团实施私有化，但仍继续代表法国政府从事政策性信用保险业务。2006 年，科法斯集团成为法国外贸银行（Natixis）的全资子公司，法国外贸银行隶属于 Groupe BPCE 集团，负责企业银行、投资管理和专业金融服务。2014 年，科法斯集团在法国巴黎证券交易所成功上市，截至 2014 年 7 月 2 日，其股权结构为：社会公众持股 58.50%、法国外贸银行持股 41.24%、员工持股 0.26%。截至 2015 年，科法斯集团在全球 67 个国家设有直属机构，承保范围遍及 200 多个国家。

科法斯集团 1996 年在香港设立代表处，1999 年获准成立科法斯集团香港分公司，提供信用保险及相关服务，致力协助香港企业发展本地和国际贸易。科法斯集团香港分公司也是科法斯集团在大中华区的总部。2001 年，科法斯集团开始在我国台湾地区设立直属机构，成立了科法斯股份有限公司，为台湾地区企业提供信用保险和信用管理服务。2008 年，科法斯产物保险股份有限公司台湾分公司正式成立，旨在进一步开拓台湾信用保险市场。2003 年，科法斯信用保险公司北京代表处成立，协助中国平安财产保险股份有限公司率先推出中国国内贸易短期信用保险，为在华企业提供应收账款保障服务。中国平安财产保险股份有限公司是科法斯国际信用联盟在中国大陆的成员。

根据科法斯集团 2015 年财务报告显示，2015 年实现保险费收入 11.86 亿欧元，同比上升 4.7%；实现净利润 1.92 亿欧元，同比下降 4%。

二、信用保险的定义界定

2004 年，我国颁布了《对外贸易法》，其中第 53 条规定："国家通过进出口信贷、出口信用保险、出口退税及其他促进对外贸易的方式，发展对外贸易。"我国 1995 年《保险法》第 91 条规定，"财产保险业务包括财产损失保险、责任保险、信用保险等保险业务"，这表明我国以法律的形式明确了信用保险是财产保险中的险种之一，信用保险具有独立的法律地位。但遗憾的是，我国《对外贸易法》和《保险法》并未对信用保险的定义等内容进行规定，也未有其他更多的解释说明。[1] 在随后的 2002 年、2009 年和 2015 年《保险法》修订中也均未涉及任何有关信用保险的内容。最高人民法院曾在 2003 年制定《关于审理保险纠纷案件若干问题的解释（征求意见稿）》尝试对信用保险的定义进行明确，即"商业信用保险合同是由保险人承保权利人因债务人破产、解散、政府行为等引起的非正常商业信用风险的保险"。该定义属于创新之举，存在较大的积极意义，但也存在以下不足：（1）对商业性信用保险进行单独定义，但实际上商业信用保险和政策性信用保险的区分标准仅仅是取决于是否存在政策性支持、是否由官方机构垄断经营、是否以营利为目的，这主要是经营理念、运营模式、资金支持等形式方面的差异，两者的保险原理、承保技术、理赔流程在本质上是一致

---

[1] 相比之下，《保险法》第 65 条对责任保险的定义、第三者直接索赔权等内容进行了详细的规定；第66 条对责任保险的仲裁、诉讼等费用承担方式进行了明确的规定。责任保险和信用保险同为财产保险中的法定、重要、新型险种，但立法境遇却如此的天壤之别。

的，其定义和概念也理应一致，没有必要单独对商业信用保险在法律法规层面进行基础性定义；（2）信用保险的信用风险并非仅仅是由债务人破产、解散和政府行为引起，还包括债务人的还款拖欠行为。债务人的破产、解散和政府行为属于客观信用风险，更多取决于债务人的还款能力，即想还款但还款不能；债务人的还款拖欠属于主观信用风险，更多取决于债务人的还款意愿，即能还款但不想还款。完整全面的信用风险应当包括主观信用风险和客观信用风险，这是信用保险的两大核心风险内容和损因形式；（3）政府行为属于政治风险，不应纳入商业信用风险范畴。比如，买方所在国家或地区颁布法律禁止或限制买方以贸易合同载明的货币或其他可自由兑换的货币向被保险人支付货款，进而导致买方无法履行付款义务，这是较为普遍的汇兑禁止或限制政治风险。[1]

我国澳门特别行政区《商法典》对信用保险的定义有明确界定，其第1020条规定："信用保险中，保险人有义务在法律及合同范围内向被保险人赔偿因被保险人之债务人不清偿所造成之损失，包括因破产或无偿还能力而造成之损失。"[2] ICISA对信用保险的定义是："债权人为防范其债务人付款违约风险而向保险人投保的保险。"[3] 此外，我国的保险法律理论研究界对信用保险的定义也进行了诸多阐述。黎建飞教授认为信用保险是指债权人向保险人投保其债务人信用风险的保险；[4] 贾林青教授认为，信用保险是债权人向保险人投保，要求保险人为被保险人的信用提供保险保障的保险；[5] 赵明昕博士认为，信用保险即以作为被保险人的卖方所享有的应收账款信用利益为标的，以被保险人支付保险费和保险人承担信用风险并提供信用管理服务为对价而在他们之间建立合同关系的保险。[6] 李玉泉博士认为，信用保险是指被保险人向债务人提供信用贷款或者借贷赊销，因债务人未能履行债务致使保险人遭受损失时，由保险人向被

---

〔1〕 《中国人民财产保险股份有限公司短期出口信用保险条款》第5条。
〔2〕 赵秉志主编：《澳门商法典》，中国人民大学出版社1999年版，第292页。
〔3〕 ICISA：*An Introduction To Trade Credit Insurance*，ICISA，2013，P16。
〔4〕 黎建飞著：《保险法新论》，北京大学出版社2014年版，第320页。
〔5〕 贾林青著：《保险法》（第四版），中国人民大学出版社2011年版，第213页。
〔6〕 赵明昕著：《中国信用保险法律制度的反思与重构》，法律出版社2010年版，第19页。

保险人承担保险赔偿责任的保险。[1]

从我国《关于审理保险纠纷案件若干问题的解释（征求意见稿）》、我国澳门特别行政区《商法典》、ISICA 以及黎建飞教授、贾林青教授等主流保险法研究学者等各方角度综合来看，对信用保险的定义普遍涉及以下要素：（1）信用保险法律关系的主体包括保险人、债权人和债务人，债权人是投保人和被保险人；（2）信用保险的保险责任范围主要是债务人破产、拖欠以及政治风险因素；（3）从债务人履行义务性质和范围来看，债务人的违约行为必须最终指向款项的不支付，可以分为两层意思，即首先必须是债务人的不作为行为，其次是债务人不作为对象是款项支付，并不包括其他的以不作为体现的违约行为和任何作为行为。这是信用保险和保证保险的重要区别之一。因此，本书认为信用保险的定义是债权人向保险人投保其债务人因破产、拖欠、政治因素等而未能履行还款义务的信用风险的保险。

三、信用保险并非保证担保

尽管我国《保险法》已经明确地将信用保险作为财产保险的法定险种之一，但在理论研究和实际业务中，仍然存在一些把信用保险等同于保证担保的看法，比如我国台湾地区学者袁宗蔚和桂裕认为信用保险不是保险，实际上属于保证担保合同，只不过采用了保险的形式。[2] 甚至在司法实践中，某些法院也会把信用保险视为保证担保，适用《担保法》的相关进行审理信用保险合同纠纷案件。但是，认为信用保险是独立于保证担保之外的保险险种的专家学者也不在少数。梁慧星教授认为，信用保险是真正的保险合同，因为信用保险的投保人（即债权人）对保险标的（债务履行）具有确定的保险利益；此外，债务不履行的保险事故是否发生并不受投保人（即债权人）的影响，这是客观存在的不确定危险，理应属于保险之列。[3] 邢海宝教授认为，信用保险是一种损害补偿手

---

〔1〕 李玉泉著：《保险法学》，高等教育出版社 2010 年版，第 184 页。
〔2〕 邢海宝著：《中国保险合同法立法建议及说明》，中国法制出版社 2009 年版，第 392 页。
〔3〕 梁慧星："保证保险合同纠纷案件的法律适用"，载《人民法院报》2006 年 3 月 1 日。

段，是财产保险的本质所在，信用保险合同是保险人与投保人订立的独立合同，因而信用保险合同能够独立存在。[1] 本书认为，信用保险是独立的保险险种，并非保证担保，两者不仅是在适用法律、求偿顺序、责任方式、责任范围等方面存在不同，还存在以下实质性的不同方面：

（一）主要目的不同

保险的主要目的在于"风险通过全部公众广泛分散"。[2] 信用保险与保证担保虽然都有债权保障的作用，但主要目的不同，信用保险的主要目的是在社会化聚集并分散转移风险，保证担保的主要目的则是定向地保障债权。换言之，信用保险的出发点是为了更加广泛地实现风险的分散与损失的转移，保证担保的出发点则是更加强调为特定的债权提供保障。[3]

保险的本质在于危险的汇集，[4] 而且保险还是一种危险转移机制。信用保险项下，保险人承保被保险人所面临的信用风险，被保险人可通过投保信用保险将债务人的信用风险转移给保险人，保险人通过基于专业技术形成的保险经营机制对信用风险进行聚集、分散和转移，让信用风险在尽可能宽广的范围内交互和分散，即实现信用风险的社会化，这是保险赖以存在的根基和原则。在保证担保中，确实也存在债务人的信用风险，但只是定向、单一的信用风险应对和保障，不存在信用风险的聚集、分散和转移，保证人通常不会将其承担的信用风险再转移给其他主体，更难以形成信用风险的社会化流动。在某些情况下，如果保证人是银行或担保公司等盈利性主体，通常会要求债务人提供抵押、质押或者反担保等风险保障措施，这些措施确实体现了一定的信用风险分散和转移，但其分散、转移的程度和范围远远不能与信用保险相提并论，也无法实现信用风险分散和转移的社会化，更为重要的是无法形成体系化、集成化的风险聚集、分散和转

〔1〕 邢海宝著：《中国保险合同法立法建议及说明》，中国法制出版社 2009 年版，第 394 页。
〔2〕 ［美］约翰. 道宾著：《美国保险法》（第 4 版），梁鹏译，法律出版社 2008 年版，第 2 页。
〔3〕 任自力："保证保险法律属性再思考"，载《保险研究》2013 年第 7 期。
〔4〕 李玉泉、卞江生："论保证保险"，载《保险研究》2004 年第 5 期。

移的内在机制。

（二）独立性不同

独立性是指某个法律行为或者制度不需要依赖其他法律行为或者制度的存在即可独立存在。具体而言，主合同不需要其他合同的存在即可独立存在，反之则是从合同。从合同的从属性主要体现在发生的依附性、效力的从属性、转让的从属性和消灭的从属性。[1] 保证担保完全依附于基础的债权债务，具有从属性而丧失独立性，基础债权债务的有效必然支持保证担保的有效，基础债权债务的不成立、无效、变更、撤销或终止必然导致保证保险合同的不成立、无效、变更、撤销或终止。对于信用保险，虽然基础债权债务有效，信用保险合同却可能因欠缺保险法所规定的要素或者双方约定的条件或期限而无效或者存在效力缺失等问题。如果信用保险合同的投保人对涉及信用风险的重大事项存在隐瞒或者故意隐瞒不如实告知，导致保险人因此错误承保，保险人可以解除信用保险合同，并对解除信用保险合同前的保险事故不承担赔偿责任。

信用保险的独立性关键在于保险责任的独立性，一旦信用保险合同成立，信用保险责任的承担与否以及范围大小并不取决于基础债权债务合同，只遵从于信用保险合同关于保险责任的具体约定。基础合同中的债务人如果未能履行债务并不会必然导致保险人承担保险责任，保险人在确定是否需要承担保险责任时，需要确认保险事故是否属于保险责任范围之内、是否存在责任免除事项，同时还需要审核投保人、被保险人是否履行了各项保险合同义务。一旦存在责任免除事项，或者投保人、被保险人未能履行各项保险合同义务，保险人即可援引保险法和信用保险合同向债权人进行抗辩，此乃信用保险的可抗辩性和独立性。比如，由于洪水、地震等自然灾害导致债务人无法履行债务，这属于信用保险合同的责任除外条款，保险人有权据此拒绝承担保险责任。在保证担保中，如果债务人不履行债务，债权人就可以按照保证担保合同约定履行保证责任。也就是

---

[1]　王利明著：《合同法研究》（第一卷），中国人民大学出版社 2011 年版，第 33~35 页。

说，基础合同（即主合同）的债权人只须证明该债权债务的存在和债务人未履行债务的事实即可，除了法律或保证担保另有特殊约定以外，保证人一般没有实体法上的免责理由，表明保证责任作为担保义务特有的不可抗辩属性。[1]

信用保险独立性的根基在于信用保险的相对无因性，其相对无因性的存在是商事交易规则类型化与独立化发展趋势和要求演进过程在保险领域中的体现，并源自于现代保险商业实践追求效率、安全和便捷的内在需求。信用保险的无因性成就了其独立性，并使得信用保险下的债权可以像所有权、票据权利一样独立存在及自由流转。[2] 信用保险与基础债权债务的相对独立性和无因性，打破了传统保证担保制度下的主从合同关系建构，降低了债权人对保证担保合同基于其从属性而易于无效、变更、撤销所导致交易不确定性的担忧，有助于提高交易安全性，促进权利在更大的范围内流转以及功能发挥。

（三）主动性不同

作为一项法定独立的保险业务，信用保险的目的是防范被保险人参与商品交易活动所面临的信用风险，弥补其发生保险事故后遭受的损失。为了实现该目的，需要通过两个层面的路径：第一，被保险人的债务人未能履行付款义务导致其遭受实际经济损失，保险人经审查后认为属于信用保险事故符合赔付标准，向被保险人履行保险责任，保障其债权利益，这是信用保险的被动功能。第二，在投保时和承保期间，保险人通常会调查了解债务人的信用水平和履约实力，掌握债务人的风险质量；同时，凭借信用保险合同中的权利义务设置督促被保险人维持或者加强对信用风险的监控和管理，比如，借助于资信调查、信用限额审核、交易申报与回款跟踪、逾期账款催收等一系列措施，可以有效识别信用风险，防范和缓解信用风险的发生，这是信用保险的主动功能，也被称为信用保险的治疗和抑制功能。[3] 前者类似于保证担保中保证责任的实施，是信用保险损失补偿

---

[1] 贾林青："重构保证保险法律制度的法律思考"，载《保险研究》2012 年第 2 期。
[2] 任自力："保证保险法律属性再思考"，载《保险研究》2013 年第 7 期。
[3] Miran Jus: *Credit Insurance*, Academic Press is an imprint of Elsevier, p. 43。

效果的体现；后者则是信用保险主动的路径实施，是风险管理手段和保障效果主动性和积极性的体现，表明其风险保障方式更为多层次，发挥的空间更大，保障范围和程度远远强于单一的、被动的保证担保。[1] 这是保证担保所不具备的功能，但却是信用保险的核心功能所在。

（四）主体属性不同

美国约翰·道宾教授认为，一个合同如果是保险，必须具备如下三个因素：其一，风险分散；其二，在众多的成员之间；其三，通过一个主要从事保险业务的保险人来进行。[2] 责任主体是主要从事保险业务的保险人，这是信用保险合同能够独立出来，并区别于一些具有大范围群体分散风险特征的合同的重要特征。例如，在轮胎等商品上存在广泛的信用保险合同，这种合同通常不是因为工艺或者原材料的缺陷而订立。作为责任主体的轮胎制造企业所主要从事的不是保险业务，其即便在众多成员之间进行风险分散也只是附带行为，其主要目的在于获得生产制造的对价收入。最开始的保险合同采取了相互评估协会的形式，协会成员只需预先支付经营费用并且承诺对保险期间任何成员遭受的损失份额进行评估并承担即可。如此安排缺乏效率和公信力，因为在发生损失评估的时候并非所有成员的态度一致并愿意支付赔款。通过保险人专门担任承保人职责即可解决这些问题。保险虽然本质上是契约，但由于其负债经营、社会公众性、理赔滞后性等关键特征，使得其也具有显著的身份性，各国都对保险进行许可经营，对保险人的身份和准入进行严格限制。因此，以保险人身份所开展的信用风险保障业务确定的属于保险范畴，并显著地区别于其他主体所从事的具有信用风险保障性质的业务，比如保证担保等。

四、信用保险与保证保险的比较

信用保险与保证保险以信用风险作为承保范围，都以债务人的履约行为作为

---

[1] 贾林青："重构保证保险法律制度的法律思考"，载《保险研究》2012年第2期。
[2] ［美］约翰·道宾著：《美国保险法》（第4版），梁鹏译，法律出版社2008年版，第1页。

保险标的，都以债务人未能履约作为保险事故。无论是理论界还是实务界都存在一些将信用保险和保证保险等同视之的观点。邢海宝教授认为，信用保险与保证保险除了投保人不同之外，都由保险人向债权人提供信用保障，二者无实质差异，因此不如将保证保险也称为信用保险，这样也可从名称上就可将它和民法上的保证区别开来。[1] 我国财政部在 1998 年发布的《关于申请办理出口信用保险若干规定的通知》中将出口履约保证保险纳入出口信用保险业务范围内。

但是，从立法实践来看，我国 2009 年《保险法》将保证保险纳入财产保险险种之列，与信用保险并列，从而确立了其法定独立险种的地位。在其他国家或地区的保险法中，很多都明确了保证保险的独立地位。我国台湾地区"保险法"第 95 条将保证保险具体列明为财产保险种类之一，并规定"保证保险人于被保险人因其受雇人不诚实行为或其债务人之不履行债务所致使损失，负赔偿责任"。[2] 欧洲保险合同法原则（PECIL）将信用保险和保证保险并列为具体的保险合同。[3] 美国《加州保险法》将信用保险和保证保险明确列举于保险类别中，美国《特拉华州保险法》则将保证保险视为独立险种。[4] 除了上述立法实践的实证结果，信用保险和保证保险在投保主体、法律关系主体、具体承保范围、信息知晓范围等方面也存在差异。

（一）投保主体不同

信用保险合同中的投保人和被保险人都是基础债权债务合同中的债权人，其既履行投保人的交付保费等义务，又享有被保险人的赔偿请求权等权利，权利义务集合于同一主体。而在保证保险合同中，基础合同的债务人作为投保主体与保险人订立保证保险合同，担当投保人角色，更多的是履行投保人的交付保费等义务；基础合同中债权人在保证保险合同作为受益主体存在，担当被保险人角

---

[1] 邢海宝著：《中国保险合同法立法建议及说明》，中国法制出版社 2009 年版，第 394 页。
[2] 江朝国主编：《保险法规汇编》，元照出版有限公司 2009 年版，第 159 页。
[3] 梁慧星主编：《民商法论丛》，法律出版社 2011 年版，第 672 页。
[4] 吴定富主编：《中国人民共和国保险法释义》，中国财政经济出版社 2009 年版，第 213 页。

色，更多的是享有赔偿请求权。也就是说，保证保险合同中的投保人是向保险人投保自己的信用风险，更多体现为自己增信的目的，属于利他性保险合同；而信用保险合同中的投保人将其债务人的信用风险向保险人进行投保，更多体现为转移自己所面临的信用风险的目的，属于利己性保险合同。

（二）法律关系主体不同

在信用保险合同中，投保人和被保险人都是基础合同中的债权人，信用保险合同法律关系只存在投保人（被保险人）和保险人这两方直接的法律关系主体。尽管债权人的交易对手（债务人）的信用风险是投保人、被保险人以及保险人最为关注的对象，也是信用保险法律关系赖以产生的基础，但其与保险人并未建立直接的法律关系。而在保证保险合同中，投保人（债务人）、被保险人（债权人）和保险人这三方主体建立了直接的法律关系，各主体均存在明确的权利和义务内容。

（三）具体承保范围不同

信用保险和保证保险虽然都是承保债务人的信用风险，但对于信用风险的具体承保范围却存在不同。信用保险仅仅承保债务人的不付款风险，即限定于债务人在款项支付方面的不作为，这是非常狭窄的信用风险概念。因此，信用保险的产品比较定型化、标准化、通用化且种类少。而在保证保险中，通常承保债务人的履约风险，并不局限于债务人的付款行为，还包括雇员的忠诚行为、产品质量保证行为等，属于较为广泛的信用风险概念。因此，保证保险的产品种类繁多、五花八门，且难以实现标准化，更多是定制化、区域性产品。

（四）风险应对机制不同

通常而言，信用保险更多地体现风险分摊机制，即将少数人所遭受的损失在不特定的众多投保人之间进行分摊。在信用保险合同中，保险人通过相应的风险精算方法，对被保险人可能遭受的信用风险事故所发生的频率和损失程度进行预测和计算，在此基础上确定保险费率、赔偿比例、免赔额等具体的承保条件，投保人基于该承保条件支付相应的保险费，保险人将从每个投保人中所收取的保险费汇集而成保险基金，以此应对投保人今后可能面对的信用风险所遭受的实际损失。相比而言，保证保险也体现了一定的风险分摊机制，但其更多地表现为风险回避机制。保证保险通常被看作是保险人对义务人（投保人）提供信用的特殊手段，理论上认为保险人只对其认为不会发生违约风险的投保申请人提供相应的保证保险，而拒绝承保其认为不具备履约条件的投保申请。[1] 保证保险在风险发生的应对机制上更多地体现为有或无、零或一的指导思想，一般不存在中间路线。

此外，保证保险的保险人在对权利人（被保险人）履行了赔付义务后，将直接向义务人（投保人）进行对应追偿，将信用风险直接追溯回风险源本身，由投保人最终承担其信用风险所造成的损失。由此看出，保证保险中的信用风险以及损失仍然锁定于投保人，并未在非特定的不同的投保人主体之间进行风险转移和分摊。

（五）信息知晓范围不同

在信用保险合同中，基础合同中的债务人一般都不能知道其债权人与保险人之间就其信用风险作为保险标的订立信用保险合同，这是信用保险赖以存在的前提，否则将造成信用风险和道德风险泛滥。债务人是风险主体且无需承担相应保险法律关系中的义务和责任，一旦其知晓信用保险的存在，将有可能诱发其违约动机，造成本可避免的信用风险甚至道德风险。而在保证保险合同中，基础合同中的债务人作为投保人就自己的信用风险作为保险标的向保险人投保，其明确知晓保证保险合同的存在，更容易诱发信用风险和道德风险。因此，保险人有必要对投保人施以更多的义务约束和权利制衡，比如信用信息资料、履约资料的提供以及接受保险人的调查和询问，同时高度关注投保人的信用状况调查。[2]

---

〔1〕 何绍慰著：《中国保险保险制度研究》，社会科学文献出版社 2010 年版，第 26 页。
〔2〕 贾林青："重构保证保险法律制度的法律思考"，载《保险研究》2012 年第 2 期。

第三节　信用保险的特征和功能

一、信用保险的特征考察

与财产损失保险等传统财产保险相比，信用保险具有以下重要特征。

（一）保险标的是无形物且体现相对权的法律属性

保险标的是指保险合同当事人权利和义务指向的对象。[1] 我国现行《保险法》第 12 条第 4 款将财产保险定义为"以财产及其有关利益为保险标的的保险"，财产保险主要包括财产损失保险、责任保险、信用保险和保证保险等。对于财产损失保险而言，保险标的主要是以有形物的形式所体现的财产，比如车辆、房屋、机器、货物等，但信用保险的保险标的是被保险人对债务人所享有的应收账款。信用保险保险标的无形化导致保险事故现场的非物理性。常规财产保险主要承保由自然灾害或意外事故造成的物质损失，保险事故以物理事故的形式展现。相对而言，信用保险承保的是信用风险，保险事故是非物理性的债务损失。与常规财产保险可以通过现场查勘校验损失的真伪不同，信用保险的保险理赔不存在物理性的损失现场，保险人需要被保险人配合提供各类单证和数据，通过对单证和数据的审核来校验损失的真实性和确定性，因而信用保险对单证和数据的真实性、完整性和一致性有着近乎苛刻的要求。作为信用保险保险标的的应收账款，[2] 是基于合同行为所形成的债权债务关系，是以金钱给付为内容的债

---

[1] 黎建飞著：《保险法新论》，北京大学出版社 2014 年版，第 89 页。

[2] 中国人民银行颁布的《应收账款质押登记办法》将应收账款定义为"权利人因提供一定的货物、服务或设施而获得的要求义务人付款的权利，包括现有的和未来的金钱债权及其产生的收益，但不包括因票据或其他有价证券而产生的付款请求权"，具体包括下列权利：（1）销售产生的债权，包括销售货物，供应水、电、气、暖，知识产权的许可使用等；（2）出租产生的债权，包括出租动产或不动产；（3）提供服务产生的债权；（4）公路、桥梁、隧道、渡口等不动产收费权；（5）提供贷款或其他信用产生的债权。

权债务关系，是典型的相对权和对人权。而财产损失保险的保险标的和保险利益体现的是绝对权和对世权。此外，信用保险的保险标的是约定的合同之债，[1] 因不当得利、无因管理、侵权责任等所产生的债权债务不属于信用保险承保范围内，侵权责任所产生的债权债务属于责任保险承保范围。

由于信用保险承保的债权是相对权和对人权，其权利的内容及变动通常只被相对方所知晓，权利变动也不一定遵循公示公信原则，具有较强的相对性、互动性。与责任保险的保险标的属于法定之债不同，信用保险的保险标的属于约定之债，完全基于被保险人与买方的合同约定——即契约自由、意思自治，体现较强的意定性和隐蔽性。众所周知，主观想法是最难以识别和确认，也难以量化和外化，保险人在信用保险的承保理赔整个过程中面临着更大的风险随意性及不确定性，甚至道德风险。

（二）风险主体是保险合同当事人以外的第三方

通常情况下，保险合同当事人就是保险合同中的风险主体，或者投保人或被保险人，比如意外保险、责任保险、保证保险。但是，在信用保险中，风险主体既非投保人，也非被保险人，而是第三方主体——投保人/被保险人的交易对手（债务人或买方），因此该第三方主体通常也被称为风险方。该风险方虽非信用保险合同当事人，但却是信用保险存在的基础和关键，是保险利益的重要载体。风险方的信用状况和风险水平直接导致信用保险事故的发生与否以及程度大小，保险人必须对风险方的信用风险进行充分的事先调查和科学的评估分析，对风险方的主观信用风险和客观信用风险进行深入全面的考量，实施精细化、过程化的风险管理。比如，在贸易信用保险中，保险人与投保人订立信用保险合同、签发保险单之后，被保险人还需要向保险人为自己的债务人（买方）申请信用限额，保险人通过各种渠道和方式，了解债务人的历史信用记录、诉讼记录、其他负面信息、财务实力、经营状况等资信，以此进行风险识别、分析和判断，最

---

〔1〕 这是信用保险合同与责任保险合同的重要区别所在，责任保险的保险标的是法定的侵权之债。

终对债务人皮肤信用限额。[1]

（三）显著的信息不对称性

在信用保险中，投保人和被保险人往往都比保险人更清楚其交易对手——买方的信用状况和经营业绩，投保人和被保险人知晓更多关于信用风险的信息而处于相对有利地位，保险人掌握的信息则相对较少而处于不利地位。投保人和被保险人可能基于已经投保了信用保险而从事较高风险的交易行为，使保险人处于信息不对称和信用风险高企的困境，加大了保险人风险识别、分析和管理的难度。如此的信息不对称极易诱发道德风险或者逆向选择，是信用风险发生的关键因素。比如，随着目前国内外经济不景气，信贷收缩，企业经营困难、资金紧张，面临融资难、融资贵的困境，一些企业铤而走险，虚构交易、开具虚假交易单证、空买空卖，借此投保信用保险，希望获得相应赔款。在上述比较常见的托盘融资中，被保险人对贸易模式、交易环节、买方背景、上下游交易主体等情况了若指掌，但被保险人对此确是难以知晓和洞察，毕竟这些信息是常规的资信调查难以获取和把握的。实际上，投保人（被保险人）于债务人之间并没有真实的交易发生，既没有实际交付货物，也没有实际履行服务，即通常说的"走单、走票、不走货"，只有单证流、资金流，唯独没有现实的货物流。

（四）天生蕴含的逐利性

在其他财产保险中，被保险人一般不会放纵风险的发生，但是在信用保险中存在着保险人放纵风险发生的较大可能。所谓放纵风险发生，即被保险人并不积极作为促成风险的发生，也不积极希望风险的发生，但是如果风险一旦发生，被

---

[1] 买方信用限额是指保险人对被保险人向某一买方进行交易所承担赔偿责任的最高限额。在批复买方信用限额的过程中，保险人需要对买方进行资信调查，详细了解买方的基本情况、财务状况、经营情况、信用记录以及其他涉及影响信用质量的情形。需要强调的是，保险人只对批复了买方信用限额之后被保险人与买方之间的信用交易承担保险责任，如果被保险人在某个买方尚未获得保险人批复信用限额之前便开始与该买方进行信用交易，如果发生保险事故，保险人不承担保险责任。

保险人也不排斥和反对。具体而言，车辆保险的被保险人不会放纵自己发生交通事故，家庭财产保险的被保险人不会放纵自己的财产遭受火灾，毕竟在损失补偿原则限制下，被保险人的放纵会得不偿失，自寻烦恼。但是在信用保险中，被保险人明知买方可能存在经营异常甚至违约风险，虽然不会通过积极行为导致买方违约，也并不希望买方违约，但仍然可能会与该买方进行交易，即便最终发生买方违约。究其原则，实乃一般财产保险中适用的损失补偿原则在信用保险中出现了失灵现象，被保险人基于信用所生成的价值应当是一种综合价值的概念，而不仅仅局限于应收账款的收益或者损失，还应包括持续经营、维护客户关系、扩展新兴市场、优化财务等方面的价值，这些价值是完全可以予以折现的。

在现行条款设计中，信用保险所承保的保险价值是应收账款，而在实际的商业活动中，被保险人所面临的价值却是一个变动的综合体，存在诸多因素和变量。很多情况下，即使买方不能及时、全额支付货款，卖方仍然会选择继续交易，原因如下：其一，现金流是企业的生命力，即使被保险人面临亏损，只要现金流没有问题，经营就不会出现大问题，继续与买方交易可以保证现金流。其二，被保险人不仅仅只有一个买方，其固定成本是一定的，只要有风险的买方的回款能够覆盖变动成本部分，这个交易就可以继续开展。其三，信用风险多发生在经济不景气的情况下，而被保险人只要保持正常生产经营，对外就可以保住市场、渠道和客户，对内可以保住工人、设备，当经济好转后，可以马上大量投产，所以可以看到生产企业不会轻易停止生产和经营。其四，买卖双方是相互依存的关系，商人会在经济寒冬期间抱团取暖，为了在经济好转后的再次合作。所以说，在信用保险中的被保险人损失或者收益构成因素到底是什么？至少不应该仅仅是应收账款。在很多情况下，被保险人损失了应收账款，但却在持续经营、维护客户、开拓市场、优化财务等方面获得收益或者弥补。损失补偿原则（具体体现为赔偿比例）只针对应收账款损失，并没有考虑被保险人在其他方面获得的收益或者弥补。因此，在综合统筹和考虑下，被保险人可以获得超额收益，弥补其需要自行承担的应收账款损失，存在确定的逐利空间和可能，必然导致被保险人在主观上的逐利性，放纵风险的发生。

（五）较强的风险传递性

在交易活动过程中，某个交易者的违约行为导致交易对方的信用风险；而交易对方的信用风险将可能进一步引发纵向或者横向交易者的信用风险，由此不断地纵向延续和横向扩散，把更多的交易主体牵扯进一系列的信用风险中，信用风险呈现指数化增长态势，最终导致信用风险链条的产生。交易一方与纵向或横向交易者之间不存在直接信用关系，但交易一方违约，将可能会导致其他第三方的信用风险暴露。信用风险的这种强大的传递性和感染性体现非零和性特征，具有明显的乘数裂变效应，犹如恶性病毒一样侵入社会肌体，四处扩散，随意侵蚀，造成不可预测和估量的后果。[1] 2012 年爆发的钢贸行业危机便是从个别钢贸商资金链断裂开始逐步演化为钢贸商大面积出现资金链断裂。全国钢贸行业因债务问题有超过 10 人自杀、300 多人入狱、700 多人被通缉，导致的坏账规模近100 亿美元。[2]

（六）风险概率分布的厚尾性和不规律性

信用风险的发生在概率分布上具有非对称性。在通常的赊销交易过程中，如果卖方按时足额地从买方获得货款，卖方仅仅获取预期中的正常利润收益，而一旦卖方无法按时足额从买方获得货款，信用风险就会转化为实际损失。尽管这样的风险发生概率比较小，但一旦发生，卖方的货款损失就会远远大于利润收益，其利润收益具有固定性、上限性，但货款损失却具有变化性、无下限性，这就导致信用风险概率分布的尾部比正态分布的尾部较宽。这一厚尾性特征使得难以对信用风险进行正态分布假设，缺乏风险平均值和中间值基础，不是持续的可能性分配，更加倾向于 0 或者 1 的概率分布，而不是 0 和 1 之间的正态分布，缺乏必要、自然的规律性，如此将导致信用风险识别、防范和管控的难度增大。

---

〔1〕 申韬："小额贷款公司信用风险管理研究"，中南大学 2011 年博士学位论文，第 20 页。
〔2〕 资料来源："钢贸行业大洗牌全纪录：多人自杀 数百亿坏账"，http://www.cs.com.cn/xwzx/cj/201605/t20160523_4975816.html（中证网），最后访问时间：2016 年 5 月 23 日。

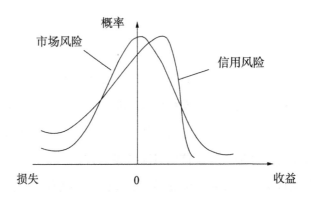

图 1-1　信用风险发生概率分布图[1]

由图 1-1 可以看出，信用风险发生概率的厚尾性导致其不规律性。信用风险的发生由诸多原因构成——既有客观因素，比如债务人的经营陷入困境导致丧失偿债能力，或者外汇管制、行政禁令等政治风险；又有主观因素，比如债务人具备偿债能力但并不存在偿债意愿。上述原因几乎无规律可言，通常都不适用大数法则，[2] 而是依靠各种市场信息、历史数据甚至长年累月积淀方能形成的经验判断。

二、信用保险的功能分析

(一) 转移信用风险

"无危险，无保险。"保险是社会化风险转移机制，以集中、汇聚并分散危险为机制路径，发挥经济补偿、资金融通和社会管理等功能。"保险实乃分散危险、消化损失之制度，透过保险将不幸而集中于一人之意外危险及由是而生之意外损失分散于社会大众，使其消化于无形之中。"[3] 保险人收取适当的保险费，与之作为对价便将众多可能发生损失的危险单位予以汇聚转化并建立保险基

〔1〕 陈娜娜：《商业银行信用风险度量模型及其在我国的适用性研究》，西南财经大学 2007 年博士学位论文，第 8 页。
〔2〕 贾林青著：《保险法》（第四版），中国人民大学出版社 2011 年版，第 214 页。
〔3〕 桂裕著：《保险法论》，台湾三民书局 1981 年版，第 1 页。

金，当单一个体遭灾实际风险并发生损失时，将获得相应的补偿。简言之，保险通过向全体参加保险的个体合理分摊单一个体所实际发生的损失，达到危险分散、损失分摊、经济补偿的目的。[1]

消费者选择保险的主要目的是确保自己的财产或者相关权益的价值处于稳定状态，避免价值减少尤其是大幅下降。被保险人或者受益人享有赔偿请求权，一旦保险事故实际发生，被保险人或受益人可以向保险人索赔，获得相应的经济补偿，恢复财产或者权益的原有价值。作为财产保险的法定险种之一，信用保险的基础功能和应有之义便是分散信用危险、分摊应收账款损失、履行经济补偿职能、保障债权顺利实现。[2] 企业通过投保贸易信用保险，获得了应收账款的风险保障，一旦买方未能按时足额支付款项并造成确定损失，企业即可从保险人处获得相应赔偿，债权损失得到有效补偿，信用风险获得切实保障，经营状况和财务健康都不会受到负面影响。尤其是对于出口企业，其面向的是遥远而复杂的国际市场，贸易风险大，市场竞争激烈，一旦出现信用风险，出口企业很可能就会陷入困境，影响海外市场开拓和国际竞争力，甚至因此一蹶不振或者濒临破产。如果出口企业投保了出口信用保险，当其因商业风险或政治风险不能从买方收回货款或合同无法执行时，该出口企业可以从保险人处获得赔偿。

（二）便利资金融通

信用保险区别于其他传统财产保险的重要特征便是其具有显著的金融属性，可以增强被保险人的信用评级，便利贸易融资，促进资金融通。企业就其应收账款投保信用保险后，将其所享受的索赔权益转让给特定银行并签署《赔款转让协议》，特定银行基于保险人承保的应收账款向被保险人提供融资。当被保险人的应收账款发生保险事故造成损失时，保险人根据《赔款转让协议》规定将赔款直接支付给融资银行。不同于传统意义上的抵押、质押和担保贷款，信用保

---

〔1〕　黎建飞著：《保险法新论》，北京大学出版社 2014 年版，第 8 页。

〔2〕　J.L. McCauley: *Credit Insurance: Its Functions*, Vol. 4, New York: New York State Insurance Department, 1954, pp.19-20.

险项下的融资属于"信用综合贷款",即以被保险人应收账款的权益质押或者转让作为融资前提,银行在对被保险人以及其债务人的资金实力、信用状况、偿付能力等因素进行全面考量的基础上,为被保险人的真实贸易行为和确定的应收账款提供信用贷款。这种"信用综合贷款"使贸易企业尤其是小微企业摆脱了因为抵押物不够或者担保能力不足而无法获得银行融资的困境,解决企业融资难、融资贵的问题,也为企业扩展销售规模、提升市场竞争力提供有力支持。

(三)扩大市场规模

生存和发展是每个经济主体所面临的关键问题,而生存和发展的希望则在于开拓市场,提高市场占有率。在具体贸易中,如果采用预付款或者现款现货的方式进行交易,卖方基本不需要承担信用风险,可以确保货款的到位,但同时可能会使得买方的资金占用较大,造成资金紧张,进而影响买方的采购意愿和规模,卖方的销售规模和市场地位也会受到制约,开拓新市场、新客户无法落实,持续发展缺乏基础和动力。如果采用赊销的贸易方式,卖方可以扩大销售规模,扩展业务范围,开发新客户,提升市场地位,但随着而来的是需要承担信用风险。一边是发展压力,一边是效益隐患,左右为难,如何应对。信用保险可以保障卖方所面临的信用风险,使卖方可以放心地采用赊销的贸易方式,开发新客户,扩大销售规模,扩展业务范围,提升市场地位,实现可持续发展。[1]

具体到出口信用保险领域,作为国际通行贸易增进措施,[2] 有助于推动本国商品和服务进军海外市场、保障出口收汇安全、便捷获得融资支持,实现国家的对外经济贸易战略和政策。各国政府基本都成立了官方出口信用保险机构专门开展出口信用保险业务。中国信保是我国唯一政策性出口信用保险机构,近年来出口信用保险对我国商品和服务出口的支持力度持续增强,已经成为国家拉动出

---

[1] Clyde William Phelps: *Commercial Credit Insurance as a Management Tool*, *Studies in Commercial Financing*, *No. 3*, *Baltimore Educational Division*. Baltimore: Commercial Credit Company, 1961, p. 82.

[2] Coppens D: How much credit for export credit support under the SCM agreement, *Journal of International Economic Law*, 2009 (12), pp. 63-113.

口、进军海外市场的重要政策工具。2015 年我国《政府工作报告》要求"扩大出口信用保险规模"，同年 7 月 15 日的国务院常务会议进一步明确提出"扩大短期出口信用保险规模，加大对中小微企业和新兴市场开拓的支持"。

（四）完善风险管控

信用保险公司在信用风险的识别、防范、管理等方面具有专业的能力和强大的实力，被保险人可以借助信用保险公司的专业和实力防范信用风险，获得其他未投保企业所无法实现的风险识别、判断能力，建立信用风险防范机制，健全内部风险管理流程。

从事信用保险业务的保险公司，对企业进行覆盖事前、事中、事后的全流程全方位风险管理服务，为投保企业防范海外风险提供及时有效保障，体现信用保险的积极功能，主要在以下方面：一是建立强大资信网络，全面监控风险并及时发布预警信息。信用保险公司需要重点投入建设信息库和数据库，构建全球信息采集网络，覆盖全球 200 多个国家和地区，包含数量众多的海外买方、全球重点银行以及中国企业的各类信用与风险信息。同时还需要对国家风险进行研究，对相关国家进行长期跟踪与监控，及时发布相关研究成果和预警信息，对重大风险异动及时研判和应对。二是提供专业的买方风险评估，为出口企业防范风险提供有力支持。在整合各类信用风险信息的基础上，信用保险公司发挥专业技术优势，对国内外买方进行识别和评估，帮助企业在获得信用保险风险保障的前提下，更加积极地拓展国内外市场。三是利用全球催收追偿网络，有效震慑不良买方。一旦被保险人发生信用风险，信用保险公司会积极介入赔前催收减损，充分发挥催收追偿渠道等方面的专业优势，通过谈判、施压等多种手段迫使买方履行合同，最大限度维护被保险人利益。如果赔前减损未果，信用保险公司会在赔付后继续追偿欠款，进一步帮助企业减少损失。信用保险公司凭借遍布全球的催收追偿网络，在赔付后保持对违约买方的高压态势，可以有力震慑国内外不良买方，维护企业合法权益，为构建诚信体系、完善信用环境作出积极贡献。通过资信调查、买方风险评估、催收追偿等方面的专业优势，信用保险公司充当信用风险专家和管家的角色，有效提高了被保险人对信用风险识别、防范和管理的能力。

（五）优化财务报表

财务报表是企业经营的"晴雨表"，直接反映了企业经营现状和发展趋势，财务报表对于各方利益相关者的信心起着非常重要的作用。合理优化财务报表结构就成了企业财务管理的一项重要事务。尤其是对于上市公司或者管理规范的大型企业，稳健、优异的财务报表成为其信息依法公开披露的重要载体，也是社会公众最为关注的对象。

在财务报表中，应收账款是流动资产中关注度比较高的科目。随着信用经济时代的来临，应收账款在企业流动资产中的比重越来越高。法国信用保险公司科法斯（COFACE）每年对中国企业信用风险进行一次调查，并形成风险管理报告对外公布，其中上市公司的应收账款情况是其重点关注信息。2009 年，COFACE 的调查数据显示上市公司应收账款总额同比增长超过 25%，上市公司中约 60% 的企业应收账款额都在增加，2010 年该情况依然没有得到改善，信用风险不可小视。即使应收账款没有发生风险，应收账款项目金额过大也会被人们理解为企业运行存在不确定性。如果企业投保了信用保险，凭借"信用保险+银行融资/买断"模式，应收账款成为相对安全优质的资产，可以转化为经营性现金流，提前确认收入，从而改善财务报表，提高投资价值，稳定各方投资者信心。

三、信用保险的基本分类

根据不同标准，信用保险可以进行以下主要分类：

（一）国内信用保险和出口信用保险

以风险所在区域不同为准，信用保险可以分为国内信用保险和出口信用保险。国内信用保险是指债务人（买方）位于被保险人所属国国内的信用保险合同。而出口信用保险则是指债务人（买方）位于被保险人所属国国外的信用保险合同。两者的不同点在于，债务人（买方）是否与被保险人位于同一个国家。

这个是目前实务中最为常见的分类。

（二）短期信用保险合同和中长期信用保险合同

以信用期限长短为准，信用保险合同可以分为短期信用保险合同和中长期信用保险合同。信用期限是指自被保险人交付货物之日起至贸易合同约定的买方应付款日止的期间。买方超过信用期限而未还款，并经过不同的损因所对应的期限后，视为保险事故发生。短期信用保险合同中的信用期限一般不超过180天，最长不超过2年，一般适用于日常消费品、原材料贸易。中期信用保险合同中的信用期限一般在2~5年之间，长期信用保险合同中的信用期限则是5年以上。中长期信用保险合同主要适用于大型机械设备、工程服务以及资本项目，比如机电成套设备、船舶建造贸易等。

（三）贸易信用保险、贷款信用保险、投资信用保险和消费信用保险

以承保标的为准，信用保险可以分为贸易信用保险、贷款信用保险、投资信用保险和消费信用保险。贸易信用保险是保险人为贸易活动中的卖方所进行的赊销交易提供的信用保险。在贸易信用保险中，卖方（销售商或者制造商，即债权人）是投保人和被保险人，保险人承保买方（债务人）迟延付款、破产等信用风险，被保险人和买方之间是买卖合同法律关系，双方必须存在真实合法有效的贸易活动，必须存在现实的货物交付行为。贷款信用保险是保险人为贷款人（银行或者其他金融机构）与借款人之间的资金借贷行为提供的信用保险。在贷款信用保险中，贷款人（债权人）是投保人和被保险人，当借款人（债务人）无法按时按量偿还贷款时，保险人向被保险人承担相应保险责任，然后向借款人进行追偿。[1] 贷款信用保险的被保险人与借款人之间是借贷合同法律关系，双方必须存在真实合法有效的资金融通行为。投资信用保险承保本国投资者在外国投资期间因投资国的政治因素造成的投资损失，例如因投资国实施国有化、没收、征

---

〔1〕　郑功成、许飞琼主编：《财产保险》（第四版），中国金融出版社2010年版，第374页。

用、外汇管制等政治原因不能收回投资和利润。投资信用保险的投保人和被保险人是本国的对外投资者。[1] 消费信用保险是保险人为日常消费活动中的卖方所进行的分期付款交易提供的信用保险。卖方（销售商或者制造商，即债权人）是投保人和被保险人，保险人承保买方（债务人）不付款的信用风险。在消费信用保险中，被保险人和买方之间也是买卖合同法律关系，但买方通常是以自然人为主的消费者，这是消费信用保险和贸易信用保险之间的最大区别。

（四）统保信用保险、特定信用保险和选择信用保险

以承保范围和方式为准，信用保险可以分为统保信用保险、特定信用保险和选择信用保险。统保信用保险是指被保险人必须将其保险期间内的所有交易都向保险人投保的信用保险合同，这是信用保险最标准、典型的承保方式，适用于多批次、全方位的日常普通交易。特定信用保险是指被保险人仅某个具体、单一的交易向保险人投保的信用保险，主要适用于大型成套机械设备、工程建设以及资本贸易。选择信用保险是指被保险人可以根据事先约定的承保范围和条件，选择一定的交易向保险人投保的信用保险合同，比如，被保险人可以选择将在某个地区或者某个行业的交易向保险人投保，而不是所有的交易。

（五）出运前信用保险和出运后信用保险

以保险责任起止时间为准，信用保险可以分为出运前信用保险和出运后信用保险。出运前信用保险是指承保贸易合同生效到货物出运这段期间的信用风险的信用保险合同，主要是覆盖被保险人与买方签订贸易合同并备料进行产品生产，最终因为买方违约未能向其交付产品的风险，被保险人的损失包括产品设计、制造、运输以及其他费用等成本损失。出运后信用保险合同则承保货物出运后，被保险人未能按时收到货款的风险，主要是买方长期拖欠、卖方破产以及政治风险等。

---

〔1〕 贾林青著：《保险法》（第四版），中国人民大学出版社 2011 年版，第 217 页。

小　　结

　　信用保险在我国方兴未艾，其在防范信用风险、保障经济发展、扩大出口内销、促进企业融资、健全社会诚信体系等方面的功能被国家、社会以及市场日益关注、愈发重视。法律是经济规律和市场规则的重要体现形式，也是优化经济规律、完善市场规则的基本路径。我国信用保险的现状和未来决定了我们应当对信用保险法律进行全面了解、深入研究和系统规划。

　　合抱之木，生于毫末；九层之台，起于垒土。研究信用保险法律制度，必须首先对信用和信用风险的嬗变、信用保险的特征和功能以及法律属性进行深入的把握，如此方能正本清源、厚积薄发，构建精准合理的信用保险法律制度体系。随着历史的变迁和社会的发展，信用已经从最初的仁义、诚实等道德情操范畴逐渐演化为履约、交换和偿还等内容的现代经济学和法律范畴。信用的本质内在于主体自身经济能力并外化于信赖和评价，体现客观性、社会性、财产性和人格性等特征。信用的存在会发挥积极作用，但也可能导致信用风险的爆发，一旦信用风险确定发生，必然会产生相应的消极影响和不利后果，造成可以确定和评估的经济损失。从保险的风险转移机制来看，信用风险体现一定的保险利益，具有可保性。确认信用保险的定义并梳理其特征、功能以及与保证保证担保、保证保险的区别，主要是为了厘清信用保险的法律地位和性质，便于建构信用保险法律制度的总则性条款和基本原则内容。

第二章 我国信用保险法律现状及问题

第一节 我国信用保险法律制度的现状

一、我国信用保险发展的实际格局

(一) 信用保险在我国仍然属于初级阶段

信用保险萌芽于荷兰，发展壮大于欧美，至今已有上百年历史，而我国的信用保险至今不过 30 年的发展，仍然处于初级发展阶段。1985 年，在我国某次国务院会议中，国务院领导指示，为了增加外汇收入，要求扩大机电产品出口，中国人民保险公司（中国人民财产保险股份有限公司的前身）要开办出口信用保险，支持我国机电产品出口。中国人民保险公司随即开展相关准备工作。1988 年 8 月，田纪云副总理主持会议，听取国务院机电产品出口办公室汇报，会议决定：同意中国人民保险公司开办机电产品出口信用保险。[1] 根据国务院指示，中国人民保险公司于 1988 年成立出口信用保险部，负责研究开展出口信用保险业务。1989 年，中国人民保险公司选择天津、上海、北海、宁波四个沿海城市第一批试办出口信用保险业务，1990 年全面推广。1994 年，中国进出口银行成立，同时开办政策性出口信用保险业务。1996 年，中国人民保险公司代表中国参加国际海外投资和出口信用保险人联盟（简称"伯尔尼协会"）并于 1998 年成为该组织正式会员。[2]

加入 WTO 之后，为了适应国际经济和贸易发展大环境和新趋势，深化保险体制改革，理顺出口信用保险体制，规范出口信用保险的经营行为，我国国务院

---

〔1〕 秦道夫著：《我和中国保险》，中国金融出版社 2009 年版，第 216 页。
〔2〕 黎建飞著：《保险法新论》，北京大学出版社 2014 年版，第 321 页。

参照世界主流国家做法设立官方出口信用保险机构——中国出口信用保险公司（以下简称中国信保），由中国人民保险公司和中国进出口银行各自开展的信用保险业务合并组成，中国人民保险公司和中国进出口银行停办出口信用保险业务，其原有的业务和未了责任全部由中国信保承继。在中国信保成立后的很长一段时间内，中国的信用保险市场实质上都由中国信保垄断经营，尤其是政策性的出口信用保险领域。

中国人保、平安等商业保险公司于 2004 年后相继开展国内信用保险业务。但是，市场规模占据绝对多数比例的出口信用保险业务仍然由中国信保独家经营。在我国经贸持续保持出口导向型模式的背景下，伴随着国际经贸及投资竞争的日趋激烈，我国出口信用保险的市场需求不断上升，但同时信用保险拉动出口的作用未能达到预期，中国信保的垄断经营与日益增长的信用保险需求之间的矛盾也越来越突出，引入商业性保险公司经营出口信用保险成为多方关注重点。商业性保险公司经营出口信用保险可以促进我国信用保险市场的适度竞争，提高信用保险服务的质量和层次，开发不同类的信用保险产品满足不同客户的需要，扩大出口信用保险的密度和深度，提升我国外贸企业在国际市场的竞争力，实现我国出口贸易健康有序发展。

（二）我国信用保险市场经营格局

我国国务院于 2012 年 9 月确定将"扩大出口信用保险规模和覆盖面"作为促进外贸稳定增长的政策措施。2013 年，财政部批准中国人保从事短期出口信用保险业务，成为国内首家具有资格从事该业务的商业保险公司。2014 年，平安、太平洋和大地获准开办短期出口信用保险业务。我国出口信用市场的垄断局面被逐步打破，中国信保在形式上不再独家经营出口信用保险。

随着我国的短期出口信用保险已经逐步向商业性保险公司开放，已经有中国人保、平安、太平洋、大地等商业性保险公司开展信用保险业务，但仍然无法撼动中国信保"一家独大"的准垄断市场格局，其他商业性保险公司无论是在市场规模还是市场影响力、话语权等方面基本可以忽略不计。以 2014 年为例，全国信用保险保费收入200.68亿元，中国信保的保费收入为181亿元，比重达到90%以上，而排名第二位的中国人保占比仅为3.57%（见表2-1）。

根据国务院发展研究中心的数据模型测算，2014年通过出口信用保险直接和间接拉动我国出口超过5500亿美元，约占我国出口总额的24%；促进和保障了1400多万个就业岗位，对经济社会发展作出了一定贡献。

表2-1　我国各保险公司2014年信用保险保费收入及占比[1]

单位：亿元

	中国信保	中国人保	中银	大地	平安	太平洋
保费规模	181.18	7.16	4.11	2.67	2.20	1.17
占比	90.28%	3.57%	2.05%	1.33%	1.10%	0.58%

（三）中国信保的定位与性质

2001年5月23日，我国国务院下发《关于组建中国出口信用保险公司的通知》（国发〔2001〕9号）（以下简称《通知》），明确中国信保的性质是"从事政策性出口信用保险业务的国有独资保险公司"，其主要任务是"依据国家外交、外贸、产业、财政、金融等政策，通过政策性出口信用保险手段，支持货物、技术和服务等出口，特别是高科技、附加值大的机电产品等资本性货物出口，积极开拓海外市场，为企业提供收汇风险保障，促进国民经济的健康发展"。同时，《通知》强调"中国信保按照国务院批准的《中国出口信用保险公司组建方案》和《中国出口信用保险公司章程》运营。待条件成熟后单独立法"。根据财政部2001年4月制定的《中国出口信用保险公司组建方案》，中国信保按照商业化方式运作，独立核算，保本经营，同时其经营范围有明确而严格的界定。这样主要是为了明确中国信保的定位，确保其不缺位，切实履行政策性出口保险公司的职责，同时也为了防止中国信保越位、错位经营，与商业性保险公司进行不正当竞争，扰乱信用保险市场秩序。具体而言，中国信保具体的经营范围包括出

---

〔1〕　根据中国保监会内部数据整理而成。

口信用保险业务、出口信用保险相关的信用担保业务和再保险业务、出口信用保险的服务及信息咨询业务、国家法律法规允许的资金运用业务以及国务院批准的其他业务。

中国信保在2001年的初始注册资本为人民币40亿元,实收资本的来源为出口信用保险风险基金,二者合二为一,其组建时将中国人民保险公司此前已设立的出口信用保险风险基金(含利息)划转作为实收资本的来源。实收资本与注册资本的差额,除将所得税"先征后返"、追偿款全额转入外,其余部分由中央财政分3年补足。根据国务院的有关规定,中国信保出口信用保险风险基金按下列方式补充:(1)出口信用保险业务所得税全额转入;(2)追偿款收入全额转入;(3)按照1:20的比例(指1美元风险基金可相应承担20美元的风险责任)和承保责任以及国家财政状况,由国家预算补充。中国信保的财务管理及会计核算等办法由财政部制定,国家对其经营的出口信用保险业务不征营业税,所得税实行"先征后返"办法。

国务院对中国信保的监管体制和机构设置也进行了明确规定:财政部商外经贸部(现为商务部)、中国保监会和外交部等部门,研究提出国家风险分类、国家限额、保险费率等出口信用保险政策,报国务院批准后执行。同时明确表示"中国保监会根据国家出口信用保险政策对中国信保进行监管"。中国信保公司章程也明确表明"公司的业务主管部门是财政部。公司接受中国保监会的监管"。

2012年12月,中国信保改革实施总体方案和新章程修改获得国务院批准,主要有以下重大变化:(1)政策性职能定位在形式进一步明确和强化。中国信保改革实施总体方案和新章程都充分体现了强化政策性职能定位的原则。首先,明确提出"政策性保险公司"的定位,中国信保新章程对公司性质的描述是"公司是由国家出资设立、支持中国对外经济贸易发展与合作、具有独立法人地位的国有政策性保险公司"。其次,赋予了中国信保更重大的政策性使命,新章程明确中国信保的经营宗旨是"通过为对外贸易和对外投资合作提供保险等服务,促进对外经济贸易发展,重点支持货物、技术和服务等出口,特别是高科技、附加值大的机电产品等资本性货物出口,促进经济增长、就业与国际收支平衡。"（2）业务范围得到进一步扩张，有可能导致政策性职能在实质上弱化。中国信保新的业务范围包括：中长期出口信用保险业务；短期出口信用保险业务；海外投资保险业务；国内信用保险业务；与出口信用保险相关的信用担保业务和再保险业务；应收账款管理、商账追收等出口信用保险服务及信息咨询业务；保险资金运用业务；经批准的其他业务。与旧章程相比，新章程在经营范围方面主要增加了国内信用保险业务，同时对其他现有业务类型进行了较为具体清晰的界定。此次增加了公认的商业性信用保险业务——国内信用保险业，这将在实际操作中一定程度上削弱中国信保的政策性职能的履职意愿和能力，同时还可能会扰乱信用保险市场竞争秩序。（3）资本实力显著增强。中国投资有限责任公司通过中央汇金有限责任公司向中国信保注资 200 亿元人民币，其注册资本金额达到 270 多亿元。（4）公司治理结构得到进一步健全。按照现代企业制度的要求，建立健全符合政策性保险公司特征的公司治理结构和严明的内部权责制度，形成有效的约束机制和良好的内部风险防范机制，是这次中国信保改革的重要成果之一。建立董事会并强化其职能，原外派监事会转变为内设监事会。此次改革后，中国信保形成了由董事会、监事会和经营管理层组成的更加合理完善的治理结构。

（四）中国人保财险等商业性公司逐步发挥积极作用

中国人保财险是经国务院同意、中国保监会批准，于 2003 年 7 月由中国人民保险集团公司发起设立的、亚洲最大的财产保险公司，注册资本 122.5598 亿元。其前身是 1949 年 10 月 20 日经中国人民银行报政务院财经委员会批准成立的中国人民保险公司。2003 年 11 月 6 日，该公司在香港联交所成功挂牌上市（HK2328），成为中国内地大型国有金融企业海外上市"第一股"。

中国人保财险 2015 年实现营业额 2816.98 亿元，同比增加 286.61 亿元，增长 11.3%，市场份额 33.4%，实现净利润 218 亿元。投资收益 213.03 亿元，同比增长 54.7%，总投资收益率为 6.7%，同比上升 1.5 个百分点。总资产 4204.20 亿元，较年初增加 542.90 亿元，增长 14.8%。该公司连续七年获得国际权威评级机构穆迪授予的"中国内地企业最高信用评级 A1 级"荣誉，2015 年穆迪将其评级上调至 Aa3（展望稳定）级。

中国人保财险于 2006 年重返信用保险市场，恢复经营国内信用保险业务。2009 年，中国人保财险正式加入国际信用保险及保证保险协会（ICISA），成为 ICISA 中国保险界的第一位会员。人才和机构筹备是信用保险业务开展的重要前提，2011 年下半年，中国人保财险专门成立了信用保证保险事业部，汇聚了一大批优秀的信用保险人才。目前，中国人保财险从事专职信用险的管理人员已有近百人，专业营销服务团队遍布全国。信用保险业务团队体现高度国际化的特点，大多数成员都有良好的海外学习或者工作背景，具有国际化视野和全球化胸怀。在积极实现业务跨越式发展的同时，中国人保财险充分不断建立、健全信用保险风险管控制度和体系，目前已经建设了独一无二的"动态资信网"，充分发挥事前调查、事中监控和事后核查的功能。该"动态资信网"是人的网络，基本可以实现一个小时车程到达买家所在地，对遍布全国各地、城市农村的买家进行实时、实地风险监控，犹如信用风险管控的"千里眼"和"顺风耳"。

经过 6 年的积累和努力，中国人保财险于 2013 年 1 月获得我国财政部批准成为第一家经营短期出口信用保险的商业性保险公司。中国人保财险近年来的信用保险业务呈现跨越式增长态势，2015 年信用保险保费收入超过 10 亿元，在我国信用保险行业发挥越来越突出的作用，同时也通过市场实践证明商业性保险公司也能经营好信用保险，尤其是短期出口信用保险。作为国有大型骨干保险公司，中国人保财险在信用保险领域，积极服务大局，勇担社会责任，为中小企业提供信用风险保障，着力解决中小企业融资难、融资贵问题，促进中小企业健康、持续发展，为国民经济的平稳运行保驾护航。中国人保财险高度关注中小（微）企业客户在融资方面的迫切需求，竭尽所能地为全国各地的中小（微）企业提供更多的倾斜政策、积极支持和便利条件，为中小（微）企业雪中送炭，帮助越来越多中小（微）企业顺利获得银行贷款，渡过难关，重返正常、持续经营之路。目前，中小（微）企业企业客户已经占到中国人保财险信用保险客户数量的一半以上，这个比例还将呈继续上升趋势。

2015 年 1 月 30 日，中国人保财险与中国人民银行征信中心就接入人民银行征信系统签署合作协议。中国人保财险将充分利用人民银行征信系统，推动大数据和互联网在保险行业的实践应用，切实提升信用风险管理能力和承保拓展能力，更好地推动保险行业创新发展，健全社会信用体系建设，更好地服务国家经济深化改革。

除了中国人保财险之外，平安财险、太平洋财险、大地财险等商业性保险公司也逐步在我国信用保险市场深入耕耘，信用保险受到越来越广泛的关注和重视。2015 年以来，成立专业性信用保险公司开始成为我国保险业的新潮流。2015 年 4 月，阳光渝融信用保证保险股份有限公司获批筹建，该公司由阳光财产保险股份有限公司、重庆两江金融发展有限公司和安诚财产保险股份有限公司联合发起设立，是国内首家获批筹建的专业信用保证保险公司。2015 年 12 月 15 日，铜陵精达特种电磁线股份有限公司宣布拟出资 1.8 亿元，与华安保险等 6 家企业发起设立精融互联信用保证保险股份有限公司。2016 年 5 月 18 日，恒生电子股份有限公司公告拟出资 1 亿元参与发起设立粤财信用保证保险股份有限公司。2016 年 5 月 19 日，永兴特种不锈钢股份有限公司宣布拟出资 3.6 亿元发起设立华商云信用保险股份有限公司。

二、我国信用保险法律现状

目前，英国、美国、韩国、日本等国家以及我国的澳门、香港、台湾地区均对信用保险进行了专门的立法，或者规定了信用保险的定义、保险事故、责任范围等内容，或者规定信用保险经营机构、运营规则、风险管控、监督管理等内容。相比之下，我国目前仍然没有专门的信用保险法律法规，仅仅是在《对外贸易法》、《保险法》等法律法规中提及信用保险而已，缺乏实质性、体系化的立法，法律渊源效力缺位、杂乱无序、碎片化。

（一）涉及信用保险的法律法规

《对外贸易法》第 53 条规定，"国家通过进出口信贷、出口信用保险、出口退税及其他促进对外贸易的方式，发展对外贸易"，将出口信用保险明确为促进和发展对外贸易的具体方式之一。《保险法》第 95 条第 2 款规定，"保险公司的业务范围中，财产保险业务，包括财产损失保险、责任保险、信用保险、保证保险等保险业务"，将信用保险正式纳入财产保险险种范围。上述两部是目前对信用保险规定效力最高的法律，虽然极其单薄粗陋，但不得不担当着我国信用保险法律制度根本大法的职能，成为各项信用保险部门规章、决定和政策以及司法解释的上位法。

此外，国务院于 2001 年颁布了《外资保险公司管理条例》，目的在于适应对外开放和经济发展的需要，加强和完善对外资保险公司的监督管理，促进保险业的健康发展。其第 15 条第 1 款规定，"外资保险公司按照中国保监会核定的业务范围，可以全部或者部分依法经营下列种类的保险业务：（一）财产保险业务，包括财产损失保险、责任保险、信用保险等保险业务"，进一步从外资保险公司的角度明确了信用保险的法定保险业务地位。

（二）涉及信用保险的部门规章

作为我国保险监管机构，中国保监会制定了少量的部门规章，构成我国现行信用保险法律制度的核心内容，具体如下：

《保险公司业务范围分级管理办法》（以下简称《管理办法》）目的在于规范保险公司业务范围，建立健全保险市场准入和退出机制，促进保险行业专业化、差异化发展，引导保险公司集约化、精细化经营。《管理办法》根据保险业务属性和风险特征，将保险公司业务范围分为"基础类业务"和"扩展类业务"两个级别。信用保险属于扩展类业务，保险公司获得基础类前三项业务经营资质后，方可申请增加扩展类业务，且每次不得超过一项，两次申请的间隔不少于六个月。《管理办法》还规定了财产保险公司申请信用保险业务的具体条件：（1）持续经营三个以上完整的会计年度；（2）最近三年年末平均净资产不低于人民币二十亿元；（3）上一年度末及最近四个季度偿付能力充足率不低于150%；（4）公司治理结构健全，内部管理有效，各项风险控制指标符合规定，上一季度分类监管评价结果为 A 类或 B 类；（5）有专项内控制度、专业人员、服务能力、信息系统和再保险方案；（6）最近三年内无重大违法违规记录；（7）法律、行政法规及中国保监会规定的其他条件。比较而言，除了非常规性的投资型保险业务，信用保险的开办资质是最为严格的。

《财产保险公司保险条款和保险费率管理办法》的目的在于改善和加强对财产保险公司保险条款和保险费率的监督管理，保护投保人、被保险人和受益人的合法权益，维护保险市场竞争秩序，鼓励财产保险公司创新。其第 7 条规定，"保险公司应当将下列险种的保险条款和保险费率报中国保监会审批：（1）依照法律和行政法规实行强制保险的险种；（2）中国保监会认定的其他关系社会公众利益的险种"，在实际执行中，保监会认定信用保险属于关系社会公众利益的险种，因此，保监会对于信用保险的保险条款和保险费率实行审批制，属于强监管险种。

此外，作为出口信用保险的监管机构之一，财政部和对外经济贸易合作部（现商务部）于 2002 年 12 月联合发布《出口信用保险扶持发展资金管理办法》，旨在鼓励出口企业积极开拓国际市场，帮助出口企业防范收汇风险，发挥出口信用保险对出口的促进作用，加强和规范"出口信用保险扶持发展资金"管理。该办法对出口信用保险扶持发展基金的来源、适用对象、使用范围、资助方式、管理监督、法律责任等方面进行了细致规定。

（三）涉及信用保险的决定和政策

经过近十多年的发展，信用保险的重要性日益凸显，国家也越来越认识到信用保险对于经济社会的有效推动作用，国务院、财政部、商务部、国家税务总局等相继出台了一系列的行政决定和政策，旨在进一步强化信用保险的影响力，积极推动信用保险的发展。

财政部于 1998 年 3 月发布《关于申请办理出口信用保险若干规定的通知》，旨在加强国家对出口信用保险风险的管理和控制，规范出口信用保险经办机构和出口企业的行为。该通知规定了以下内容：其一，明确我国出口信用保险的经营机构——中保财产保险有限公司（当时是中国人民保险公司的下属公司）和中国进出口银行，企业投保出口信用保险业务，一律由这两家经办机构办理。其二，明确出口信用保险的业务分类，即短期出口信用保险、中长期出口信用保险和与出口相关的履约保证保险（简称"保证保险"）。其三，规定了短期出口信用保险和中长期出口信用保险的申办要求和程序。其四，明确了出口信用保险的国家政策性保险性质，并列举了保险机构不得办理的业务情形。该通知应该是截至目前我国对信用保险内容规定得最专业、最具体的法律法规文件，最有价值的是以下两方面：其一，具体说明短期出口信用保险和中长期出口信用保险主要风险不同点，强调"中长期出口信用保险的保险金额较大、还款期限较长，风险程度相对短期出口信用险要大得多"；其二，较为系统地对买方信用限额进行了阐述，明确"买方信用限额"是保险人的责任上限，是保险经办机构根据付款方式对进口方资信调查，对出口企业向某一进口方就某一付款方式将承担的最高保险责任余额。确立了信用保险中"无限额，不担责"、"买方信用限额循环使用"以及"禁止超限额发货"等特殊原则，即企业如需办理短期出口信用保险，应在对外签订出口合同前，向经办机构投保短期出口信用保险，并将进口方和开证行的英文名称、地址、负责人、联系电话及传真，以及已获知的进口方资信情况提供给经办机构，并办理"买方信用限额"申请手续。待"买方信用限额"批准后，企业可在该限额内组织发货。待"买方信用限额"获得保险人批准后，企业可在该限额内进行发货。经批准后的"买方信用限额"可循环使用，即：如不发生保险赔偿责任，出口企业可以在收到买方付款后，继续按原定付款方式和约定限额向该进口方出口发货。但是，无奈其法律位阶过低，效力太弱，影响力非常有限。此外，该通知错误地将保证保险归入信用保险范围，把信用保险和保证保险混为一谈，但考虑到当时的历史背景和环境，也可以理解和接受。

财政部和国家税务总局于 2002 年 10 月发布《关于对中国出口信用保险公司办理的出口信用保险业务不征收营业税的通知》，强调根据《中华人民共和国营业税暂行条例实施细则》第 8 条第 1 款的规定，境内保险机构办理出口保险业务不征收营业税。[1] 因此，对中国出口信用保险公司办理的出口信用保险业务不征收营业税。对出口信用保险业务提供税收优惠政策是世界各国的通用做法。

根据此规定和国际通行惯例，随着中国人保财险等商业性公司也获得开展出口信用保险业务，其也理应享受出口信用保险业务不征收营业税的优惠政策。

国务院于 2004 年 6 月发布的《国务院对确需保留的行政审批项目设定行政许可的决定》（国务院令第 412 号）明确"出口信用保险相关业务事项审批"属于需要行政许可的事项，审批部门是财政部，外交部、商务部、国防科工局、保监会是共同审批部门，审批对象是出口信用保险经办机构。这意味着我国对出口信用保险业务实行多部委联合监管的机制。

对外贸易经济合作部（现商务部）和中国信保于 2002 年 10 月联合发布《关于进一步推动出口信用保险业务开展有关问题的通知》（外经贸计财函〔2002〕第 521 号），旨在更加广泛地宣传推广出口信用保险政策，推动企业了解并运用出口信用保险为扩大出口服务，进一步完善我国的出口信用保险机制，主要措施包括建立稳定畅通的工作联系机制；全面深入做好出口信用保险的宣传推介工作；总结出口信用保险工作经验，推动出口信用保险业务开展。

财政部和商务部于 2003 年 9 月发布《关于利用出口信用保险积极促进企业外贸出口的通知》（财金〔2003〕95 号），旨在应对"非典"疫情对外贸出口工作的滞后影响还存在很大的不确定性的情况，充分发挥出口信用保险对外贸出口的扶持和促进作用，进一步推动外贸出口的发展，主要是要求中国信保认真做好调查研究工作，深入了解出口企业的实际需求，重点摸清受"非典"疫情影响较大的产品和生产企业投保情况，及时跟踪掌握国外因"非典"疫情对我国作出的限制性措施，认真分析对本地区企业经营和出口的实际影响，运用出口信用保险手段，积极推动出口企业投保出口信用保险。

国务院于 2004 年 6 月发布《国务院对确需保留的行政审批项目设定行政许

---

[1] 财政部 1993 年颁布的《营业税暂行条例实施细则》8 条第 1 款规定，"有下列情形之一者，为在境内提供保险劳务：（一）境内保险机构提供的保险劳务，但境内保险机构为出口货物提供保险除外"，出口保险即属于为出口货物提供保险之情形。

可的决定》（国务院令第 412 号），依照《行政许可法》和行政审批制度改革的有关规定，国务院对所属各部门的行政审批项目进行了全面清理。由法律、行政法规设定的行政许可项目，依法继续实施；对法律、行政法规以外的规范性文件设定，但确需保留且符合《行政许可法》第 12 条规定事项的行政审批项目，根据《行政许可法》第 14 条第 2 款的规定而决定予以保留并设定行政许可的事项一共 500 项，以此形成《国务院决定对确需保留的行政审批项目设定行政许可的目录》。"出口信用保险相关业务事项审批"属于需要行政许可的事项，审批部门是财政部，外交部、商务部、国防科工局、保监会是共同审批部门，审批对象是出口信用保险经办机构。

商务部和中国信保于 2004 年 7 月联合发布《关于利用出口信用保险实施科技兴贸战略的通知》，旨在进一步深入实施"科技兴贸"战略，贯彻落实国务院办公厅转发的商务部等部门《关于进一步实施科技兴贸战略的若干意见》（国办发［2003］92 号），促进我国高新技术产品出口，优化出口商品结构，提高外贸出口的质量、档次和效益，进一步利用出口信用保险实施科技兴贸战略。该通知要求建立有效协调机制，共同营造良好的出口环境；确定重点行业和产品，加大支持力度；缓解企业资金紧张状况，提供信用保险项下融资便利；积极支持创新研发，量身定做承保模式；发挥信用保险作用，防范技术性贸易壁垒风险；加强服务与宣传，提高企业抗风险能力。

财政部于 2013 年 1 月发布《关于中国人保试点短期出口信用保险业务问题的通知》（财金函［2013］2 号），批准中国人保自 2013 年 1 月 1 日起试点开展短期出口信用保险业务，即保障信用期限一般在 1 年内、最长不超过 2 年的出口信用保险业务。此举标志着中国信保在出口信用保险长达数十年的独家垄断经营格局被打破，我国短期出口信用保险市场化序幕拉开，商业性保险公司将逐步参与原本被认为是政策性的短期出口信用保险。2014 年 6 月，平安、太平洋、大地等三家商业性财产保险公司获得短期出口信用险业务经营资格，可以开展保险期限期间 1 年以内、最长不超过 2 年的出口信用保险业务。我国短期出口信用保险市场进一步向商业性保险公司开放，市场化范围和程度持续推进。

国务院于 2014 年 10 月发布《关于加快发展现代保险服务业的若干意见》（国发 [2014] 29 号），其中强调着力发挥出口信用保险促进外贸稳定增长和转型升级的作用，加大出口信用保险对自主品牌、自主知识产权、战略性新兴产业的支持力度，重点支持高科技、高附加值的机电产品和大型成套设备，简化审批程序，稳步放开短期出口信用保险市场，进一步增加市场经营主体。由此看来，短期出口信用保险完全市场化之趋势越来越明显和强烈。

（四）利用信用保险支持小微企业发展的政策

小微企业是市场经济的微观基础，是深入推进改革的主力军。比之大型国有企业，小微企业新机制导入快、操作便捷、反馈迅速、社会震荡小、改革代价低。因此，在结构调整、提质增效的创新改革进程中，小微企业发挥了排头兵和试验田的作用。近年来，我国政府高度重视小微企业的发展，出台了各种支持小微企业发展的方针政策，尤其是在信用保险领域，其对小微企业发展的积极促进作用日益引起政府各部门的关注和重视。

商务部于 2009 年 8 月发布《关于落实 2009 年中小商贸企业融资担保和信用保险补贴政策有关工作的通知》，通知强调"中小商贸企业融资担保和国内贸易信用保险补贴是中央财政中小商贸企业发展专项资金的两个主要支持方向，既是贯彻落实国务院搞活流通扩大消费部署的重要举措，也是 2009 年商务信用工作的主要任务，对于支持中小企业健康发展，发挥中小企业吸纳就业、方便消费有着积极作用"，要求各地商务主管部门务必高度重视，明确专门处室和人员负责此项工作，尽快制定工作计划、实施细则和贯彻落实措施，召开专门会议，解读政策内容和申报程序，将政策精神和要求传达到基层商务部门。据了解，该项政策已经持续了近 5 年。

国务院于 2014 年 10 月发布《关于加快发展现代保险服务业的若干意见》（国发 [2014] 29 号），要求积极推动保险服务经济结构调整，加快发展小微企业信用保险，增强小微企业融资能力。

保监会联合央行、工信部、商务部、银监会于 2015 年 1 月发布《关于大力发展信用保证保险服务和支持小微企业的指导意见》（以下简称《意见》），这是我国首次在政府层面将发展信用保险与支持小微企业密切结合起来，通过发挥信用保险增信融资等诸多功能支持小微企业发展，缓解小微企业融资难、融资贵问题，支持实体经济发展，促进经济提质增效升级，并以多个政府部门联合发文的形式予以明确。《意见》强调要以信用保险产品为载体，创新经营模式，营造良好发展环境，坚持改革创新，调动各方参与主体的积极性，发挥信用保证保险的融资增信功能，缓解小微企业融资难、融资贵问题。要求保险公司要用好中央支持中小企业发展专项资金的奖励政策和出口信用保险的财政支持政策，积极拓展国内贸易信用保险业务，做好中小企业发展专项资金国内贸易信用保险奖励项目申报工作，向小微企业做好投保政策解读和宣导工作，扩大信用保险和贷款保证保险的覆盖面。鼓励保险公司对优质小微企业提高信用保险承保额度。鼓励银行对优质小微企业购买信用保险进行保单融资给予支持，发挥保单对贷款的增信作用。此外，《意见》还对信用保险发展的相关配套机制予以部署安排，要求人民银行会同银监会、保监会、地方政府及相关部门推动小微企业信用体系建设，整合小微企业注册登记、生产经营、纳税缴费、劳动用工、用水用电等信息资料，建立信用信息共享平台，依法向征信机构开放。试点放开经营小微企业业务达到一定规模的保险公司接入人民银行征信系统，实现信息共享。

（五）涉及信用保险的司法解释

2003 年，最高人民法院制定《关于审理保险纠纷案件若干问题的解释（征求意见稿）》，对信用保险的定义、信用保险合同的保险责任范围以及保险人的代位追偿权进行了规定，即第 33 条"商业信用保险合同是由保险人承保权利人因债务人破产、解散、政府行为等引起的非正常商业信用风险的保险。商业信用保险合同的投保人为被保险人。商业信用保险的保险人赔偿被保险人的商业信用损失后，有权依照合同向债务人追偿"。但该司法解释最终未能颁布实施。

2013 年 5 月，最高人民法院于发布《关于审理出口信用保险合同纠纷案件适用相关法律问题的批复》，这是针对广东省高级人民法院《关于出口信用保险合同法律适用问题的请示》（粤高法［2012］442 号）的批复，由最高人民法院审判委员会第 1575 次会议通过，具体内容为"对出口信用保险合同的法律适用问题，保险法没有作出明确规定。鉴于出口信用保险的特殊性，人民法院审理出口信用保险合同纠纷案件，可以参照适用保险法的相关规定；出口信用保险合同另有约定的，从其约定"。某些学者认为，"《保险法》规范的是商业保险行为，而中国的出口信用保险属于政策性保险，虽然出口信用保险具有商业财产保险的一些共性，但是，其特殊性也很突出，该司法批复存在适用法律错误"，[1]本人对此持不同看法：首先，出口信用保险并不当然属于政策性险种，目前中国人民财产保险股份有限公司、平安财产保险股份有限公司等商业性保险公司也可以经营短期出口信用保险，而且短期出口信用保险商业化的趋势不可逆转；其次，出口信用保险的特殊性主要在于其风险识别、发生和防范，并非经营主体的特殊性，更不是其在合同成立、生效、履行等方面的特殊性。出口信用保险的法律属性必然归属于民商事领域，不因政策性而有所变化，政策性主要是经营理念、运营模式等方面的差异。不管是政策性保险公司还是商业性保险公司，其经营出口信用保险仍然需要首先遵循民事活动的原则和规则，尤其是合同法和保险法方面。因此，本人认为该批复坚持了契约自由和意思自治的基本民事原则，坚持了出口信用保险合同的民事法律属性，没有被所谓的政策性外衣所迷惑，这是值得肯定的。但该批复的存在也确实说明一个现实问题，即"该批复进一步掩饰了出口信用保险经营无法可依的状态，不利于出口信用保险的法治化进程"，[2]但这是由于我国信用保险法律制度缺失所导致的，并不是批复本身的问题。

---

［1］ 李青武、于海纯："《伯尔尼联盟总协定》制度框架下的中国出口信用保险制度"，载《首都师范大学学报》（社会科学版）2014 年第 5 期。

［2］ 李青武、于海纯："《伯尔尼联盟总协定》制度框架下的中国出口信用保险制度"，载《首都师范大学学报》（社会科学版）2014 年第 5 期。

第二节　我国信用保险及法律制度所存在的问题

我国信用保险行业自 1989 年以来，经过 20 多年的探索和发展，取得了长足的发展，市场规模初具，对经济和社会的贡献度日益提升。仅从 2014 年来看，我国全年信用保险保费规模达到 200 亿元，承保金额突破 4000 亿美元，推动出口金额超过 6000 亿美元，占我国出口总额同期比重达到 25% 左右，信用保险对我国 GDP 贡献率达到 5.5% 左右。[1]　在此背景下，信用保险法律法规也相应地有了零的突破，在《对外贸易法》和《保险法》中略有涉及，国务院、中国保监会、财政部、商务部、国家税务总局等政府部门相继制定出台了一系列的部门规章、决定和政策，规范和引导信用保险的发展。但是，与我国其他保险领域发展情况以及世界主要国家和地区信用保险法律制度相比，我国的信用保险及法律制度仍存在较多的问题。

一、信用保险市场仍然处于"准完全垄断"市场格局

2013 年以前，我国信用保险市场中只有中国信保才能开展出口信用保险及相关业务，中国人保、中国平安只能开展国内信用保险业务。在我国的信用保险业务中，出口信用保险业务的比重达到 95% 以上，国内信用保险业务占比仅为5%，基本可以忽略不计。我国的信用保险市场基本处于完全垄断局面。2013 年之后，我国的短期出口信用保险市场逐步商业化，但经过 3 年的发展，中国信保保费收入的比重仍然达到 90% 以上，中国人保、平安等多家商业性保险公司的累计比重不足可怜的 10%，可以说，我国的信用保险完全垄断市场格局仍然没有被打破，至少是"准完全垄断"格局仍然存在。中国信保基本垄断我国的信用保

─────────────

〔1〕　根据中国信保、中国人保等内部数据整理而成。

险市场，造成了诸多弊端。

（一）违背政策性宗旨，承保选择性过大，容易造成缺位

中国信保的经营宗旨是"通过为对外贸易和对外投资合作提供保险等服务，促进对外经济贸易发展，重点支持货物、技术和服务等出口，特别是高科技、附加值大的机电产品等资本性货物出口，促进经济增长、就业与国际收支平衡"，其主要职责应该是为国排忧，为民解难，在信用保险领域干苦活、累活、脏活，承担商业保险公司做不了或者不愿意做的业务。但实际上，中国信保仍然把很大一部分精力放到了短期出口信用保险和国内贸易信用保险等商业化业务方面，而不是集中精力从事其本职工作——政策性的中长期信用保险业务，这必然会导致其挑肥拣瘦，利用市场优势地位选择优质商业性项目进行承保，也必然会挤占了其开展政策性保险业务的承保能力、人员和精力，严重违背"重点支持货物、技术和服务等出口，特别是高科技、附加值大的机电产品等资本性货物出口"的宗旨。

国家审计署在 2014 年对中国信保的审计中明确提出"履行政策性职能不到位"，一是农产品出口承保金额占短期出口信用保险承保总额的比重呈逐年下降趋势，尤其对农产品出口龙头企业的支持力度偏弱。二是落实国家产业和区域政策不够到位。2006 年至 2008 年，中国信保对铁合金等"两高一剩"产业的产品短期险承保金额呈逐年上升趋势，且承保费率低于同期短期出口信用保险平均承保费率。三是中长期险业务承保金额占承保总额的比重小且呈逐年下降趋势，对服务业出口支持的规模偏小。2016 年 2 月 1 日，中央第十一巡视组向中国信保党委反馈专项巡视情况时指出中国信保存在执行中央经济工作方针政策不到位、政策性职能履行不全面等问题。

（二）业务范围宽泛，全险种经营，容易造成错位

世界各国或地区对官方出口信用机构的定位都进行了严格界定，明确其只能承保商业保险公司无法或者不愿意承保的业务，承担防护备胎和守夜人的作用，要耐得住寂寞、经得住诱惑。英国《1991 年出口和投资担保法》将 ECGD 的经营范围严格地限制为"承保本国出口商通常无处投保的风险"，主要是中长期出口信用保险。美国《进出口银行法》规定"EXIM BANK 在行使职责过程中应当扶持和鼓励商业机构，并确保不与其竞争"，并强调"作为官方出口信用机构，EXIM BANK 是对商业的补充而不是与其竞争，当商业机构不能（Unable）或者不愿（Unwilling）提供有竞争力的出口信用保险，EXIM BANK 要填补这一缺口"。《香港出口信用保险局条例》第 9 条对香港出口信用保险局的业务明确规定：香港出口信用保险局不得就通常由商业保险人承保的风险订立保险合约。日本政府也明确规定 NEXI "只能承保普通信用保险机构所无法承保的信用保险"。在我国，作为官方出口信用保险机构的中国信保被定位于国有政策性保险公司，本应恪守严格而克制的经营范围，不与民争利，但其业务范围却呈现扩张趋势，尤其是在 2012 年将国内贸易信用保险纳入经营范围，形成包括中长期出口信用保险、短期出口信用保险和国内信用保险在内的全范围、长链条经营范围。[1] 中长期出口信用保险由于其高风险、高难度导致商业性保险公司不能或者不愿意经营，由中国信保经营理所当然，契合其政策性保险公司性质，也符合世界范围内由官方出口信用机构经营中长期信用保险的惯例。但中国信保经营正在或者已完全商业化的短期出口信用保险和国内信用保险，导致政策性业务和商业性业务边界不清、政策性主体和商业性主体职能不明，既不利于中国信保全心全意、聚精会神地履行政策性保障职能，还导致我国信用保险市场的错位和混乱，侵犯其他商业保险公司和消费者的正当合法权益。[2] 比如，"长压短、长

---

[1] 2001 年，国务院批复中国信保的经营范围包括：（1）出口信用保险外币及人民币业务；（2）与出口信用保险相关的信用担保业务和再保险业务；（3）出口信用保险的服务及信息咨询业务；（4）国家法律、法规允许的资金运用业务；（5）国务院批准的其他业务。2012 年，中国信保的经营范围增加了国内信用保险，实质上是削弱了中国信保的政策性职能，此举无异于南辕北辙，与政府的初衷相去甚远。

[2] 短期出口信用保险由商业性保险公司市场化运作早已是普遍规则。据伯尔尼协会官方数据，2008 年全球经济危机之前，全球约 85% 的短期出口信用保险是由商业保险公司承保，经济危机中官方保险机构的参与力度有所加大，但即便是到了危机最严重的 2010 年，商业保险公司所提供业务仍占据整个短期出口信用险业务的 72%。金融危机之后，商业保险公司的承保意愿和能力迅速恢复，承保比例超过了危机前水平。国内信用保险更是如此。

压内"现象的存在，即投保人如果要在中国信保投保中长期信用保险，往往不得不迫于其压力而将短期出口信用保险甚至国内贸易信用保险也在中国信保投保，这实际上是强制性捆绑销售；又比如，中国信保利用多年的垄断和先发优势，与诸多大型企业客户签署排他性合作协议，禁止客户与其他商业性保险公司合作信用险，这使本来就先天不足、处境险恶的商业性保险公司越发地后天不足、雪上加霜，最终受害的是我国的信用保险事业和广大消费者。[1] 需要强调的是，在 2012 年前，国务院批复中国信保的经营范围中无国内贸易信用保险，但是其却一直经营国内贸易信用保险，并且与商业性保险公司在此领域开展激烈的不正当竞争，应该属于非法经营。难怪乎，国家审计署在对中国信保的2014 年审计报告中建议："中国信保应进一步提高履行政策性职责的能力，规范业务经营和财务核算，提高商业化业务的风险管理能力。"

（三）严重不平等竞争，市场地位悬殊，容易造成越位

在近乎完全垄断的市场格局中，中国信保利用政策、规模、人员、系统等方面的优势，制造进入信用保险市场的各种壁垒，使新的商业性保险公司很难进入信用保险市场，即便进入也难以真正的持续经营，无法形成有效竞争格局。中国信保是国有政策性保险公司，属于保本经营，一旦发生亏损，有政府背书、政府兜底，无生存和盈利的压力，其在与商业性保险公司竞争中可以大幅降低费率、放松信用限额的审批、放宽理赔的原则和尺度，如此将导致商业性保险公司在竞争中处于极其不平等的地位，如果不跟随中国信保的承保理赔政策和条件，是等死；如果跟随中国信保的承保理赔政策和条件，则是找死。对于商业保险公司，不管是等死还是找死，都是死路一条，最终影响我国信用保险行业规范良性发展。此外，中国信保还利用与各地方政府的良好关系，排他性地获得一些业务

---

〔1〕 我国《反垄断法》第17 条第1 款规定："禁止具有市场支配地位的经营者从事下列滥用市场支配地位的行为：没有正当理由，限定交易相对人只能与其进行交易或者只能与其指定的经营者进行交易；没有正当理由搭售商品，或者在交易时附加其他不合理的交易条件。"《反不正当竞争法》第12 条规定："经营者销售商品，不得违背购买者的意愿搭售商品或者附加其他不合理的条件。"

优惠，比如保费补贴、统保资格、重大项目优先等。

此外，中国信保还利用政策性机构地位与行政机关联合发文，通过行政指令的方式限定企业在中国信保投保出口信用保险，涉嫌不正当竞争和垄断经营。比如，我国商务部与中国信保于 2016 年 1 月 6 日联合发布《关于支持中小商贸企业提升国际化经营能力的通知》（商财函〔2016〕6 号），在我国短期出口信用保险已经商业化竞争的背景下，以服务小微企业的政策名义随意扩大政策范围，将进出口低于 6500 万美元的企业都要纳入中国信保的独家承担范围。商务部与中国信保的上述行为涉嫌"滥用行政权力排除、限制竞争"，违反我国《反垄断法》之第 32 条、第 37 条相关规定，即"行政机关和法律、法规授权的具有管理公共事务职能的组织不得滥用行政权力，限定或者变相限定单位或者个人经营、购买、使用其指定的经营者提供的商品"和"行政机关不得滥用行政权力，制定含有排除、限制竞争内容的规定。"此行为还涉嫌"不正当竞争"，违反我国《不正当竞争法》之第 6 条、第 7 条相关规定，即"公用企业或者其他依法具有独占地位的经营者，不得限定他人购买其指定的经营者的商品，以排挤其他经营者的公平竞争"和"政府及其所属部门不得滥用行政权力，限定他人购买其指定的经营者的商品，限制其他经营者正当的经营活动"。

二、信用保险法律制度几乎空白

世界各国或地区在开办信用保险的过程中都高度重视法律的作用和力量，通过较为完善的法律制度指导和规范信用保险发展，尤其针对政策性出口信用保险。截至目前，我国在《保险法》《对外贸易法》等法律法规中仅仅是粗略涉及信用保险，同时以行政部门规章、决定和政策等形式对信用保险进行较为简单的规定。但总体看来，我国的信用保险法律法规效力过于薄弱、内容过于空白、体系过于松散、立法过于碎片化。

（一）缺乏统领全局的信用保险基本法

我国《对外贸易法》第 53 条规定，"国家通过进出口信贷、出口信用保险、出口退税及其他促进对外贸易的方式，发展对外贸易"，将出口信用保险明确为促进和发展对外贸易的具体方式之一。《保险法》第95条第2款规定："保险公司的业务范围中，财产保险业务，包括财产损失保险、责任保险、信用保险、保证保险等保险业务"，将信用保险正式纳入财产保险险种范围。这是目前我国信用保险位阶和效力最高的法律法规，但极其简单，只是区区四个字和五个字，缺乏具体内容的承继和对接，并未对信用保险的定义、承保风险、特殊承保原则等基本内容进行规定，难以统领全局、提纲挈领，无法发挥法对经济和社会的作用，无法适应我国信用保险行业的发展需要。

我国澳门特别行政区《商法典》对信用保险的定义、产生保险事故的事实、承保范围以及风险之分析等方面内容均有明确规定，分别体现在第1020条、第1021条、第1022条、第1023条中，这些长达4个条文的法律条款涉及信用保险特殊而关键的内容所在，其法律规制之到位和精准令人称道。可以肯定地说，这是目前全世界范围内信用保险基本内容方面具有最高法律位阶和最强法律效力的立法，发挥了统领全局、提纲挈领的作用，堪称世界信用保险法律制度的典范。

（二）缺乏具体的信用保险合同法和信用保险业法

完整的信用保险法律法规至少应当涉及保险合同法和保险业法两大方面，但我国无论是法律法规还是部门规章、行政决定及政策等，基本都未涉及信用保险保险合同法。信用保险合同法是界定保险责任范围、规定信用保险法律关系主体以及客体、确认保险人和投保人权利义务的重要形式，对保障双方合法权益、规范信用保险业务发展发挥保障作用。财政部于1998年3月发布的《关于申请办理出口信用保险若干规定的通知》可以视为保险合同法的雏形和萌芽，其对出口信用保险进行了业务分类，同时具体规定了买方信用限额的性质、特征和适用规则。最高人民法院发布的唯一一个信用保险司法解释只是涉及出口信用保险合同的法律适用问题，这更多是程序性内容，并未有实体性具体规则。

信用保险业法，又称"信用保险组织法"或"保险事业监督法"，是国家对信用保险业进行管理和监督的行政法规，也是国家对保险业进行监督管理的法律规范总称。它是用来调整政府与保险公司、中介人的关系的保险法。在信用保险业法方面，国务院、保监会、财政部、商务部、国家税务总局相继出台过《国务院对确需保留的行政审批项目设定行政许可的决定》《保险公司业务范围分级管理办法》《财产保险公司保险条款和保险费率管理办法》《出口信用保险扶持发展资金管理办法》《关于申请办理出口信用保险若干规定的通知》《关于对中国出口信用保险公司办理的出口信用保险业务不征收营业税的通知》等部门规章、行政决定和政策，但这些部门规章、行政决定和政策存在以下问题：（1）制定缺乏系统性、逻辑性，政令出自不同的部门，各自为战，零散无序，甚至出现冲突矛盾，难以协调发挥合力；（2）法律位阶低、效力弱，没有严格明确的法律责任作为保障，难以对我国信用保险的监管形成合力和效果。

（三）缺乏针对政策性信用保险的单独立法

我国国务院 2001 年 5 月 23 日下发的《关于组建中国出口信用保险公司的通知》（国发〔2001〕9 号）中提及"中国信保按照国务院批准的组建方案和公司章程运营。待条件成熟后单独立法"。中国信保目前拥有 200 亿元保费和 4500 亿美元承保金额的市场规模，位居官方出口信用保险机构第一位和世界信用保险公司第二位，国内市场份额达到 90% 以上，基本处于完全垄断市场地位。但是，目前规范中国信保以及我国出口信用保险业务的依据仍然是中国出口信用保险公司章程，即"以章程代替立法"，与当前依法治国的环境以及中国信保的发展情况严重不适应，导致监管机构对中国信保实施监管以及司法机关审理出口信用保险合同案件时无法可依、于法无据。

此外，中国信保的经营行为缺乏强效力的法律规范约束和指导，可能导致国有金融资产流失和政策性职能的缺失。[1] 相比之下，从世界范围来看，英国、美国、韩国、加拿大、日本、中国香港地区等成立了官方信用保险机构的国家和地区都对其官方信用保险机构进行专门立法，规定官方出口信用保险机构的资金

---

〔1〕　李青武、于海纯："《伯尔尼联盟总协定》制度框架下的中国出口信用保险制度"，载《首都师范大学学报》（社会科学版）2014 年第 5 期。

实力、具体定位、业务范围、经营规则、治理结构、风险防范措施、责任限额、监督管理、法律责任等事项。上述主要发达国家和地区的立法实践经验表明，建立健全出口信用保险法律制度有助于实现政策性信用保险的最大功效。因此，现在对政策性信用保险进行单独立法是水到渠成、瓜熟蒂落，条件成熟了。

（四）信用保险立法内容碎片化

多年来，我国信用保险立法政出多门、层次无序，规范分散、效力不清，立法碎片化的现象突出。综观我国现有的信用保险相关规定，大多散见在国务院的行政法规、相关部委的部门规章、地方立法和一些政策性文件中。尽管我国已出台《保险法》，但是由于该法对于信用保险相关立法的缺失，导致在实践操作中仍需要适用行政法规、部门规章、决定和政策。立法层次偏低，立法主体多元化，立法内容零乱化、分散化、碎片化，各项政策各自为"法"，导致信用保险立法难以定性化、统一化和规范化。而大量现存的规范信用保险行政法规和规范性文件之间或和上位法之间仍存在着冲突和不协调之处。

目前的信用保险立法内容集中于监管方面，基本可以认为是信用保险业法方面的内容，公法属性更强，相关内容过于碎片化，未能完整系统地对信用保险经营主体、资质标准以及监管机构的性质、地位、职责和相互关系予以规定，容易导致信用保险行业监管的缺位和推诿。因此，确有必要对我国现存的信用保险法律规则进行体系化梳理，对可以适用统一规则处理的问题要求同存异，进行归纳和类型化，提炼出信用保险法律制度的基本原则和主要规则。此外，必须强化信用保险的私法属性，增加信用保险合同法相关内容的制定，实现信用保险合同法和信用保险业的合理比例和相互协调。

三、信用保险监管滞后

我国信用保险法律制度基本处于真空状态，中国信保的独家政策性经营导致市场的完全垄断，由此造成信用保险监管的缺失和滞后，主要体现在监管主体和职责不清晰、中国信保长期游离于有效监管之外。

信用保险是财产保险的法定险种，理所当然地纳入中国保监会的监管范畴。对于出口信用保险，由于其存在一些特殊性，在监管上涉及多个行政部门。国务院 2001 年 5 月下发《关于组建中国出口信用保险公司的通知》（国发〔2001〕9 号）对中国信保以及出口信用保险业务的监管体制予以规定"财政部商外经贸部（现商务部）、外交部和中国保监会等部门，研究提出国家风险分类、国家限额、保险费率等出口信用保险政策，报国务院批准后执行。中国保监会根据国家出口信用保险政策对公司进行监管。公司领导干部、党的关系由中央金融工委负责管理"。中国信保的公司章程也明确表明"公司的业务主管部门是财政部。公司接受中国保监会的监管"。国务院 2004 年 6 月发布《国务院对确需保留的行政审批项目设定行政许可的决定》（国务院令第 412 号），明确"出口信用保险相关业务事项审批"属于需要行政许可的事项，审批部门是财政部，外交部、商务部、国防科工局、保监会是共同审批部门。财政部 2013 年 1 月发布《关于中国人民财产保险股份有限公司试点短期出口信用保险业务问题的通知》中也强调"对于短期出口信用保险产品条款，应及时报财政部及监管部门备案"。综合来看，我国的信用保险监管机构包括了保监会、财政部、商务部、外交部、国防科工委、国家税务总局、中央金融工委等部委，涉及的政府部门数量多、范围广、涉及面宽，但缺乏一个明确的核心监管机构主体，如此将导致监管机构之间的沟通协作难度大、链条长，难以形成监管合力，容易发生各部门的相互推诿扯皮，形成商而不议、议而不决、决而不管的局面，影响监管效率和效果。

英国约翰·阿克顿勋爵的名言应该如警钟般长鸣，"权力导致腐败，绝对的权力导致绝对的腐化"，[1] 法国思想家孟德斯鸠曾指出："任何有权力的人都容易滥用权力，有权力的人在使用权力的时候只有遇到有界限的时候才会休止。"[2] 因此，必须把权力关进制度的笼子，扎紧制度的笼子。权力只有通过制度规范、约束、制衡并监督，才能确保不被滥用，才会发挥其应有的作用和功能。目前，对中国信保的监管应该是我国信用保险行业监管的核心和关键。虽然

---

〔1〕 ［英］约翰·阿克顿著：《自由和权力浅说》，侯健、范亚峰译，译林出版社 2011 年版，第 126 页。
〔2〕 ［法］孟德斯鸠著：《论法的精神》（上册），张雁深译，商务印书馆 1982 年版，第 154 页。

在国务院的决定以及中国信保的章程中，明确了中国信保接受保监会的监管，但长期以来中国信保基本都是游离于保监会甚至财政部等部门的监管范围之外。监管的缺失和滞后导致中国信保存在诸多问题。

（一）信用保险条款未经中国保监会的审批或者备案程序，尤其是中长期信用保险条款

根据中国保监会的规定，保险期间超过 1 年的信用保险保险条款和保险费率应当报中国保监会审批，其他信用保险的保险条款和保险费率应当备案。但中国信保在实际操作中却并未受任何约束，未履行任何审批或者备案程序。[1] 此外，中国信保的诸多条款涉嫌"霸王条款"，与《合同法》《保险法》的精神和规定不符。比如，中国信保《短期出口信用保险综合保险条款》第 28 条约定"本保单有效期为一年。如保险人和被保险人双方均未提出变更或解除，则本保单在每期有效期届满时自动续转一年。"保险合同保险期间结束是否续保，由投保人自行自愿决定，而并不能基于保险人的单方约定而自动续保，此行为属于强制投保，有滥用优势地位之嫌。此外，到期自动续保涉及投保人和被保险人的重大权利义务，保险人应该尽到提示说明义务，但中国信保未采取加黑、加粗字体等合理形式尽到足够的提示说明。此外，中国信保签发的保险单和批单经常出现随意修改保险条款的情况，严重违背保监会所坚持的"条款报行一致"原则。

（二）信用保险经营管理和风险管控等方面违规现象比较突出

国家审计署于 2014 年对中国信保 2013 年度资产负债损益情况进行了审计，认为其在经营管理和风险管控等方面存在诸多违规问题。[2] 经营管理方面存在的问题主要是未按规定对政策性业务和自营性业务实行分类管理、分类考核和分类核算；虚增承保金额，其中江苏分公司 2013 年多计当年短期出口信用险承保金额 3111.98 万美元。风险管控方面存在的问题主要如下：其一，2009 年至

---

[1] 截至 2016 年 1 月 1 日，查询中国保监会官方网站公开的备案产品信息，未见中国信保的任何信用保险审批和备案信息，但可见中国人保、平安、太平洋等公司的信用保险审批和备案信息。

[2] 国家审计署：《中国出口信用保险公司 2013 年度资产负债损益审计结果》（2015 年第 21 号）。

2013 年，中国信保在财政部明确批复不同意的情况下违规开办国内投资保险，累计承保 11.08 亿美元，已发生赔付 1.74 亿元人民币。其二，至 2014 年 2 月，中国信保公司本部 3 家营业部和 3 个驻外工作组、31 个二级网点的设置，未按规定报经财政部同意和保监会批准。其三，至 2013 年年末，中国信保在未按规定报经财政部批准的情况下，承保 5 个对高风险国家中长期出口信用险项目，承保金额累计 3216.33 万美元。其四，2009 年至 2013 年，中国信保海外租赁险项目中开办的部分业务与向财政部报备的内容不符，已发生赔付 1585 万美元。其五，在承保管理方面，6 个项目存在放宽承保条件、承保前调查不充分、提前确认保险责任等问题，其中山东、陕西分公司部分项目存在较高赔付风险。其六，在买方限额管理方面，2008 年至 2014 年 3 月，江苏、浙江、上海、宁波、山东等 5 家分公司部分限额审批结果与资信报告差异较大，江苏、上海、深圳、浙江、宁波等 18 家分公司存在为已被列入警示名单上的买家批复分配保险限额的问题。其七，在理赔追偿管理方面，陕西分公司 2013 年 3 月超出国内贸易险理赔范围赔付 3641 万元；宁波分公司 2008 年至 2013 年有 203 个案件在赔付后未及时移交追偿部门进行追偿。

（三）信息披露不公开透明

出口信用保险是国家支持其企业拓展海外市场、扩大出口的战略措施之一，涉及出口信用保险的具体信息通常不对外公开披露。作为政策性出口信用保险公司，中国信保通常只是披露承保金额、承保企业数量、赔付金额等信息，对保费收入、利润、赔付率、未决赔款准备金等关键数据未予披露，尤其是政策性业务和自营性业务分类核算的相关经营数据也未能披露。这不利于营造公平有序的信用保险市场环境，不利于强化对中国信保的监督管理，更不利于对中国信保政策性职能履行情况进行客观合理的了解和评估。《伯尔尼联盟总协定》要求伯尔尼联盟的成员应及时提供信息，尽到合理的勤勉义务，保证其提供的信息是准确的，但是，各成员对其提供信息的完整性不承担责任。各成员对其获得的其他成员的信息必须保密，在取得信息提供者同意之前，信息获得者不得将该信息提供给伯尔尼联盟成员以外的主体使用。只有信息提供者才有权从伯尔尼联盟秘书处获得汇编的信息报告。对于已承保的信用风险，其他成员如向承保公司咨询该信用期限时，承保的保险公司应予以回答。如果询问时，该公司没有承保超过适当信用期限的贸易，但随后决定予以承保的，该公司应及时通知向其咨询的其他成员。在交流过程中，为了避免出现需要补充信息的问题，除了涉及保险标的种类外，成员国还应提供下列保险合同信息：（1）信用期限；（2）根据有效贸易合同的具体情况，应分期支付贸易额的比例；（3）信用期限的起算点；（4）当信用期限超过半年时，信用分期付款的时间间隔。《伯尔尼联盟总协定》同时还规定："在任何情形下都必须提供这些信息，即使咨询员知道这些信息。关于前述信息的主张发生变化的，应及时提供给咨询方。"[1]

四、相关配套制度缺位

从最近几年的经营业绩和风险暴露状况来看，国内信用保险要远远逊于出口信用保险，所有开展了国内信用保险的保险公司基本上都面临着非常高的赔付率，损失惨重，尤其是发生了很多虚假贸易，这除了国内经济不景气、产业发展低迷等因素外，最主要的就是国内信用保险发展的外部环境恶劣、信用风险高、相关配套制度薄弱有关。与出口信用保险相比，国内信用保险发展面临诸多不利局面：（1）国内诚信体系尚不健全，诚信理念没有普遍得到遵守，信用管理制度不充分，信用管理机构发展滞后，信用信息资源未能共享共用，信用约束和惩罚机制缺乏；（2）国内贸易流程不规范，缺乏海关这样威慑力极强的公权力监管，缺乏《贸易术语》这样的统一高效的贸易规则，缺乏提单和报关单这样通行一致的物流单证，缺乏专业有效的货物运输代理机构；（3）征信管理、破产、诉讼执行等事前事后配套制度不完善，事前风险无法及时预警，事后责任追究无法持续和深入。

信用是市场经济的基石，更是信用保险的生存和发展的基石。不管是出口信

---

[1] 李青武、于海纯："《伯尔尼联盟总协定》制度框架下的中国出口信用保险制度"，载《首都师范大学学报》（社会科学版）2014 年第 5 期。

用保险，还是国内信用保险，其配套制度中最关键是社会信用制度和体系的建立和健全，否则信用保险的发展以及信用保险法律制度的存在犹如无水之源、无木之林，只能是空中楼阁、海市蜃楼。党的十八大、十八届三中、十八届四中全会都对信用体系建设提出了明确要求。党的十八大提出"加强政务诚信、商务诚信、社会诚信和司法公信建设"，党的十八届三中全会提出"建立健全社会征信体系，褒扬诚信，惩戒失信"，《中共中央　国务院关于加强和创新社会管理的意见》提出"建立健全社会诚信制度"。国务院常务会议多次专题研究，出台了一系列重要文件。2014 年 6 月，国务院印发《社会信用体系建设规划纲要（2014—2020 年）》（以下简称《规划》）。这是我国第一部国家级的信用建设专项规划。《规划》提出了三大基础性措施：加强诚信教育与诚信文化建设，加快推进信用信息系统建设和应用，完善以奖惩制度为重点的社会信用体系运行机制；提出四大领域诚信建设：政务诚信、商务诚信、社会诚信、司法公信；明确了34 项具体任务。

　　但是，我国的社会信用体系建设中仍然存在一些问题和不足：第一，统筹协调合力不够，难以形成一盘棋格局。社会信用体系建设规划纲要采取地区、部门、行业先行先试的原则，要求各地区、各部门、各行业都在本地区、本部门、本行业开展信用体系建设工作，导致信用信息没有实现互联互通，容易产生地区、行业、部门信用信息数据孤岛，低水平、低层次地重复性建设现象在全国各地区、各部门、各行业出现。第二，信用立法滞后且效果不显著。尽管 2013 年制定了《征信业管理条例》，但其要求征信行为需经被征信人同意，使得个人征信严重受限；没有对企业信息采集、查询、使用、提供的规则进行具体规定，而信用保险的主要依托于企业信息；不从事信贷业务的金融机构向金融信用信息基础数据库提供、查询信用信息以及金融信用信息基础数据库接收其提供的信用信息的具体办法迟迟未能出台；征信数据来源单一，导致了采集数据既没有使用价值，也没有市场价值；政府部门信息透明度不够造成征信难的格局，信用环境没有形成，信用成果的使用缺乏法律支持。第三，信用惩戒制度尚未健全，失信成本过低。信用报告在招投标、政府采购、银行贷款等公共资源配置中没有发挥应有效力，守信和失信行为在公共服务领域没有实现差别化对待。失信投诉无门，只能靠诉讼解决，诉讼胜诉后的执行难始终存在。失信惩戒机制没有形成，限制失信行为仍然拿不到桌面上。第四，信用评价标准不统一，国家标准"三等九级制"没有得到落实。各地区、各部门、各行业分别自创体系，诸如四等十级、二等五级等参差不齐。相关行政部门推出草率的黑名单制度，部分黑名单制度不科学，甚至与现行法律法规相抵触。第五，社会参与的积极性和能动性严重不足。《征信业管理条例》规定征信行为只能是公司行为，社会公众被排斥在外，"人民战争"、"人海战术"的优势无法发挥，丧失了社会信用体系的基石和本源。社会信用体系建设总体规划纲要没有预留社会参与的空间和依据，严重挫伤了社会参与信用体系建设的积极性。作为中国特色信用体系建设重要组成的社会组织也没有得到应有的肯定和重视。

2016年5月30日，国务院颁布《关于建立完善守信联合激励和失信联合惩戒制度加快推进社会诚信建设的指导意见》（国发〔2016〕33号），旨在加快推进社会信用体系建设，加强信用信息公开和共享，依法依规运用信用激励和约束手段，构建政府、社会共同参与的跨地区、跨部门、跨领域的守信联合激励和失信联合惩戒机制，促进市场主体依法诚信经营，维护市场正常秩序，营造诚信社会环境。健全社会信用体系，营造市场诚信环境，关键在于充分运用信用激励和约束手段，加大对诚信主体激励和对严重失信主体惩戒力度，让守信者受益、失信者受限，形成褒扬诚信、惩戒失信的制度机制。

首先，必须健全约束和惩戒失信行为机制。其一，依法依规加强对失信行为的行政性约束和惩戒。对严重失信主体，行政部门应将其列为重点监管对象，依法依规采取行政性约束和惩戒措施。从严审核行政许可审批项目，从严控制生产许可证发放，限制新增项目审批、核准，限制股票发行上市融资或发行债券，限制在全国股份转让系统挂牌、融资，限制发起设立或参股金融机构以及小额贷款公司、融资担保公司、创业投资公司、互联网融资平台等机构，限制从事互联网信息服务等。严格限制申请财政性资金项目，限制参与有关公共资源交易活动，限制参与基础设施和公用事业特许经营。对严重失信企业及其法定代表人、主要负责人和对失信行为负有直接责任的注册执业人员等实施市场和行业禁入措施。及时撤销严重失信企业及其法定代表人、负责人、高级管理人员和对失信行为负有直接责任的董事、股东等人员的荣誉称号，取消参加评先评优资格。其二，加强对失信行为的市场性约束和惩戒。对严重失信主体，有关部门和机构应以统一社会信用代码为索引，及时公开披露相关信息，便于市场识别失信行为，防范信用风险。督促有关企业和个人履行法定义务，对有履行能力但拒不履行的严重失信主体实施限制出境和限制购买不动产、乘坐飞机、乘坐高等级列车和席次、旅游度假、入住星级以上宾馆及其他高消费行为等措施。支持征信机构采集严重失信行为信息，纳入信用记录和信用报告。引导商业银行、证券期货经营机构、保险公司等金融机构按照风险定价原则，对严重失信主体提高贷款利率和财产保险费率，或者限制向其提供贷款、保荐、承销、保险等服务。其三，加强对失信行为的行业性约束和惩戒。建立健全行业自律公约和职业道德准则，推动行业信用建设。引导行业协会商会完善行业内部信用信息采集、共享机制，将严重失信行为记入会员信用档案。鼓励行业协会商会与有资质的第三方信用服务机构合作，开展会员企业信用等级评价。支持行业协会商会按照行业标准、行规、行约等，视情节轻重对失信会员实行警告、行业内通报批评、公开谴责、不予接纳、劝退等惩戒措施。其四，建立健全信用信息归集共享和使用机制。依托国家电子政务外网，建立全国信用信息共享平台，发挥信用信息归集共享枢纽作用。加快建立健全各省（区、市）信用信息共享平台和各行业信用信息系统，推动青年志愿者信用信息系统等项目建设，归集整合本地区、本行业信用信息，与全国信用信息共享平台实现互联互通和信息共享。依托全国信用信息共享平台，根据有关部门签署的合作备忘录，建立守信联合激励和失信联合惩戒的信用信息管理系统，实现发起响应、信息推送、执行反馈、信用修复、异议处理等动态协同功能。各级人民政府及其部门应将全国信用信息共享平台信用信息查询使用嵌入审批、监管工作流程中，确保"应查必查"、"奖惩到位"。健全政府与征信机构、金融机构、行业协会商会等组织的信息共享机制，促进政务信用信息与社会信用信息互动融合，最大限度发挥守信联合激励和失信联合惩戒作用。其五，规范信用红黑名单制度。不断完善诚信典型"红名单"制度和严重失信主体"黑名单"制度，依法依规规范各领域红黑名单产生和发布行为，建立健全退出机制。在保证独立、公正、客观前提下，鼓励有关群众团体、金融机构、征信机构、评级机构、行业协会商会等将产生的"红名单"和"黑名单"信息提供给政府部门参考使用。

其次，构建政府、社会共同参与的跨地区、跨部门、跨领域的守信联合激励和失信联合惩戒机制还必须发挥模范带头作用，传递正能量，健全褒扬和激励诚信行为机制。其一，探索建立行政审批"绿色通道"。在办理行政许可过程中，对诚信典型和连续三年无不良信用记录的行政相对人，可根据实际情况实施"绿色通道"和"容缺受理"等便利服务措施。对符合条件的行政相对人，除法律法规要求提供的材料外，部分申报材料不齐备的，如其书面承诺在规定期限内提供，应先行受理，加快办理进度。其二，优先提供公共服务便利。在实施财政性资金项目安排、招商引资配套优惠政策等各类政府优惠政策中，优先考虑诚信市场主体，加大扶持力度。在教育、就业、创业、社会保障等领域对诚信个人给予重点支持和优先便利。在有关公共资源交易活动中，提倡依法依约对诚信市场主体采取信用加分等措施。其三，优化诚信企业行政监管安排。各级市场监管部门应根据监管对象的信用记录和信用评价分类，注重运用大数据手段，完善事中事后监管措施，为市场主体提供便利化服务。对符合一定条件的诚信企业，在日常检查、专项检查中优化检查频次。其四，降低市场交易成本。鼓励有关部门和单位开发"税易贷""信易贷""信易债"等守信激励产品，引导金融机构和商业销售机构等市场服务机构参考使用市场主体信用信息、信用积分和信用评价结果，对诚信市场主体给予优惠和便利，使守信者在市场中获得更多机会和实惠。

单丝不成线，独木不成林。信用保险从本质上来说是民事主体的交易行为，不应仅仅局限于保险和信用领域，还涉及民事主体、不动产、担保、银行、税收、海关、工商等诸多方面，因此信用保险法律制度体系必然需要与《民法通则》《合同法》《物权法》《公司法》《破产法》《担保法》《商业银行法》等其他法律法规进行对接和协调，并在具体操作中获得银行以及税收、海关、公安、工商等行政部门的认可和协助。比如，针对信用保险赔后追偿中所存在的买方执行难、恶意利益输送等问题，有必要考虑适用公司法人格否认制度，揭开公司面纱，刺穿买方的有限责任保护壳，要求买方的控股股东或者实际控制人承担连带责任，这样才是对债权以及社会信用体系最有效的保障。

小 结

鲁迅先生曾言，"将来是现在的将来，于现在有意义，才于将来有意义"。以史为鉴，观往知来，只有把握我国信用保险行业发展和法律制度的现状和问题，才能完善我国信用保险制度，科学构建我国信用保险法律体系。当前，我国信用保险市场以及法律制度存在诸多问题和不足，这些问题和不足在很大程度上是由于我国信用保险立法的缺失所致。

我国现有的信用保险法律无论是在体系还是内容方面都过于薄弱和缺失，直接导致信用保险市场发展的无章可循、无序竞争，更多地只能依靠各个信用保险公司自行制定的五花八门的信用保险合同条款进行规制，不仅力度不够、效果不强，还容易引发各种信用保险合同纠纷。此外，信用保险法律制度的薄弱和缺失也导致法院或者仲裁机构在审理信用保险案件时缺乏必要而明确的指引和帮助，导致信用保险案件的审理过程较为复杂繁琐，判决结果不确定性较大。一些基层法院的法官基于自身的审判经历和体验而强烈呼吁建立健全信用保险法律法规。[1] 法律制度乃是社会理想与社会现实这二者的协调者，[2] 健全完善我国信用保险法律制度势在必行。

---

[1] 张丽："出口信用保险合同中申请取得特定买家信用限额的影响"，载《人民司法》2014年第2期。

[2] ［美］E. 博登海默著：《法理学——法律哲学与法律方法》，邓正来译，中国政法大学出版社1999年版，第256页。

第三章　完善我国信用保险法律制度的必要性

第一节　信用保险萌芽和发展的理论基础

信用保险的存在和发展以安全为前提，通过规范运营和有效管理，实现转移和保障信用风险、促进和便利资金融通、扩大出口和内销规模、提高和完善风险管控的功能和作用。为了实现前述目标，信用保险需要设计合理的管理制度，需要选择科学的运营模式，需要凭借精准和科学的立法予以规制，而立法的精确和科学性通常依赖于相关理论的支撑。也就是说，在设计制度、规划立法之初，必须具体明确地厘清信用保险的基础法学思想和理论，这是必经途径和必然要求。

一、法哲学思想是信用保险的理论本源

（一）社会契约理论

在人类原始社会状态下，每个个体都是自由独立的，都是自然天生形成的关系，这是一种自然状态。但随着时间的推移，危及人类生存的障碍变大，这种困境已经远远超过每个个体维持继续生存所能发挥的力量。这种自然自发的原始状态已经无法再继续存在和维持，人类如果不改变其生存方式和组织形式，必将面临灭亡。但是，在现实条件制约下，人类不可能产生新的力量或者资源，只能改变组织形式，联合起来利用现有的力量和既定的资源。卢梭认为"人类个体是创建结合体的基础和关键，该结合体可以通过全部共同的力量维护和保障每个结合个体的人身和财产利益，每个个体在这种结合形式下所服从的其实就是自己本身"，[1] 每个个体通过社会契约都把自己以及相关利益置换于公共利益和意志

---

[1]　[法] 卢梭著：《社会契约论》，李平沤译，商务印书馆 2012 年版，第 18~19 页。

的最高统帅之下，每个个体在结合体中都会被集合成为整体中不可或缺的一份子。也就是说，参加结合的每个个体以及相关的一切权益已经自发地转移到共同体之中，即"我为人人，人人为我"。

社会性是人的本质属性，德国法学家普芬道夫认为人性中具有一种在社会中追求与他人交往，过一种和平的社会生活的强烈倾向。人性的社会化倾向基因使得人们往往都很愿意接受使他们的自由受到某些对社会整体有益的控制。[1] 对信用保险制度而言，基于分散信用风险的目的，社会中的个体愿意支付一定的费用或者付出一定的成本，以期望在遭受信用风险和损失时能够从社会资源中得到弥补。历经自由资本主义由盛及衰，进入 20 世纪初期，私人利益和公用利益之间的冲突日益突出，福利国家主义盛行，社会主义思潮涌现，权利本位由个人本位向社会本位过渡。政策性信用保险便是私人利益向公用利益演进、个人本位向社会本位转变的产物，更加强调国家意志和社会利益。

在社会契约和国家关系层面，格劳秀斯认为，国家起源于契约，是一群独立自由的个体为享受权利和实现他们的共同利益而结合，形成一个完整联合体。普芬道夫认为，为了自然法和国家法的实施，为了确保社会共同体的存续，人类应缔结两个契约：首先，个体之间为了保护其自身以及相互的安全，放弃独立自由状态，形成社会共同体而达成的契约。其次，公民与政府之间形成一个契约，政府确保维护公共秩序，满足公共安全需要，公民则履行相关义务，服从政府的管理。政策性信用保险的出现和信用保险的监管体现了国家上述责任的履行。总之，社会契约的订立和遵守是社会共同体和国家政府形成的基础，也是信用保险产生和发展并进行规范管理的理论依据。

（二）社会互助思想

英国首相丘吉尔曾说过："如果我能办到，我一定要把'保险'两个字写到家家户户的门上以及每一位公务人员手册上，因为我深信，透过保险，每个家庭

---

〔1〕 彭丽萍著：《社会保障基金信托法律问题研究》，法律出版社 2013 年版，第 88 页。

只需要付出微不足道的代价，就可免遭永劫不覆的灾难。"保险是社会互助思想的最佳载体，其思想渊源在自然法中也有体现。亚里士多德认为："从个人以及社会团体的角度来看，生存的主要目的是为了寻求幸福的生活。但人类只是为了生存，就已经存在合群组成并维持特定政治团体的必要性。"[1] 其思想从社会共同体层面强调社会互助是社会个体的自然需求。亚里士多德提倡以道德情操激发人类个体的能量，体现了博爱仁济之心，即社会互助之精髓。具体到财产制度，亚里士多德认为现行的私产制度而在良好的礼俗上和正当的法规上加以改善，就能远为优胜，这就可以兼备公产和私有两者的利益。财产可以在应用时归公，一般而论则应属私有。前述反映了亚里士多德关于财产公有问题的观点，其认为财产的管有和使用两方面都归公不如私有而共同应用，财产私管可以得到比较认真的经营，而物资互济可培养人们博善互助的善心。[2] 孙中山先生所倡导精神中最重要部分便是互助思想："物种以竞争为原则，人类则以互助为原则。社会国家者，互助之体也；道德仁义者，互助之用也。人类顺此原则则昌，不顺此原则则亡。此原则行之于人类当已数十万年矣。"这些正是信用保险制度所倡导的社会互助思想的渊源所在。

（三）信用哲学思想

古希腊罗马的哲学家们在对社会现实问题进行关切的同时，逐步引发了对信用方面的思索，基本都与公平、诚信等问题联系在一起。赫拉克利特曾经说过："公正，一定会打败那些说假话和作假证的人。"[3] 不守信用的人注定会被正义打败。信用代表正义，并且通过法律予以保障其公信力和权威性。苏格拉底从道德层面解释信用和正义之间的关系，即如果一个人明白信用是什么，他就大概能明白正义是什么；如果一个人没有信用意识，也不遵从信用，他肯定也不明白正

---

〔1〕 ［古希腊］亚里士多德著：《政治学》，吴寿彭译，商务印书馆 1965 年版，第 133~134 页。
〔2〕 ［古希腊］亚里士多德著：《政治学》，吴寿彭译，商务印书馆 1965 年版，第 54 页。
〔3〕 周辅成编：《西方伦理学名著选辑》（上册），商务印书馆 1964 年版，第 12 页。

义是什么。[1] 亚里士多德认为,"诚实信用是适度的道德品性,诚实信用的养成既不是完全基于自然和天性,但也不会完全违背自然和天性"。[2] 这种自然的传承性和突破性使信用在法律意义中占据一席之地。古罗马是那个时代的国际贸易中心,商品经济繁荣发达,法律制度也很健全,其信用思想也与法律密切联系。古罗马法中出现了反映商品经济关系的信用契约和信用诉讼相关规定。古罗马信用契约规定债务人必须承担诚实、善意的义务,债务人必须承担契约所明确规定的各项义务,而且还要承担虽没有明确规定但按照人们通常的看法应该由债务人履行的义务。如果当事双方就信用契约发生纠纷,也应该按照信用诉讼原则进行处理。[3] 总之,信用在古罗马时期成为最普遍的商业准则和司法规则,也是人们日常法律行为的规范和指引。[4] 前述诚信思想、诚信制度以及诚信体系在当时已经萌芽,并且逐步壮大,成为信用保险产生和发展的思想基础和理论支持。

二、法经济学理论是信用保险存在和发展的可行性保障

(一)马克思的"产品扣除"和"信用本质"学说

马克思于 1875 年在《哥达纲领批判》一文中对拉萨尔的分配观进行了批判,系统阐述其社会总产品分配的理论体系,提出"产品扣除"学说。马克思认为"不折不扣"的劳动所得是错误的,在未来社会里,社会总产品进入个人消费之前要进行"六项"扣除,其中一项扣除就是"用来应付不幸事故、自然灾害等的后备基金或保险基金,此外,还要从剩下的用来作为消费资料的部分,继续扣除为丧失劳动能力的人等设立的基金。这些基金设立之出发点,仍是

---

[1] 赵俊、柳之茂:"中西古代诚信伦理比较及其现代意义",载《兰州大学学报》(社会科学版)2010年第1期。

[2] [古希腊]亚里士多德著:《尼各马可伦理学》,廖申白译注,商务印书馆2003年版,第36页。

[3] 杨文礼:《信用哲学引论》,中共中央党校2013年博士学位论文,第29页。

[4] 焦国成著:《中国社会信用体系建设的理论与实践》,中国人民大学出版社2009年版,第13页。

保证社会稳定之必需。总之，就是现在属于所谓官办济贫事业的一部分"。〔1〕尽管马克思并没有直接提出"保险"这个概念，但其所论述的无论是设立"用来应付不幸事故、自然灾害的后备基金或保险基金"，还是"丧失劳动能力的人等设立的基金"，其出发点都是为了保证社会的稳定。马克思的"产品扣除学说"明确了合理的社会总产品的基本分配格局，蕴含了马克思关于风险保障的保险思想，也揭示了保险的资金来源即"主要来自于劳动者的必要劳动"。马克思的社会再生产理论也为保险制度的确定和实施提供了坚实的理论基础，即劳动者通过劳动为应对自己的养老、疾病、灾害和享受各种福利创造保障金的价值，同时也成为他人在丧失劳动能力或者遇到各种灾害和损失时的保险基金，从而奠定人类社会人与人之间相互依存的物质基础，实现人类的社会化。马克思的"产品扣除"学说奠定了保险制度建立和发展的理论基础，阐述了保险制度的社会化属性和补偿救济性，如此更加适用于信用保险制度。

此外，马克思认为社会化大生产和生产资料私有制是产生信用的两个重要前提条件，"以货币为媒介的商品流通的发展使商品买卖在时间和空间上发生了分离"，〔2〕促进信用活动和信用关系的规模和范围不断地扩大。"一切节省流通手段的方法都以信用为基础"，同时"由于信用，流通或商品形态变化的各个阶段，进而资本形态变化的各个阶段加快了"，这是马克思对信用的作用和职能的充分认可，即信用有助于节省流通费用，加速资本周转，促进利润率的平均化，同时还可以刺激投资需求和消费需求。信用发展在积极推动生产和消费的同时，也必然带来一些负面影响，导致信用风险的发生，在人们探索如何防范和应对信用风险的实践过程中，信用保险制度应运而生，成为信用风险转移分散的有效机制之一。

---

〔1〕 中共中央马克思恩格斯列宁斯大林著作编译局编著：《马克思恩格斯选集》（第3卷），人民出版社1975年版，第9~11页。

〔2〕 赵爱玲："马克思信用理论初探"，载《齐鲁学刊》2007年第5期。

（二）亚当·斯密的古典经济学思想

社会化大生产和商品经济的发展为自由市场经济思想的绽放提供沃土。英国经济学家达德利·普恩在 17 世纪就积极倡导自由贸易。大卫·休谟和亚当·斯密等经济学家继承和发扬了这一思想。被誉为"古典经济学之父"的亚当·斯密在其著作《国民财富的性质和原因的研究》（以下简称《国富论》）一书以个人利己主义作为研究的出发点，深入地阐述了经济秩序的形成过程以及法律和制度对个人自私行为予以制约的重要性。亚当·斯密认为，追求个人利益是人类从事市场经济活动的主要动力，竞争这只"看不见的手"会自发地将各种个人利益转化为一种共同利益。基于法律和制度合理的框架体系，个人之间的市场自由行为会产生相互作用，自发地形成体现所有市场参与主体利益的秩序。通过自身内在机制，市场经济可以自发地分配社会资源、提升生产效率，因此政府的干预是多余的，甚至适得其反。政府的干预容易损害和谐自由的市场秩序形成，无法实现市场参与者的共同利益，进而影响生产效率的提高并阻碍社会财富的普遍增长。亚当·斯密在《国富论》中强调将"富国裕民"作为政治经济学的目，并通过两个具体目标层面来实现："第一，为全体国民提供充分的收入或者物质生活水平，或者更本质地来看，应该是让全体国民能够为自己提供充分的收入或者物质生活水平；第二，为政府或社会公共组织提供充分的收入或者经费，确保各项公共事务顺利开展行。"[1] 同时，在亚当·斯密看来，资本的各种用途"正像一个人的资本有一定的限度一样，国内全体人民的资本亦有一定的限度，只够用于某几方面。要增加个人资本，须从收入内节省而不断蓄积；要增加国民资本，亦须从收入内节省而不断蓄积。因此，资本的用途，若能给国内全体居民提供最大的收入，从而使全体居民都能做最大的积蓄，则国民资本大概就会极迅速

---

[1]　[英] 亚当·斯密著：《国民财富的性质和原因的研究》（下卷），郭大力、王亚南译，商务印书馆 1972 年版，第 1 页。

地增加起来"。[1] 亚当·斯密的古典经济学思想论述了市场机制自身所发挥的重要作用，强调了资本累积的意义。从某种意义上来看，信用保险也是国民财富的临时积累，是为了保障社会成员在发生信用风险时能及时获得经济补偿所进行安排的资本积累，最为关键的是，信用保险制度的目标也正好是"富国裕民"。

（三）"市场缺陷"理论

"市场缺陷"理论是政府通过政策性手段干预经济以达到弥补市场机制在配置资源等方面存在缺陷的重要理论之一。作为市场经济的组成内容，信用保险的经营过程中也无法避免市场缺乏缺陷的发生，由此使得政策性信用保险的存在和发展具有合理性和正当性，但也表明政策性信用保险的定位和功能应当被限定为修复市场缺陷、弥补市场不足。

1. 商业风险导致的市场缺陷

信用保险中的商业风险主要涉及债务人拖欠、债务人破产等方面，其市场缺陷主要体现在国内和国外两方面。国内商业风险导致的市场缺陷主要是经济环境不景气或者经济周期大幅波动的时候，债务人拖欠或者破产风险增大；或者是债务人是小微企业或者信用状况欠佳，这些都可能导致商业性的保险公司不愿意对其进行承保。国外商业风险的市场缺陷主要是因为在国际贸易中所要面对的债务人违约信用风险较为复杂、不确定性较大，同时不同国家的法律体系差异过大会增加债权催收追偿的难度，一般商业保险公司不愿或者无法承保此类风险，即便承保也会因保险费率过高而抑制出口企业的投保意愿。因此，仅靠商业保险机构通过市场机制来进行调节不太有效也不太现实，必须由具有官方财政和政策支持的出口信用保险机构予以干预和调节。

2. 政治风险导致的市场缺陷

与商业风险相比，政治风险体现更大的不可控制性和不确定性，一旦发生事

---

〔1〕 ［英］亚当·斯密著：《国民财富的性质和原因的研究》（上卷），郭大力、王亚南译，商务印书馆 1972年版，第337页。

故往往会造成重大损失。通常而言，社会不稳、经济落后封闭的国家和地区的政治风险较高，主要表现为社会极端动荡、政局更替频繁、政策急剧变化等。前述政治风险基本都是人力所无法控制和避免的，普通的商业性债权人对此往往鞭长莫及，商业保险公司对此无能为力，从而导致市场缺陷发生。只有通过国家支持的政策性出口信用保险来弥补市场配置资源的不足，才能实现推动本国出口贸易发展的目标。

3. 信息不对称导致的市场缺陷

信息不对称也可能诱发市场缺陷。单纯依靠市场机制无法产生有效的信息并进行合理配置，交易主体信息方面的不对成将导致投机行为，引发欺诈、内幕交易等现象。[1] 在信用保险市场中，主要表现为保险人与投保人在对债务人的经营情况、信用状况以及所在国家和地区政治、经济等关键信息的把握上存在较大的差异。这种关键信息的差异化形成不对称，就有可能导致逆向选择、道德风险的发生，保险人对赔偿比例、信用限额、保险费率等无法真实、准确地评估和判断，从而导致此类保险业务的风险急剧增加，普通商业保险公司大幅提高费率甚至拒绝承保，市场缺陷出现。

（四）出口补贴合法化理论

出口补贴合法化理论以出口补贴的合法性和正当性作为切入点，对国家可以采取的合法补贴手段进行论证。随着国际经济贸易的持续发展和融合，政府补贴也受到越来越严格的限制，在 WTO 体系内成为各成员国关注的重点。WTO 规则规定，如果某一个成员国采取禁止性的贸易补贴措施，那么其他的成员国也可以采取相应措施。该规则在出口信用保险领域的执行有一定的灵活变通。WTO 规则规定："如果某一成员国属某一个官方出口信贷国际承诺的参加方，且截至1979 年 1 月 1 日至少有 12 个本协议创始成员国属该国际承诺的参加方，或如果一成员国实施相关承诺的利率条款符合这些承诺的出口信贷做法，则不得视为本

---

〔1〕 韩强："出口信用保险法律制度研究"，吉林大学 2012 年博士学位论文，第 49 页。

协议所禁止的出口补贴。"这实际上是默认进出口政策性金融的存在，允许其继续发挥作用。[1] WTO《补贴与反补贴措施协议》附件《出口补贴示例清单》第 J 项规定，"政府或政府控制的特殊机构提供的出口信贷担保或保险计划、针对出口产品成本增加的保险或担保计划或者外汇风险计划，保险费率不足以弥补此类计划的长期营业成本和亏损"属于出口补贴。基于《补贴与反补贴措施协议》的标准判定出口信用保险是否构成"出口补贴"时应主要考虑以下因素：第一，补贴是否由政府或者任何公共行政机关提供。也就是说，政府等公共机关是否通过提供保险费补贴等形式支持或鼓励本国出口企业的产品出口；第二，是否向被保险人输送利益。如果被保险人通过政府提供出口信用保险所获得的利益大于市场条件下同类出口信用保险所产生的利益，使得出口产品与同类进口产品相比在价格上占据较大优势，对正常贸易秩序形成冲击，对一国国内相同或相似产品的价格造成威胁和不平等竞争，则构成"出口补贴"。换言之，只要该出口信用保险机构在一定时期内保持盈亏平衡，那么其所提供的出口信用保险就不属于规则所禁止的出口补贴，是一项重要的补贴例外。[2] OECD《官方支持出口信贷的安排（2015 年修订版）》（即"君子协定"）在第 1 章"一般规定"的适用范围中明确列明"官方支持可采取以下不同方式：（1）出口信用担保或保险（纯保险）；（2）官方融资支持；（3）上述形式的任意组合"，[3] 同时还在第 2 章"出口信贷的融资条款"中强调出口信用保险的"保费费率应根据风险情况厘定，并足以覆盖长期运营成本和损失"，[4] 这进一步表明只要出口信用保险机构在一定时期实现保费收入与运营成本和损失之和的总体一致，出口信用保险就不属于禁止的出口补贴。与此一脉相承，我国《反补贴条例》在出口补贴清单第 10 项也作出明确规定，即如果出口国（地区）政府以不足以弥补中长期营业

---

〔1〕 何慎远、汪寿阳著：《中国出口信用保险研究》，科学出版社 2012 年版，第 42 页。

〔2〕 江丽娜："出口信用保险合同问题研究"武汉大学 2009 年博士学位论文，第 28 页。

〔3〕 经济合作与发展组织（OECD）编著：《官方支持出口信贷的安排》（2015 年修订版），中国出口信用保险公司译，中国金融出版社 2015 年版，第 4 页。

〔4〕 经济合作与发展组织（OECD）编著：《官方支持出口信贷的安排》（2015 年修订版），中国出口信用保险公司译，中国金融出版社 2015 年版，第 16 页。

成本和亏损的费率，提供的出口信贷担保或者保险，或者针对出口产品成本增加或者外汇风险提供保险或者担保，则属于出口补贴范围。

三、法社会学说是信用保险的理论推动力

（一）社会连带思想

法社会学的重要法理基础是社会连带思想。法国法学家狄骥是社会连带主义法学派首创人，他认为法律的社会功能是为了实现"社会连带"。所谓社会连带是指在社会化大环境中生活的每个个体是相互依存的，每个个体的相互作用、相互依存是社会存在的基础，每个个体的集合构成社会整体。每个个体在社会中的相互依存决定了每个个体的利益实质上就是社会整体的利益，相应的，社会整体利益的实现也就是每个个体利益的保障。"社会安全制度建构的主要目的仅以集体的力量保障个人的经济安全，而集体力量形成之动能则来自于社会连带的理念，且社会安全制度功能的发挥，亦取决于此一理念的实践程度；若人人自扫门前雪或普遍缺乏社会风险意识，而仅仅依靠单纯的慈悲心以及道德观为实施之动机，实不足建立社会安全制度。为促成社会安全制度保障目的的实现，其主要凭借是'需求'——社会上每一个成员都有共同对抗社会风险的需求。"[1] 社会是由每个个体集合组成的整体社会，因此社会法的目的在于实现并维护社会的安定。社会法以社会为本位，力求凭借社会整体的力量防御风险，及时有效地防范化解风险，避免每个个体遇到风险而无能为力。狄骥认为"社会连带成为人类共处相存的一个基本事实，同时通过法治上升为一项项规范性原则"。

从社会学角度来看，社会整体成为抵御风险的基础，个体遇到风险时将不再束手无策，也不会导致社会的不稳定。狄骥的上述自然法理论体现了强烈的社会化倾向，其倡导用法律义务制度替代传统的法律权利制度，即否认任何个体享有任何天赋权利或不可分割的权力。无论是社会个体还是统治机关都只是义务而没

---

[1] 郝凤鸣："法国社会安全法之概念、体系与范畴"，载《政大法律评论》总第58期。

有权利，社会义务是出发点也是落脚点。在狄骥看来，个人可以拥有的唯一权利是永远履行其义务的权利，统治机关的活动应当限于履行相应的社会职责，而组织和维护公共事业是最核心的社会职责。狄骥的"法治"要求社会每个人都要为充分实现社会连带责任作贡献，并构成对所有统治当局权力的明确限制，无论是统治者还是被统治者都要承担避免任何与实现社会连带不相一致的目的所驱动的行为的义务。[1] 信用保险作为保险的重要组成部分，在一定程度上体现了社会连带思想，尤其是在政策性出口信用保险、信用保险适度监管以及构建社会信用体系等方面，更是需要从社会本位出发，无论是社会个体还是行政监管机构都需要基于保障社会利益和维持社会秩序履行相应的义务和职责。

（二）社会控制理论

美国法学家庞德是社会控制理论的奠基人，其社会控制理论的关键在于如何思考法律的最终目的以实现最大限度地满足社会需求。庞德认为法律是一项制度，也是一个社会化系统工程，旨在通过社会控制的方式对社会个体的需要、需求和欲望进行不断的承认和满足；对社会整体利益进行更加有效而扩张的保障；对不同社会主体在日常生活中所发生利益冲突更加全面综合地防范和调节。庞德很认同通过法律制度实现经济剩余的公平分配，但在分配过程中就会存在某些工业社会生活中所包含的风险观念。法律对社会的控制，已经不仅仅是为了实现经济秩序的合理得当，[2] 其更重要的目的是通过政治组织对个人行为进行合理有序的安排，最大限度地满足社会个体的各种需要和利益。庞德强调法律并不创造利益，法律只是去发现那些迫切需要获得保障的利益，把这些利益进行分类并根据实际情况相应地予以确认。

信用保险的功能不仅仅体现在风险保障和资金融通，还涉及社会管理方面，这与庞德社会控制理论基本一致。从庞德的社会控制理论来看，信用保险社会管理功能涉及促进出口和拉动内需、完善社会信用体系、提升全民诚信意识、

---

[1]　彭丽萍著：《社会保障基金信托法律问题研究》，法律出版社 2013 年版，第 93 页。
[2]　［英］罗斯科·庞德著《通过法律的社会控制》，沈宗灵译，商务印书馆 2010 年版，第 70 页。

支持小微企业发展和融资等方面，这些与社会成员的利益息息相关并对其提供保障，属于较为明确地需要法律予以承认并控制的社会利益。尤其对于政策性信用保险，这是通过保险领域进行社会控制的最佳路径之一，可以实现保险的综合性功能——经济补偿、社会管理以及资金融通。

第二节　完善我国信用保险法律制度的实践必要

一、保障我国市场经济和谐有序发展

"人无信不立，国无信则衰"，信用是市场经济的生命线和压舱石，良好的信用形成安全便捷的交易秩序，有助于经营者增加交易，密切客户，扩展市场，提高市场份额。[1] 我国市场经济在快速发展的同时，在某些地域、部门和行业存在经营无序、秩序缺位、信用缺失等严重问题，完善我国的信用法律制度势在必行。[2] 在信用法律制度体系构建过程中，应当先主后次、循序渐进，首先在民法典中确认信用权的内容，在此基础上以单行法的形式对征信、信用查询使用、信用评级信用惩戒以及信用损害赔偿等内容进行规范，藉此在社会范围内倡导信用理念，完善社会信用体系，梳理信用机制，促进市场经济和谐有序的发展以及社会文明程度的提升。[3]

"信用制度促进了社会化生产效率的提升和世界市场的形成"，[4] 信用制度和信用关系在市场经济发展中发挥重要作用。在现代市场经济中，信用是维系企业、消费者、金融机构等之间的纽带，信用交易在市场交易中的比例越来越高；

---

[1] 王利明著：《人格权法研究》，中国人民大学出版社 2005 年版，第 545 页。
[2] 王利明著：《中国民法典基本理论问题研究》，人民法院出版社 2004 年版，第 269 页。
[3] 王利明著：《人格权法研究》，中国人民大学出版社 2005 年版，第 546 页。
[4] 中共中央马克思恩格斯列宁斯大林著作编译局编著：《马克思恩格斯全集》（第 25 卷），人民出版社 2008 年版，第 499 页。

同时，信用制度的破坏和信用关系的断裂所引发的信用危机将给经济发展带来严重灾难。[1] 2007 年爆发的美国次债危机导致金融市场流动性紧张，市场信心和预期发生巨大波动，经济发展严重衰退，企业破产停业，工人下岗失业，最终影响到实体经济和日常社会生活，究其根本原因，便是信用制度遭到破坏、信用关系发生断裂。

中小企业是经济增长和社会发展的基础。我国政府始终重视中小企业的作用和发展，希望通过中小企业的发展带动我国经济的转型升级，提升我国产业资本的创新和活力。但是，我国的中小企业在经营中普遍面临融资难、融资贵的困境，严重阻碍长期稳定发展。究其原因，还是归结到具体信用制度和社会信用体系方面存在问题。

信用保险的经营不仅联结金融和贸易两大领域，还涉及信用调查、信用评价、信用惩戒以及信用损害赔偿等一系列环节，较为集中地体现了市场经济发展所必需的诸多制度要素。[2] 因此，完善我国信用保险法律制度有助于重构国家信用制度、健全社会信用体系，为我国市场经济和谐有序发展提供制度保障。

二、推动我国信用保险市场积极健康进步

我国《对外贸易法》第 53 条将出口信用保险明确为促进和发展对外贸易的具体方式之一，现行 2009 年《保险法》仅仅在第 95 条明确保险公司业务范围时，列举了信用保险的名称，除此之外至今尚无关于信用保险的法律规定。除2013 年《关于审理出口信用保险合同纠纷案件适用相关法律问题的批复》之外，最高人民法院尚未颁布有关信用保险合同法等实体性内容的司法解释。中国保监会也没有制定统一的信用保险经营管理条例或者像交强险那样具有引导性或示范性的信用保险通用条款范本。因此，各家保险公司只能基于所谓的自主权利而自行经营信用保险，在一定程度上也会产生诸多问题和弊端，主要体现在保险公司经营信用保险以及司法机关处理信用保险案件的过程中缺乏直接明确的法律

---

〔1〕 李振宇著：《资信评级原理》，中国方正出版社 2003 年版，第 3 页。
〔2〕 Miran Jus：*Credit Insurance*，Academic Press is an imprint of Elsevier，p. 59。

适用依据。首当其冲的是，各个保险公司在经营信用保险过程中缺乏明确的法律规则作为处理诸多具体内容的法律依据，只能各自为战、自说自画，致使各家保险公司制定的信用保险合同条款各不相同，信用保险的经营管理规则也是五花八门，信用保险市场的无序和混乱也就不足为奇了。此外，司法机关在处理信用保险的相关案件时，往往苦于缺乏统一的法律适用标准，只能在司法审判中凭借自身对保险法相关条文的理解和对信用保险性质以及及信用保险合同法律地位、主体关系和权利义务内容的不同看法来处理相关案件。如此将导致司法适用的法律依据和判决结果有所区别，也会使得保险公司、投保人、被保险人等信用保险法律关系主体面临较大的法律不确定性，无法形成具有安全感和公正公平感的交易秩序，也会增加各方的交易成本。

与此同时，中国信保的存在使得我国信用保险市场处于准完全垄断格局，但我国信用保险法律法规又并未能对信用保险的定义、承保风险、法律关系主体、权利义务、中国信保的定位及业务范围、监督管理、法律责任等方面进行明确规定，由此导致中国信保违背政策性宗旨、承保选择性过大、容易造成缺位；业务范围宽泛、全险种经营、容易造成错位；严重不平等竞争、市场地位悬殊、容易造成越位等问题发生，进而扩散性地引起我国信用保险市场无序、低端、粗放的发展。

客观上，我国的信用保险市场在快速发展，其市场空间、实际需求、重要作用日益受到关注和重视，国家也从多个层面和角度予以积极宣导和支持，出台了一系列发展与改革的指导意见，但无法替代法律的作用和意义。哪里有贸易，哪里就有法律。市场经济是法治经济，所有的市场行为和市场关系都必须置于法律的规范和调整之下，信用保险的发展和改革也不例外，而且更加迫切地需要法治。[1] 在我国信用保险市场发展和改革的伟大实践进程中，必须坚持立法先行，充分发挥立法的引领和推动作用，法律不应当迟到甚至缺席。我国信用保险市场的发展和改革对立法的要求已经不仅仅是总结以往经验、肯定已有做法，而

---

[1]　赵明昕著：《中国信用保险法律制度的反思与重构》，法律出版社 2010 年版，第 232~233 页。

是需要通过立法做好顶层设计、引领改革进程、推动科学发展。实现信用保险立法和改革决策相衔接，做到重大改革于法有据、立法主动适应改革和经济社会发展需要。对于信用保险立法工作，应当明确轻重缓急，坚持循序渐进，尊崇适度原则，确保可行性和前瞻性的结合，先确定立法总体思路和主要模式，再考虑适宜的立法位阶和形式，最后拟制具体的规则和内容。

三、确立信用保险独立完整的法律地位

我国现行《保险法》以法律的形式确认了信用保险的独立法律地位，明确信用保险是财产保险中的险种之一，消除了多年来对信用保险是否是独立的保险险种和业务的质疑，有助于推进信用保险业务的快速发展。但遗憾的是，除了前述第 95 条中的四个字符，我国《保险法》并未对信用保险的定义、保险责任、主体权利义务等内容进行规定，也未有其他更多的解释说明。在随后的 2009 年和 2015 年《保险法》修订中，也未再有任何涉及信用保险相关内容的补充和完善。而这十年，恰好是我国信用保险市场发展的加速期。

遍寻我国《保险法》中的 187 个条款和 24000 个字符，只有区区四个字符专门涉及信用保险，而责任保险的专门内容却达到 2 个条款、326 个字符，虽然两者同处财产保险四大法定险种之列，但信用保险的立法待遇却相距甚远，不得不让人质疑对信用保险的关注和重视是否真正的落到实处，不得不让人担忧信用保险的影响力和认知度是否能得到有效扩展。《保险法》第 65 条对责任保险的定义、保险责任范围、赔款前提、基本路径、第三者直接索赔权条件以及损失补偿原则适用条件等内容进行了详细的规定；第 66 条对责任保险的仲裁、诉讼等费用承担方式进行了明确的规定。比如，第 65 条第 4 款规定，"责任保险是指以被保险人对第三者依法应负的赔偿责任为保险标的的保险"，明确了责任保险的定义和保险责任范围。第 65 条第 1、2、3 款规定，"保险人对责任保险的被保险人给第三者造成的损害，可以依照法律的规定或者合同的约定，直接向该第三者赔偿保险金。责任保险的被保险人给第三者造成损害，被保险人对第三者应负的赔偿责任确定的，根据被保险人的请求，保险人应当直接向该第三者赔偿保险金。

被保险人怠于请求的，第三者有权就其应获赔偿部分直接向保险人请求赔偿保险金。责任保险的被保险人给第三者造成损害，被保险人未向该第三者赔偿的，保险人不得向被保险人赔偿保险金"，明确了责任保险项下的赔款前提、基本路径以及第三者的直接索赔权条件，同时进一步强调了责任保险中的损失补偿原则适用条件。第 66 条规定，"责任保险的被保险人因给第三者造成损害的保险事故而被提起仲裁或者诉讼的，被保险人支付的仲裁或者诉讼费用以及其他必要的、合理的费用，除合同另有约定外，由保险人承担"，明确了责任保险项下所发生的仲裁、诉讼费用以及其他必要的、合理的费用由保险人承担。

即便是财产损失保险项下的子险种，《保险法》也有诸多涉及，会考虑到具体险种的特殊性，并作出相应的规制。比如，第 49 条明确货物运输保险合同的保险标转让无须通知保险人，这是在保险标的转让通知义务的原则制定中考虑到货物运输保险的特殊性，实现货运保险合同的保险单或其他保险凭证随货物所有权的转移而转移。又如第 50 条规定货物运输保险合同和运输工具航程保险合同的保险责任开始后，合同当事人不得解除合同。如此规定充分考虑货物运输保险和运输工具航程保险存在保险期间不确定、保险标的流动性强、运输过程中自然灾害和意外事故风险几率比较大等方面的特殊性，避免投保人任意频繁解除合同而导致保险人面临风险并丧失利益的不利情形。

建立我国信用保险法律制度，首要任务在于立足信用保险的特殊属性，作出相应的法律规制，可以主要从保险合同和行业监管这两大方面和商业性信用保险和政策性信用保险这两大维度着手。信用保险具有保险标的是无形物且体现相对权的法律属性、风险主体是保险合同当事人以外的第三方、显著的信息不对称性、较强的风险传递性、风险概率分布的厚尾性等特征，因此需要通过法律对信用保险的定义、承保风险、保险责任开始、投保人和被保险人如实告知义务、统保原则、风险分担原则、强制再保险、政策性信用保险规制和监管等方面进行差异化的规定。如此，不仅可以明确信用保险独立、完整的法律地位，还可以发挥立法的引领和推动作用，正确传播信用保险的理念和原则，有效拓展信用保险的影响力，提升社会对我国信用保险领域的关注和重视。

四、促进信用保险行业监管的合法性和适度性

从理想角度而言，市场经济在长期发展中处于或者接近于稳定平衡状态，政府的职能应当是制定法律规范、保障自由竞争，担当"守夜人"。但是，现实中的市场经济往往无法达到前述理想状态，自身还存在着种种缺陷和不足，不得不依靠政府用"看得见的手"来弥补市场"看不见的手"所产生的缺陷，对经济活动进行调控、监管，甚至是干预和管制。"一切政府的活动，只要不是妨碍而是帮助和鼓舞个人的努力与发展，那是不厌其多的。"[1] 保险行业除了存在市场经济所普遍存在的市场失灵等诸多问题，由于其还具有显著的社会公共利益属性，[2] 且自身在制度和经营等方面存在特殊性，[3] 因此各国都会设立专门的监管机构来负责对其实施监管。

政府需要对保险行业进行监管，但也不是事事皆管，处处干预。1998年，中国保险监督管理委员会（以下简称中国保监会）成立，标志着中国的保险监管进入了新的历史阶段，保险监管体系逐步与国际标准趋同，借鉴国际保险监管核心原则，建立了"三支柱"保险监管框架；注重整合政府监管和外部监督的资源，通过动员政府监管、行业自律、企业内控和社会监督等力量，来实现保险监管的依法、科学和有效。保险监管机构需要合理把握发展与监管之间的辩证关系，既要促进发展，也要履行监管。如何把握好保险监管的度显得尤为关键。中国的保险行业目前仍然处于发展的初步阶段，天然地拥有一股"天生牛犊不怕虎"的前进发展动力，但同时也存在着导致无序、诱发冲突、侵害效率的不利因素，对于这样的保险市场，如果管得太多、管得太死，必然会束缚其活力、

---

〔1〕 ［美］约翰·密尔著：《论自由》，程崇华译，商务印书馆1959年版，第125页。

〔2〕 1914年，美国最高法院就认定保险业是一种影响公共利益的行业，在"German Alliance Insurance Company V. Lewis"一案中，保险人主张保险系私有企业，任何针对保险费率的监管，与美国宪法第十四修正案中"各州…若无适当法律程序…不得剥夺任何人之财产"的规定相抵触。但是，最高法院认为保险业对其他行业极为重要，属于影响公共利益的行业。因此，政府对于保险行业所实施的监管，都出于对社会公共利益的整体考虑。

〔3〕 主要体现为：保险合同的射幸性、附和性；保险交易的消费滞后性；保险运营的技术性、负债性和社会性。

扼杀其生机，如果放任自流、不管不问，又会加剧市场的动荡、损害各方主体的利益，尤其是损害社会公众的利益。因此，最佳的选择应该是适度监管，既要适时择机监管，又要分寸适当、轻重得宜，体现监管的合法性和适度性。[1]

对于信用保险而言，其不仅存在保险市场所具有的市场失灵、社会公益性等诸多普遍性问题，同时也具有其他保险险种所无法比拟的特殊性，信用保险的标的是无形物且体现相对权的属性，信用风险存在更加严重的信息不对称性、更加显著的风险传递性、更加突出的风险概率分布厚尾性，其风险识别和管控的难度非常之大。因此，对信用保险依法实施监管确有必要。对信用保险的监管除了要遵循对保险行业的通行原则和规则外，还要从信用保险的特殊性出发，进行差异化监管。比如，对保险人的准入资质要实施更加严格的监管，从注册资本、高管任职、风险金储备、责任限额、再保险、负面信息集中等方面着手；高度重视道德风险、逆向选择，通过明确统保原则和风险共担原则、强化投保人/被保险人如实告知义务、推行强制再保险制度等措施予以规制和防范。上述监管原则和措施需要通过相关法律法规的形式予以明确，确保信用保险监管的合法性，有法可依、有章可循。

信用保险监管有其必要性和合法性，但监管也要体现适度性。监管不足难以解决信用保险市场失灵的困境，难以抑制道德风险和逆向选择的蔓延，侵害市场经济交易秩序和社会信用体系，影响社会共同利益的有效实现。监管过度则会产生市场效率的损耗、带来与寻租相关的腐败现象、导致被监管对象行为能力的萎缩。不法是对法的否定，法是对不法的否定，通过否定之否定，来达到一个肯定。[2] 依法适度监管所追求的是实现信用保险市场的平衡状态，达到各方主体在权利义务、信息共享方面的均衡化。信用保险的适度监管是一个过程，不可能一步到位、一劳永逸，需要经历时间的变迁；也不可能是监管机构的单一力量所致，需要形成包括监管机构、保险公司、投保人、被保险人、受益人以及立法司法机关、中介组织、征信机构等组成的信用保险共同体，通过这个信用保险共同

---

〔1〕　张锐：“中国保险监管适度性研究”，西南财经大学 2011 年博士学位论文，第 35 页。

〔2〕　〔德〕黑格尔著：《法哲学原理》，范扬、张企泰译，商务印书馆 2012 年版，第 91~109 页。

体的各个成员来推动。[1]

第三节　完善我国信用保险法律制度的国际考察

信用保险是国际化程度较高、标准化范围较广的险种，在世界范围有一整套运行多年且行之有效的行业规则和商业习惯，借此确保了信用保险的合理运营、有效监管和顺畅交流。法律的权威性和稳定性决定了法律是规制和监管的最佳实践方式。信用保险发达的世界主要国家和地区对信用保险进行了立法规制，尤其是基本都对政策性出口信用保险进行了单独立法，明确规定了政策性出口信用保险机构的资金来源、经营目的、业务范围、经营方针、组织机构等。

从立法模式来看，主要分为两种模式：其一，"政策单行"模式，即对政策性信用保险进行单独立法，以英国、美国、韩国为典型代表，比如英国的《出口和投资担保法》、美国的《进出口银行法案》、韩国的《贸易保险法》、日本的《贸易投资保险法》等；其二，"政商不分"模式，即对信用保险进行统一立法，不再区分商业性信用保险和政策性信用保险，以我国澳门地区、台湾地区为代表。

一、"政策单行"立法模式

与商业性信用保险相比，政策性信用保险在战略意义、经营主体、运营模式、经营目标、风险来源及风险承担等方面存在较大的差异，因此，国际通行做法是对政策性信用保险进行专门立法并制订相关的信用保险法律制度，确保官方出口信用机构的设立和运营有法可依，规范政策性信用保险的发展，基本都明确了本国官方出口信用机构成立、变更、运营、终止等一系列内容。至于商业性信用保险的规制，则适用普通的保险法律法规或者其他法律法规。该模式以英国、

---

[1] 张锐："中国保险监管适度性研究"，西南财经大学 2011 年博士学位论文，第 37~45 页。

美国、韩国为典型代表，比如英国的《出口和投资担保法》、美国的《进出口银行法案》、韩国的《贸易保险法》、日本的《贸易投资保险法》等（见表3-1）。

表3-1　对政策性信用保险进行单独立法的主要国家

国家或地区	主要法律依据
英国	《出口和投资担保法》
美国	《进出口银行法案》
韩国	《贸易保险法》
日本	《贸易投资保险法》
加拿大	《出口发展法》
澳大利亚	《出口融资和保险公司法》
瑞士	《关于瑞士出口风险保险公司的联邦法律》
中国香港	《出口信用保险局条例》

（一）英国信用保险法律制度

1. 立法背景

出口信用保险最早萌芽于英国，并于1919年建立了世界上第一家官方支持的出口信用保险机构——出口信用担保局（Export Credit Guarantee Department，ECGD），作为英国政府部门和唯一的官方信用保险机构。在ECGD的带动下，私营性质的信用保险公司纷纷建立，主要经营出口消费品和原材料等短期出口信用保险。1949年，英国制定《出口信贷担保法案》，以法律的形式确认了ECGD的地位、性质和经营范围，ECGD成为英国贸易与工业部下设的一个职能部门，直接向贸易与工业大臣负责，其雇员属于英国中央政府的公务员，同时向英国议会报告其年度财务情况和重大经营事项。[1] 1978年，英国通过新制定的《出口和投资担保法》对ECGD的职能、权利和政策适用等方面进行更加具体的调整和规范。1991年，英国政府对《出口和投资担保法》进行了适当修订。

---

〔1〕 严启发、成泽宇著：《官方出口信用：理论与实践》，中国金融出版社2010年版，第117页。

2. 立法目的及结构

英国《1991年出口和投资担保法》开宗明义,强调"本法案旨在为ECGD行使职能而制定,该职能的行使包括权力范围、财政管理、职能转移和授权等方面"。该法案分为三大部分,由15章内容构成:第一部分规定ECGD的权力;第二部分明确ECGD职能的转移和授权;第三部分是总则。

该法案最重要的价值在于更加明确了ECGD的权责范围以及为ECGD短期出口信用保险业务商业化指明方向并提供法律依据,促进英国信用保险形成了政策性业务和商业性业务的清晰切割、官方出口信用保险机构和商业信用保险机构各自经营的格局。

3. 立法主要内容

(1) 宗旨和职能

英国政府成立ECGD的宗旨是通过提供信用保险、再保险和担保,并在积极考虑英国政府对外政治、经贸政策的情况下,帮助英国商品和服务的出口商顺利获得业务和英国的企业安全进行海外投资,从而使英国经济受益。[1] ECGD的权力由《1991年出口和投资担保法》赋予,并在第一部分中明确其目标:在一定时期内达到保本经营、收支平衡;遵照商业原则开展经营活动;弥补私营机构在出口信用保险和担保方面的缺位;确保经营活动与政府战略和政策,为英国出口企业营造公平竞争环境。

(2) 组织机构

《1991年出口和投资担保法》明确规定成立出口担保咨询委员会,其成员由贸易与工业大臣任命。该委员会就ECGD的法定职能履行设定指导原则,并就这些原则如何指导ECGD的业务政策提出专业建议。同时,ECGD内部设置执行委员会,具体负责ECGD的日常经营活动管理。执行委员会支持其总裁在贸易与工业大臣设定的政策和资源框架内,履行其全面管理ECGD的责任。此外,还设置监督管理委员会负责对ECGD的经营活动进行监督,由董事长、首席执行官及数

---

[1] 梁垄、熊斌:"英国出口信贷担保署的运作方法及其法律问题",载《云南大学学报(法学版)》2006年第5期。

名非执行董事组成。[1]

(3) 经营范围

ECGD 的经营范围被严格的限制为"承保本国出口商通常无处投保的风险",明确了作为商业性保险机构补充的地位和担当最后保险人的角色,并可以为短期出口信用保险提供余额再保险。ECGD 承保的风险主要是政治风险和中长期信用风险,具体包括:买方长期违约;买方所在国实行新的进口许可证限制或撤销已生效的进口许可证;英国和买方所在国发生战争;英国撤销出口许可证;买方所在国发生内乱或其他动乱;买方所在国禁止或者限制货币兑换。此外,ECGD 还通过反向列明的方式确定了其不予承保的风险:通常可由商业性保险承保的风险;由于出口企业的原因造成的买方拒绝付款;出口企业违约所造成的损失;出口企业在英国或买方所在国违反法律所造成的损失等。

借此,英国建立起了短期出口信用保险和中长期出口信用保险分离经营,以商业保险机构为基础、ECGD 为补充的信用保险运营格局。从实际承保金额结果来看,英国信用保险对贸易的渗透率高达 45% 左右,而其中政策性出口信用保险承保金额不到商业性信用保险三分之一。[2]

(4) 风险管理

《1991 年出口和投资担保法》对 ECGD 的风险敞口采用责任限额的方式进行限制,即"以英国货币进行交付时,不超过 350 亿英镑;以外国货币进行交付时,不超过 150 亿特别提款权"。贸易与工业大臣在经过财政部批准的前提下可以增加前述总的承保责任限额,但增加总量不超过 50 亿英镑或者 50 亿特别提款权的限额。

ECGD 对出口信用保险的投保人和被保险人进行"资格合规性"审核,出口信用保险只能提供给在英国从事经营活动的出口企业,必须是超过《OECD 官方支持出口信贷安排》规定的信贷条款和申请首付的两年期限,且首付比例是 5%

---

[1] 李志辉、严启发、成泽宇著:《各国官方出口信用机构概览》,中国金融出版社 2012 年版,第 258 页。
[2] 许让:"加快我国出口信用保险商业化转变刍议",载《中国保险》2013 年第 6 期。

以上。同时，英方成分在符合资格的合同价值中必须占 20%，这是"国家利益"原则的体现。

保险费率厘定方面，ECGD 的保险费率基于对所承保的基础交易中固有风险进行全面评估，并根据买方产品、市场、类型和买方质量以及信用期限的变化而变化。保险费率按照承保的基础交易合同价值的百分比计算，包括不可退换的行政费用和成本。

此外，《1991 年出口和投资担保法》还规定 ECGD 的风险基金的主要来源于保费收入及 ECGD 依据该法案所收到的任何款项。ECGD 必须向财政部申请年度出口信用保险预算金额，力争实现在一定资本金项下达到一定程度的盈亏平衡。如果有盈余，上交国库；如果出现亏损，则向财政部申请救助。

(5) 行政监督

ECGD 是英国贸易与工业部的一个独立局，向贸易与工业大臣负责。贸易与工业部制定政策，ECGD 负责具体实施。但是，贸易与工业部却不能决定 ECGD 的存在与否。[1] 实际上，ECGD 的主管部门是财政部，其资本从财政部获得，扩大业务以及增加责任限额时必须获得财政部的批准，同时还需要向财政部进行年度报告。自 1991 年开始，ECGD 对财政部的报告方式由过去的每个交易均单独报告改变为按照统一格式和程序组合报告，报告的主要内容包括业务结构、财务预算、收支平衡、责任限额等。[2] 财政部给予 ECGD 基于风险管理制度开展日常经营活动的持续性许可。当 ECGD 在日常经营中面临可能超出职权，或被认为可能是异常的或有争议的情况，需要向财政部和其他政府机构进行咨询。此外，ECGD 还应将年度报告提交国会审议，报告内容包括职能履行、财务状况以及责任限额等情况。

---

〔1〕 严启发、成泽宇著：《官方出口信用：理论与实践》，中国金融出版社 2010 年版，第 122 页。
〔2〕 王伟东、李雪峰著：《出口信用保险原理和实务》，中国商务出版社 2006 年版，第 141 页。

（二）美国信用保险法律制度

1. 立法背景

作为综合实力最强大的国家，美国在国际经济贸易领域大力推进贸易自由化，在金融领域则是努力为促进国际经济贸易公平竞争提供金融支持。美国涉及经贸和金融发展的行政管理机构达到 20 多个，其中与进出口贸易相关的机构达到 6 个，包括商务部、贸易代表办公室、贸易发展署、进出口银行、海外私人投资公司和小企业管理局。美国进出口银行（Export - Import Bank of the United States，EXIM BANK）具体负责官方出口信用保险的经营管理。

2. 立法目的及结构

EXIM BANK 成立于 1934 年，隶属于美国联邦政府，主要职责是为美国出口企业提供短中期出口信用保险和中长期贷款，保护美国出口企业应对政治和商业风险，公平参与国际经济贸易竞争。为了规范美国出口信贷发展和美国进出口银行运营，美国联邦政府于 1945 年颁布《进出口银行法》。

该法案被纳入 *US CODE* Title 12 "银行和融资（BANKS ANDBANKING）" 之中，并在 Chapter 6A "（美国进出口银行）EXPORT-IMPORT BANK OF THE U-NITED STATES" 中专门规定相关内容。Chapter 6A 是关于 EXIM BANK 的单行立法，分为 "总则（GENERAL PROVISIONS）"、"出口融资（EXPORT FINANC-ING）" 和 "出口信贷补贴支持（TIED AID CREDIT EXPORT SUBSIDIES）" 三大部分。其中 "总则（GENERAL PROVISIONS）" 是最核心内容，规定了 EXIM BANK 的权力职能、宗旨定位、组织机构、经营范围、风险管理、政策导向、监督管理等内容。

3. 立法主要内容

（1）宗旨和职能

美国是先有 EXIM BANK，后有《进出口银行法》。1945 年颁布《进出口银行法》的主要目的是为 EXIM BANK 的存在提供法律支持，同时也为规范 EXIM BANK 的运营和活动设定法律依据。随着《进出口银行法》在 1945 年的实施，EXIM BANK 也于同年成为美国联邦政府的独立机构，开展出口信用保险、担保和贷款等业务，以支持美国大型机械设备产品、农产品以及其他产品和服务的出口，维护美国出口企业的公平竞争权益，维持和增加国内就业机会，提高国民福祉。

（2）组织结构

根据美国《进出口银行法》规定，EXIM BANK 是基于议会立法批准设立的独立政府机构，董事会是最高决策机构，由 5 名董事组成，其中包括董事长（行长）、副董事长（第一副行长）及其他 3 名董事会成员。每一个董事会成员都必须通过总统提名并由参议院批准，任期 4 年。此外，法律限制了董事会 5 名成员中来自于同一政党的董事最多不能超过 3 名，并且至少要从小企业中确定 1 名董事，以便维护小企业利益，落实出口信用保险支持小企业发展的宗旨。

（3）经营范围

EXIM BANK 的定位和经营范围被明确界定和限制，即"EXIM BANK 在行使职责过程中应当扶持和鼓励商业机构，并确保不与其竞争"。[1] 美国政府强调"作为官方出口信用机构，EXIM BANK 是对商业的补充而不是与其竞争，当商业机构不能（Unable）或者不愿（Unwilling）提供有竞争力的出口信用保险，EXIM BANK 要填补这一缺口"，[2] 承担商业机构目前不能承担或覆盖的信用风险，而且应尽量确保其经营在长期保持平衡。

EXIM BANK 的业务主要集中于商业性机构不能或者不愿提供的短期出口信用保险、中期出口信用保险以及贷款担保，这几项业务占到 EXIM BANK 总业务的 90%以上。美国国会为 EXIM BANK 设定了其参与上述业务交易的三个目的：其一，商业性机构不能提供；其二，商业性机构不愿提供；其三，应对潜在的海外国家官方信用保险机构（ECA）竞争。EXIM BANK 的每一项交易必须符合其

---

〔1〕 参见《US CODE》Title 12Chapter 6AS635（b）（8），即"The Bank shall supplement but not compete with private capital."
〔2〕 EXIM Bank of The United States：*Report To The U. S. Congress On Global Export Credit Competition*，EXIM Bank of The United States，Washington，2015，p. 2。

中一个或者全部目的。在每年提交国会的竞争力报告中，EXIM BANK 必须对交易目的进行详细解释。[1] 在 EXIM BANK2014 年支持的 191 亿美元全部交易中，99%的短期出口信用保险都是因为商业性保险机构不能或者不愿意承保，其余1%是为了应对其他国家国家官方信用保险机构（ECA）的竞争；37%的中期出口信用保险是因为商业性保险机构不能或者不愿意承保，63%是为了应对其他国家国家官方信用保险机构（ECA）的竞争（见表3-2）。由此看来，美国政府对 EXIM BANK 的经营活动进行了严格的限制，EXIM BANK 在具体业务经营中也正确履行了作为最后保险人的职责，在对商业性机构来说风险太大的领域进行经营，为那些不能在商业性市场获得出口信用保险的业务提供支持。

表3-2　2014 年 EXIM BANK 交易目的类型[2]

单位：百万美元

目的类型 业务类型	商业不能提供		商业不愿提供		应对 ECA 竞争		合计	
	金额	个数	金额	个数	金额	个数	金额	个数
营运资本担保	7	2	1,871	468	0	0	1,878	470
短期出口信用保险	723	1,128	4,403	1,853	3	2	5,129	2,983
中期出口信用保险	0	0	38	20	66	40	104	60
中长期担保	1,536	14	1,509	41	8,006	44	11,051	99
直接贷款	144	2	0	0	776	4	920	6
总计	2,410	1,146	7,821	2,382	8,851	90	19,082	3,618

（4）政策导向

作为美国的独立政府机构和官方信用保险机构，EXIM BANK 的存在和经营具有显著的政策导向色彩，并且通过美国《进出口银行法》、《出口增进法》和《小企业法》等法律予以明确，主要体现在以下方面。

---

〔1〕 EXIM Bank of The United States：*Report To The U. S. Congress On Global Export Credit Competition*，EXIM Bank of The United States，Washington，2015，p. 91。

〔2〕 EXIM Bank of The United States：*Report To The U. S. Congress On Global Export Credit Competition*，EXIM Bank of The United States，Washington，2015，p. 91。

国别政策方面，美国的出口信用保险政策与国家外交政策保持一致。《进出口银行法》禁止 EXIM BANK 向与美国有武装冲突的国家和所谓的"马列主义国家"提供出口信用保险、担保和贷款。截至 2006 年，EXIM BANK 对与缅甸、柬埔寨、古巴、伊朗、朝鲜、老挝、苏丹和叙利亚等 8 个国家的交易不提供支持。[1] EXIM BANK 重点支持向亚洲和拉丁美洲等新兴市场国家的出口，在其 2014 年的风险敞口中，亚洲、拉丁美洲和欧洲占比分别为 41.1%、18.0% 和 14.2%（见表 3-3）。

表 3-3　2014 财年末 EXIM BANK 风险敞口余额地区分布[2]

单位：百万美元

地区	余额	占比（%）
亚洲	46,007.2	41.1
拉丁美洲和加勒比海	20,105.7	18.0
欧洲	15,924.2	14.2
北美洲	8,638.1	7.7
大洋洲	8,258.5	7.4
非洲	6,885.1	6.1
其他	6,189.0	5.5
合计	112,007.8	100.0

产业政策方面，EXIM BANK 受到相关法律制约，需要重点支持最大限度代表美国国家利益的重点产业。[3] 根据 EXIM BANK2014 年报来看，其重点支持产业具体为飞机、制造业、油气、电站等（见表 3-4）。

---

[1] EXIM Bank of The United States：*Report To The U. S. Congress On Global Export Credit Competition*，EXIM Bank of The United States，Washington，2008，p. 17。

[2] EXIM Bank of The United States：*Annual Report 2014*，*EXIM Bank of The United States*，Washington，p. 88。

[3] 严启发、成泽宇著：《官方出口信用：理论与实践》，中国金融出版社 2010 年版，第 129 页。

表 3-4　2014 财年末 EXIM BANK 风险敞口余额产业分布〔1〕

单位：百万美元

产业	余额	占比（%）
飞机	50,668.7	45.2
制造业	19,960.7	17.8
油气	16,381.2	14.6
电站	7,325.3	6.5
其他	17,671.9	15.9
合计	112,007.8	100.0

　　小企业支持政策方面，美国政府高度重视小企业，专门成立了小企业管理局并制定《小企业法》，《进出口银行法》对小企业支持政策也予以明确规定，比如"鼓励小企业参加国际贸易是美国的政策"，"EXIM BANK 在履行职责时应开办对小企业出口提供公平考虑的出口信用保险、担保或贷款"，〔2〕"EXIM BANK 应对《小企业法》中'政府在可能范围内扶持、引导、帮助和保护小企业利益，的政策给予应有的承认"。此外，EXIM BANK 的董事会中必须有 1 名董事来自小企业，同时董事会还必须指定 1 名高级管理人员专门负责小企业相关的业务。EXIM BANK 在其宣传手册中明确提出"没有小交易和小公司（No transaction or firm is too small）"的理念，也就是说不会嫌弃和排斥小交易和小公司，反而会更加重视。EXIM BANK 为小企业量身定制了简易多买方保单，提供更加优惠的保险费率和其他服务（见表 3-5）。在 2014 财年，EXIM BANK 为小企业出口提供了 50 亿美元的保险和担保支持，占业务总量的 25%，共支持了 3300 个小企业出口项目，占全部项目的 90%。〔3〕

---

〔1〕　EXIM Bank of The United States：*Annual Report* 2014，EXIM Bank of The United States，Washington，p. 88.

〔2〕　参见《US CODE》Title 12Chapter 6AS635（b）（1），即 "In exercising its authority, the Bank shall develop a program which gives fair consideration to making loans and providing guarantees for the export of goods and services by small businesses."

〔3〕　EXIM Bank of The United States：*Annual Report* 2014，EXIM Bank of The United States，Washington，p. 21.

表 3-5　小企业出口信用保险多买方保险费率表[1]

信用期限	主权机构	银行	私营机构
1—60 天	0.16%	0.20%	0.55%
61—120 天	0.27%	0.33%	0.90%
121—180 天	0.35%	0.43%	1.15%
181—270 天	0.43%	0.54%	1.45%
271—360 天	0.53%	0.65%	1.77%

（5）风险管理

EXIM BANK 的法定资本金是 10 亿美元，全部来自于联邦政府财政支付。EXIM BANK 长期处于亏损状态，完全依靠美国财政部的资金支持和美国政府的信誉才能持续经营。EXIM BANK 还享受免缴所得税的优惠政策。美国财政部不仅是 EXIM BANK 的全资股东，也是其风险的最终承担者。为了对 EXIM BANK 的业务风险进行总量控制，美国政府以法令的形式对其业务规模进行了限制，主要表现在：第一，业务规模受法定授权的限制。《进出口银行法》于 2002 年进行了修订并规定 EXIM BANK 在任何时点出口保险、担保和贷款的总责任余额不得超过法定限额。EXIM BANK 在 2003 年被授予 850 亿美元的法定限额，以后每年递增 50 亿美元。第二，业务规模受财政拨款金额的限制。[2]

此外，EXIM BANK 对于出口信用保险、担保和贷款业务中可能出现的损失建立了风险准备金制度。风险准备金的计提根据相关交易的性质、质量、规模、还款可能性、影响还款的不利因素和担保品的估价等方面进行评估和确定。2002 年之后，EXIM BANK 采用公允价值法来测算不良资产和表外业务的风险准备金。

（6）行政监督

根据《进出口银行法》规定，EXIM BANK 接受美国总统领导，美国总统对

---

〔1〕　EXIM Bank of The United States：*Guide To Export Credit Insurance*，EXIM Bank of The United States，Washington，2014，pp. 9。

〔2〕　严启发、成泽宇著：《官方出口信用：理论与实践》，中国金融出版社 2010 年版，第 135 页。

一些重大事项享有决策权，比如美国总统可以基于政策原因否决某些交易；EXIM BANK 向美国议会负责，美国国会每 5 年通过立法形式对其进行重新授权，以决定其是否继续运营。[1] 美国国会对 EXIM BANK 的经营活动进行监督，EXIM BANK 必须每年向美国国会提交竞争力报告，详细汇报经营情况和财务表现。此外，国会还负责批准每年度的预算计划以及超过 1 亿美元的所有交易。

为了协调上述诸多政府机构在贸易和融资等方面的活动，美国 1988 年颁布了《出口增进法》并规定成立一个由十几个政府部门和独立机构参加的"贸易促进协调委员会（TPCC）"，由美国商务部部长任主席，EXIM BANK 行长担任副主席，该委员会负责协调各方面意见，制定联邦政府的贸易战略计划。[2]

（三）韩国信用保险法律制度

1. 立法背景

"二战"后，韩国社会发展和经济增长逐步恢复。到了 19 世纪 60 年代，为了推进出口导向型经济，韩国政府采取各种积极措施促进出口，主要包括出口退税、免除国内税、低息贷款、出口信用保险等。韩国政府于 1968 年制定了《出口信用保险法》。1969 年，韩国政府决定由韩国火灾再保险公司代表国家办理出口信用保险业务；1977 年，出口信用保险业务转由韩国进出口银行代表国家办理。为了更加专业有效地发展出口信用保险，韩国政府于 1992 年成立韩国出口信用保险公司（Korea Export Insurance Corporation，KEIC）。2010 年，KEIC 更名为韩国贸易信用保险公司（Korea Trade Insurance Corporation，K-sure），其业务范围也从单一的出口信用保险拓展至进口信用保险、海外投资保险等，现有 13 家国内分支机构和 14 家海外办事处。

---

[1] 美国总统奥巴马于 2015 年 12 月 4 日签署了为期 5 年的《交通基础设施建设法案》批准将美国进出口银行的经营权延长至 2019 年 9 月 30 日。
[2] 严启发、成泽宇著：《官方出口信用：理论与实践》，中国金融出版社 2010 年版，第 137 页。

2. 立法目的及结构

在将近半个世纪的时间里，随着韩国经济贸易环境和信用保险实际需要的变迁，《出口信用保险法》一共历经了 20 多次修订。尤其是在 1992 年，为了给 KEIC 的成立提供合法性基础，《出口信用保险法》作出了较大的修订。此外，随着 KEIC 在 2010 年更名为 K-sure 并扩大业务范围，韩国《出口信用保险法》也随之更名为《贸易保险法》（Trade Insurance Act），同时在内容上也进行了相应修订。韩国的信用保险法律制度主要目的"致力于通过有效运作信用保险体系，转嫁国内企业在贸易及其他跨境交易中所承担之信用风险，提升本国的贸易与海外投资水平，最终实现提升本国的国际竞争力、促进本国经济发展的目的"。[1]

截至目前，韩国《贸易保险法》的篇幅为 10 章 62 条款，主要分为总则和分则两大部分，总则内容主要基于信用保险的特殊性而建立了相关的基本原则和通用规则，发挥信用保险领域根本性条款的作用，具体内容包括立法目的、信用保险种类、保险费率、代位权、预防逆选择、责任限额上限、中小微企业的优惠原则。分则部分主要涉及贸易保险基金和 K-sure 设立及运营等内容，这是比较具体的内容，主要为贸易保险基金的使用和 K-sure 的运营提供法律依据和保障。

3. 立法主要内容

（1）宗旨及职能

根据《贸易保险法》的规定，基于开展贸易保险业务的目的，依法设立 K-sure。K-sure 被定位为非营利公司，具有合法主体地位，[2] 接受韩国贸易工业及能源部的监督管理。同时，法律明确 K-sure 承保贸易信用等保险业务应当确保在中长期条件下的盈亏平衡，而无须国家财政提供支持。

韩国信用保险法律制度比较创新的做法是将其对中小微企业的重视和支持硬性地纳入法律法规范围内，专门确立了"中小微企业优惠原则"的法定地位，即为支持中小微企业的出口，K-sure 有权在费率、赔款等待期或其他方面向

---

[1] *Trade Insurance Act* 第 1 条。

[2] *Trade Insurance Act* 第 38 条专门明确了 K-sure 的合法性。

中小微企业以及为中小微企业提供服务的贸易代理商提供优惠。同时，明确了中小微企业的界定以《中小微企业框架法》第 2 条之定义为准，使得该项支持优惠措施更加客观公平，便于操作。

（2）组织机构

《贸易保险法》明确规定，K-sure 应当设立管理委员会，对与贸易保险项目/产品、费率或其他符合本法执行细则的事项进行评审与决议。同时，还设立董事会，其目的是为了商讨并解决韩国贸易保险公司的重要事项，董事会成员不超过 13 名董事，包括一名董事长以及一名法定审计师，董事会主席为董事长。董事长或三分之一（含）以上董事有权召开董事会议，由董事会主席主持，董事会决议应当由多数董事表决通过后生效，法定审计师有权出席董事会议并发言。[1]

K-sure 必须依据公司章程进行日常运作，公司章程内容主要包括：设立目的、公司名称、经营场所、管理委员会与董事会的运转、执行高管及其他员工资质、经营业务范围和规则、财务会计管理等方面内容。

（3）经营范围

《贸易保险法》设定了 K-sure 的具体经营行为：承保贸易信用等保险产品（包括承保汇率风险及利率风险）；为出口货物提供信用担保或为来料加工货物的进口提供担保；管理、运营贸易保险基金；信用报告的调查与管理；海外商账进行催收追偿其他政府要求其从事的经营行为。[2] K-sure 在业务范围界定和费率厘定等方面具有较大的自主决定权，其贸易信用保险业务范围应当由韩国贸易工业及能源部在咨询韩国战略与财政部后核定，一旦核定通过便可自主经营。同时，在贸易工业及能源部核准后，K-sure 可以根据贸易保险的盈亏平衡情况自行设定费率。[3] 相比之其他国家的 ECA，K-sure 的业务不仅仅是涉及出口，同时还承担保障进口的职能，该进口行为被限定为"对本国国民经济影响重大的商品

---

[1] *Trade Insurance Act* 第 39、40、49 条。

[2] *Trade Insurance Act* 第 53 条。

[3] *Trade Insurance Act* 第 4 条。

或资源的进口"。

与其他国家信用保险法律相比，韩国政府赋予了 K-sure 更加充分而强势的权力，为确保业务的顺利开展其有权向中央政府、地方政府、国民养老金机构、国家医疗保险机构、韩国劳工权益机构等国家机关调取与行使其业务职能相关的材料；有权向国外银行、韩国贸易促进公司的驻外机构或其他任何相关机构调查与进口限制、购汇限制或其他与信用保险业务有关的事项，如果确有必要，还可以要求韩国外交部或驻外使领馆来调查前述事项。除非遇到极其异常的情形，否则任何个人或机构在收到 K-sure 的要求后，应当根据要求配合提供信息或进行调查。[1]

(4) 风险管理

韩国政府认识到信用保险的高风险性，力争避免发生系统性风险，实施风险总量控制和重点监控相结合的政策。韩国贸易工业及能源部每年为 K-sure 设置当年贸易信用保险总承保金额设定上限，在前述上限内，还单独对中长期（2 年以上信用期限）贸易信用保险的承保金额设置上限。为促进贸易保险业务的良好运转，韩国贸易工业及能源部有权为 K-sure 的贸易保险的总承保金额上限预留一定限额。韩国贸易工业及能源部应当将上述方案提交内阁会议进行评审，并在评审通过后提交国会核准。

鉴于信用保险显著存在的逆向选择和道德风险，韩国政府首创性地在《贸易保险法》中对逆向选择风险进行了重点防范和规制，第 7 条明确了"预防逆向选择"的原则和具体措施，即"为了防止被保险人在保单项下承保的交易中存在逆选择行为，K-sure 有权采取限制保险期间、限制承担保险责任的范围等措施，同时为分散风险或规范保费标准，K-sure 有权签发总括性保单，[2] 统一承保同类产品、制造商、行业协会、金融机构或进口国别"。由此可见，预防逆向选择的主要有效措施是限制保险期间、限制保险责任范围以及统一承保等。

为了更有效地实现贸易信用保险之目的，保障贸易信用保险的长期持续稳定

[1] *Trade Insurance Act* 第 58 条。
[2] 即统保保单或者全营业额保单。

运营，韩国政府设立贸易信用保险基金。基金的资金来源政府出资以及其他法定的资金来源。每个财政年度内，如果政府财政预算中包括政府注资，则政府应适时适量地进行划拨。贸易保险基金由 K-sure 管理，其资金用途限定为：存款、国债、地方政府债、证券交易上市交易的证券、金融机构或依据特别法案设立的组织所发行或担保的证券、韩国财政部和韩国贸易工业及能源部决定的其他投资方式。[1]

此外，《贸易保险法》赋予了 K-sure 在特殊风险情形下的法定合同解除权，即 K-sure 有权基于风险上升或其他业务拓展需要的原因，终止保单的效力，但在上述终止保单的行为之前，K-sure 应事先告知投保人。同时，"K-sure 在保单项下给付保险金后，依据保单约定全部或部分享有保险项下的资产以及投保人或被保险人对其他第三人享有的相关权益。投保人或被保险人在收到保险赔款后，仍应全力进行追偿"。[2] 该条确立了信用保险的代位追偿权原则，K-sure 作为保险人享有代位追偿权，投保人或被保险人应当履行赔后追偿的义务。

（5）行政监管

1979 年之前，韩国金融部负责对出口信用保险业务进行管理和监督；1979 年之后，该职责转移到韩国贸易工业及能源部项下，并延续至今。韩国贸易工业及能源部对 K-sure 年度预算和结算方案进行审批核准。

韩国贸易工业及能源部指导并监督 K-sure 的以下经营活动：根据《贸易保险法》所实施的日常业务以及委托国外贸易保险机构或者代理国外贸易保险机构的业务；向国外主体催收追偿而进行的谈判行为。如果韩国贸易工业及能源部认为有必要，有权要求 K-sure 对与其业务、财务、资产有关的事宜进行信息上报，或指派一名韩国贸易工业及能源部的员工对 K-sure 的业务、财务、资产、账册、档案、文件、设施或其他物件进行核查。若在前述上报或调查中发现任何违法或不当事项，韩国贸易工业及能源部有权命令 K-sure 及时改正、给予警告或其他必要救济措施。

---

[1]　*Trade Insurance Act* 第 30、31、32、33 条。
[2]　*Trade Insurance Act* 第 6 条。

建立严格而缜密的责任承担体系是韩国信用保险法律制度的又一大亮点，有利地保障韩国贸易信用保险的正常有序发展以及 K-sure 依法合规履行职责。首先，《贸易保险法》确立了 K-sure 高管和职员参照公务员的刑事责任地位的原则，即 K-sure 高管或职员在适用刑法典第 129 条至 132 条规定时，参照政府公务员执行。其次，构建较为完整的信用保险处罚体系，主要包括刑事处罚和行政处罚。刑事处罚方面，任何 K-sure 的高管或职员若违反禁止兼业规定，向外泄露其在 K-sure 工作期间所获取的保密信息的，应当处最高 2 年监禁或最高 1000 万韩元的罚金。行政处罚方面，如果 K-sure 的高管或职员存在以下任意一种情形，将被处以最高 100 万韩元的罚款：在核查和报告中未能提供报告或提供虚假报告的；拒绝、干扰或规避核查；对于上报或调查中发现的任何违法或不当事项未能及时改正或实施必要救济措施；使用与 K-sure 相似或者相近的名称。上述行政处罚由韩国贸易工业及能源部具体执行。[1]

二、"政商不分"立法模式

在"政商不分"模式项下，不予区分商业性信用保险和政策性信用保险，采取提取最大公约数的立法思路，提炼信用保险与其他财产保险的重要差异化内容以及商业性信用保险和政策性信用保险的共性内容，在保险基本法典中对信用保险进行立法规制，担当信用保险的根本效力条款。这种立法模式以我国澳门地区、台湾地区为代表。

（一）我国澳门地区信用保险法律制度

1. 立法背景

葡萄牙人 1553 年获准在澳门居留，在 400 多年的历史进程中，澳门的商事法律制度经历中国法律、葡萄牙法律的交替演进，最终实现法律属地化。《葡萄牙商法典》于 1888 年颁布并在 6 年后适用于澳门本土用，其中又增加了《葡萄

---

〔1〕 *Trade Insurance Act* 第 62 条。

牙有限公司法》的适用。借着澳门回归中国的契机，经过各方努力，《澳门商法典》1999 年 8 月 2 日颁布，自 1999 年 11 月 1 日开始生效。

澳门地区信用保险的监管机构为经济财政司和金融管理局，并没有官方出口信用机构，而是由商业性保险公司经营信用保险业务。目前在澳门地区经营信用保险的保险公司主要有澳洲昆士兰保险〔国际〕有限公司、MSIG 保险（香港）有限公司、美安保险有限公司、汇业保险（澳门）有限公司等综合性商业保险公司。这些综合性商业保险公司经营信用保险必须获得澳门经济财政司批示以及澳门金融管理局核准。经济财政司实施机构准入批准，信用保险项目的一般条件及特别条件则由澳门金融管理局予以核准。〔1〕

2. 立法目的及结构

《澳门商法典》采用民商分立立法模式，一共 4 卷 34 编 1268 条，规模适当，内容较为详尽。〔2〕 其中，第 1 卷为经营商业企业之一般规则，下分 10 编；第 2 卷为合营企业之经营及企业经营之合作，下设 4 编；第 3 卷为企业外部活动，下设 18 编；第 4 卷为债权证券，下设 2 编。保险合同相关内容被规定于第 3 卷，内容详尽、考虑细致，可谓《澳门商法典》的一大特征。

《澳门商法典》以基本法律的形式对信用保险的定义、损因、承保范围以及风险分析等内容进行完整细致的规定，这些基本属于保险合同法范畴，是信用保险区别于其他财产保险的特殊所在，也是信用保险赖以生存和发展的关键所在。澳门地区立法者超前的视野、精准的视点以及到位的规制令人称道。可以肯定的说，这是目前全世界范围内信用保险最高法律位阶和效力的立法，是世界信用保险法律制度的里程碑。

3. 立法主要内容

《澳门商法典》第 1020 条对信用保险定义予以规定："信用保险中，保险人有义务在法律及合同范围内向被保险人赔偿因被保险人之债务人不清偿所造成之

---

〔1〕　参见澳门地区第 30/2001 号、3/2002 号、76/2004 号、4/2008 号经济财政司司长批示。
〔2〕　肖和保、陈荣鑫："《澳门商法典》概述及其借鉴意义"，载《财经理论与实践》2000 年第 7 期。

损失，包括因破产或无偿还能力而造成之损失。"〔1〕 此定义从保险人的损失补偿义务着手，明确了信用保险的保险标的为债务人不清偿所造成之损失，同时对保险责任范围进行了初步分类，覆盖了信用保险的主体、保险标的、承保范围等要素，基本达到简明扼要说明信用保险的目的。

第 1021 条对信用保险项下产生保险事故之事实采用具体列明的方式予以规定，重点涉及的信用保险事故如下：a）由宣告债务人破产之司法判决、其他相同意义之司法行为或与全体债权人签订并可对抗各债权人之司法或非司法协议所确认之无偿还能力；c）债务人迟延；d）债务人所在国或地区之政府或公共实体或第三国或地区阻止合同履行之行为或决定；f）债务人所在国或地区或参与付款之国家或地区所宣告之全面延期付款；g）如债务人所作之付款因汇兑波动而在转换为合同所定货币后再移转时无法相等于未清偿之债务金额，债务人所在国或地区宣告债务人所作之付款具有免除责任效力之法律规定；i）在澳门以外发生之战争（包括未经宣告之战争）、革命、暴乱、兼并或类似行为。〔2〕 上述保险事故涉及拖欠、破产、拒收等商业风险以及战争、外汇管制、行政司法管制等政治风险，较完整地覆盖了信用保险的各种风险类型和损失原因，但略显繁杂无序，可以考虑适当概括抽象。

第 1022 条确立了信用保险风险共担以及责任限额原则，"承保范围仅限于合同就作为保险标的之信用所约定之百分比，赔偿金额之计算系根据已计算出之损害金额在作为保险标的之信用之范围及已约定之承保之百分比内为之，保险单内得约定可赔偿金额之限额"。该条确立了信用保险最特殊的两大原则——风险共担原则和责任限额原则。信用风险主观性强，同时具有双向互动性，不仅受债务人主观因素影响，也受债权人（被保险人）主观态度影响，被保险人的道德风险始终困扰信用保险。为了规避被保险人道德风险，敦促被保险人积极管理债务人的信用风险，有必要让被保险人与保险人共同承担信用风险，自行保留一定的

---

〔1〕 赵秉志主编：《澳门商法典》，中国人民大学出版社 1999 年版，第 292 页。
〔2〕 赵秉志主编：《澳门商法典》，中国人民大学出版社 1999 年版，第 292 页。

信用风险。[1] 一般情况下，被保险人自行承担风险的比例在 10%～20%。"保险单内得约定可赔偿金额之限额"即指保单累计赔偿限额和买方信用限额，前者是针对保单项下所有买方的保险责任上限，应对防范系统性、区域性风险；后者则是针对单一买方的保险责任上限，应对单一风险单位的风险。[2]

第 1023 条对风险之分析进行了明确，强调投保人的如实告知和积极配合义务，即被保险人与投保人有义务将关于保险标的之交易之资料通知保险人，并许可保险人查阅该交易有关之记账簿册及会计资料。不得不佩服澳门信用保险立法者对信用保险风险本质的把握，很清晰地认识到保险标的相关资料对于保险人分析判断信用风险的重要性，同时还重点强调记账簿册及会计资料在分析判断信用风险中的关键作用。如此，可以积极有效的防范信用保险中常见的信息不对称，确保保险人在相对客观和公平的环境下作出承保决策。

（二）我国台湾地区信用保险法律制度

我国台湾地区 1992 年"保险法"虽然没有直接以"信用保险"名的条款规定，但在第 95 条第 1 款和第 3 款中规定了"保证保险"的相关定义。[3] 台湾学者江朝国先生认为，信用保险是保险人根据对价平衡原则订明保险费，然后由保险人去承担被保险人因债务人之无力清偿所遭受的损失的保险险种。即保险人于被保险人之债务无力清偿或不愿清偿时，需负赔偿责任。信用保险之保险事故为"债务人不愿清偿或无力清偿"，其实就是债务不履行之情形。因此，根据我国台湾地区"保险法"对保证保险的定义，保证保险实际包括诚实保证保险、确实保证保险和信用保险。[4] 在我国台湾地区 1970 年颁布的"'财政部'地区支付处员工投保信用保证保险办法"中明确规定"地区支付处办理支付之工作

---

〔1〕　Miran Jus：*Credit Insurance*，Academic Press is an imprint of Elsevier，p. 59。

〔2〕　ICISA：*An Introduction To Trade Credit Insurance*，ICISA，2013，p. 24。

〔3〕　即"保证保险人于被保险人因其受雇人之不诚实行为或其债务人之不履行债务所致损失负赔偿之责"以及"以债务人不履行债务为保险事故之保证保险契约除记载第 55 条规定事项外，并应载明左列事项：（1）被保险人之姓名及住所。（2）债务人之姓名或其他得以认定为债务人之方式"。

〔4〕　江朝国主编：《保险法规汇编》，元照出版有限公司 2009 年版，第 159 页。

人员，其经本部派任或聘雇，从事规则性工作，受有人事管理约束，并领受正式薪资者，均应投保信用保证保险，藉以保障公有财物之安全"，由此可以佐证信用保险在我国台湾地区是属于独立的保险险种，并被纳入特定人群强制投保险种范畴。[1]

在我国台湾地区保证保险实务中，通常分别使用信用保险和保证保险的名称，比如工程履约保证保险、消费者贷款信用保险等。赵明昕博士认为"我国台湾地区实际上采纳了信用保险和保证保险合一的立法模式"。[2] 本书对此观点持赞同意见，我国台湾地区在保险法立法中采用了更为抽象的立法观念和技术，忽略信用保险和保证保险在投保主体等方面的不同，完全聚焦于信用保险和保证保险共同的"债务人之不履行债务所致损失负赔偿之责"所体现的信用风险，以保证保险冠名该类险种，并将信用保险纳入保证保险范围。[3]

三、"政策单行"和"政商不分"立法模式评析及借鉴

(一)"政策单行"立法模式之评析

"政策单行"立法模式有以下好处：(1) 有助于发挥立法对政策性信用保险发展的促进作用，推动国家对外经济贸易战略和政策的落实；(2) 有助于提高立法的针对性、适用性和确定性，确保政策性信用保险法律关系各个主体有法可依、有据可循；(3) 有助于系统而细致地规定政策性信用保险的相关内容，可以涉及经营机构、经营范围、运营流程、风险管理、行政监管等诸多内容，构建专门的政策性信用保险法律制度；(4) 有助于提高对政策性信用保险机构的规范、指导和监督效果；(5) 世界主要发达国家尤其是有 ECA 的国家，基本都采用这种模式且历经数十年的运营，各国实践表明该模式至少在政策性信用保险业

---

[1] 参见台财库字第 880791168 号。

[2] 赵明昕著：《中国信用保险法律制度的反思与重构》，法律出版社 2010 年版，第 240 页。

[3] 邢海宝教授认为，保证保险和信用保险除了投保主体不同之外，都是由保险人向债权人提供信用保障，并无实质差异，只是名称不同罢了，因此没有必要区分信用保险和保证保险，可以统一立法。参见邢海宝著：《中国保险合同法立法建议及说明》，中国法制出版社 2009 年版，第 390 页。

务方面是必要的，也是可行的。

但是，该模式也存在一些不足：（1）过于强调政策性信用保险的特殊性，忽略了政策性信用保险和商业性信用保险的本质共性和原理一致性。政策性信用保险本质上仍然是一种保险合同法律关系，[1] 其法理基础离开不了《合同法》和《保险法》，其特殊性更多的是经营模式、经营目标和政策承载等方面；（2）忽视了商业性信用保险对于信用保险原理、原则和规则的典型代表性。对内而言，商业性信用保险更能在整体上体现信用保险的本质；对外而言，商业性信用保险更能体现信用保险与其他财产保险的基本不同。（3）导致商业性信用保险适用法律的灰色地带和尴尬境地——无法适用政策性信用保险的单独立法，适用常规的《保险法》或者《合同法》又会显得不太合适或者不匹配。（4）导致信用保险在立法上缺乏适用于整体的基本概念、基本原则，不利于信用保险法律制度立法体系化和司法科学性。

（二）"政商不分"立法模式之评析

"政商不分"立法模式有以下好处：（1）在商法典或者保险法中规定信用保险的原则性内容，法律效力和位阶较高，有助于提高信用保险的立法引导力量并调节不同的法律冲突和矛盾；（2）立法技术抽象概括，统一规定信用保险最基本的原则性问题，起到提纲挈领、统筹全局的作用，"如果一般化的行为标准无法被传播的话，就不可能有我们现在称为'法律'的东西存在"，[2] 有助于构建信用保险法律体系；（3）在一定程度上起到宣传推动作用，提高信用保险的影响力和认知度。试想，如果在一国的保险法中没有关于信用保险的概念和原则等内容，人们对信用保险的认知和感受度可能高吗？这恰恰体现立法的力量和作用。

但是，该模式也存在一些不足：（1）无法完整具体地规定信用保险必要内容，毕竟基础性立法资源是有限的，也是珍贵的，故只能规定基础性的原则问

---

〔1〕　韩强："出口信用保险法律制度研究"，吉林大学 2012 年博士学位论文，第 99 页。
〔2〕　〔英〕哈特著：《法律的概念》，许家馨、李冠宜译，法律出版社 2011 年版，第 124 页。

题，可能导致信用保险法律制度体系断档断层，缺乏具体内容的支撑和延续；（2）对立法技术要求很高，需要在有限的篇幅内对信用保险基本性的原则内容进行规定，尤其是需要超过信用保险的政策性和商业性进行本质提炼；（3）缺乏灵活性和针对性，基础法律条款具有权威性和稳定性，一旦将内容明确下来，不可能在短期内修改或者频繁修改，这对于与经济贸易形势、国家对外政策密切相关的信用保险而言是比较被动的；（4）无法充分发挥政策性信用保险在拉动出口、促进对外经济贸易发展等方面的积极作用。

（三）探究适合于我国实际的第三种立法模式

从我国实际情况来看，由于存在官方出口信用保险机构——中国信保，其市场份额及影响力占据主导地位，在目前阶段仍然需要充分发挥其作用，因此对政策性出口信用保险进行单独而特殊的立法规制确有必要。但同时也需要对商业性信用保险的定义、原则、承保风险、保险合同、监督管理等常规性内容进行界定，为信用保险的发展提供法律依据和操作指引，如此方能适应信用保险实际需要、促进我国信用保险行业的长远发展。

权衡考量，趋利避害，本书建议采取第三种模式，即"寓政于商"模式，其主要理由在于：（1）对信用保险的政策性和商业性辩证看待、合理清分。既要看到信用保险政策性和商业性的不同，更要看到信用保险政策性和商业性的大同。商业性信用保险是基础和本源，政策性信用保险是衍生和特殊，立法还是要坚持基础和本源，适当兼顾衍生和特殊。（2）立法体例和层次有序和谐。首先，对信用保险进行通用立法，这是信用保险的普通法，主要适用于商业性信用保险和无法适用特殊性规定的政策性信用保险；其次，在前述通用立法的基础上对政策性信用保险进行特定立法，这是信用保险的特殊法，主要适用于政策性信用保险。（3）立法操作简便可行。把政策性信用保险立法放置于商业性信用保险立法之中，形成特殊法和普通法共存的信用保险整体立法格局，同时通过"特殊法优于普通法"的适用规则进行差异连接，在商业性信用保险立法和政策性信用保险立法之间搭建疏通桥梁，最终构建整体性的信用保险法律制度体系。

（4）可以实现一加一大于二的效果。如此立法模式，把商业性信用保险和政策性信用保险融于一个法律文本中，节省了立法资源，同时可以实现商业性信用保险和政策性信用保险各归其位、各取所需、并行不悖。

但是，上述模式也存在一些难点，需要在实际操作中注意并妥善处理：（1）如何合理准确的界定商业性信用保险和政策性信用保险的边界。（2）如何设置商业性信用保险和政策性信用保险的立法篇幅，确保商业性信用保险的基础地位和普通作用，避免喧宾夺主。（3）如何设定商业性信用保险的相关内容，使其担当通用条款的地位和作用，体现与政策性信用保险的差异性，其内容既不能过粗，也不宜过细。

（四）对主要国家和地区立法内容的借鉴

通过对英国、美国、韩国等国家以及我国澳门、台湾地区的信用保险法律制度进行梳理和比较，各国和地区信用保险制度在立法模式和内容上确实存在一些差异和个性，但也存在较多的普遍性和共性，有很多方面值得我国学习借鉴。

1. 完善的法律制度且位阶高效力强。各国或地区的信用保险发展以及立法实践共同表明，信用保险都是在较为健全的法律法规基础上发展起来，完善的信用保险法律制度体系是信用保险健康发展的必要保障。[1] 上述各国或地区均高度重视信用保险，充分调动和发挥信用保险对经济和出口的推动作用，都通过基本法律的形式规制信用保险，而不是部门规章或者条例之类的形式，尤其是我国澳门地区的信用保险法律纳入了商法典的框架体系内。美国和英国的信用保险法律都经过议会制定，立法程序严格，也具有较高的法律位阶和效力。

2. 立法模式和内容体现本国和地区实际情况。在立法模式方面，英国、美国等国出口都是先有官方出口信用机构，后有出口信用保险相关单行法，主要是这些国家对外经济贸易发达，官方出口信用机构发挥了积极作用，因此需要对政策性出口信用保险单独立法规制。而我国澳门地区的经济形态主要是旅游服务

―――――――――――――

〔1〕　李本："出口信用保险制度立法的技术性考量"，载《法学》2011 年第 1 期。

业，出口贸易并非其支柱产业，也没有官方出口信用保险机构，信用保险规模小且都是由商业性保险机构承保，基本没有对政策性出口信用保险单独立法的必要，在商法典中进行必要的内容规制即可。在立法内容方面，也是各国和地区根据自身的实际和特点各有不同，比如美国关注小企业出口承保、重视产业支持政策、禁止承保政治对立国家等；英国注重充分发挥商业性信用保险机构的作用、明确官方机构只是补充等；韩国将进口贸易也作为官方信用保险机构的经营范围、给予小微企业优惠政策。

3. 政策性信用保险机构不与商业性保险机构竞争。通过对各国政策性信用保险机构成立宗旨和经营定位的分析，不约而同地确立了一条根本原则，即政策性信用保险机构不与商业性信用保险机构竞争，仅仅是作为商业性信用保险机构的辅助和补充，政策性信用机构只能承保商业性信用保险机构不能或者不愿承保的业务，必须严格遵守最后保险人的角色。政策性信用保险机构的经营范围必须通过法律进行严格地限制，能商业化的风险尽可能商业化，能通过商业性信用保险机构承保的业务尽可能地由商业性信用保险机构承保。英国、美国、韩国以及我国香港等国家和地区的立法都确立了这一根本原则。

4. 政府提供积极的政策支持。第一，积极支持和保护本国产业。英国对被保险人进行"资格合规性"审核，英方成分在符合资格的合同价值中必须占20%，这是"国家利益"原则的体现。美国制订了明确的产业支持政策，重点鼓励承保飞机制造、石油、电站、制造业、农业等产业。第二，积极支持本国小微企业出口。[1] 美国《进出口银行法》中明确了小企业扶持政策，EXIM BANK90%的项目数量都集中于小企业，25%的交易量由小企业产生，同时还专门为小企业定制出口信用保险产品并实施优惠费率。韩国也将小微企业支持政策纳入法律范围内。第三，对官方出口信用保险机构的亏损进行财政弥补，以英国、美国、韩国、日本为代表，尤其是美国 EXIM BANK 自 20 世纪 80 年代以来一直处于亏损状态，但其依靠财政的支持方能持续运营至今。第四，各国普遍都

---

[1] Dick Briggs & Burt Edwards: *Credit insurance: How to reduce the risk of trade credit*, Cambridge: Wood-head-Faulkner Limited, Simon&Sehuster International Group, 1998, pp. 117.

对政策性出口信用保险业务提供税收优惠政策，比如减免营业税、所得税等。

5. 有针对性的风险管理措施。信用保险承保风险复杂化和多元化，识别和管控难度较大，一旦出现保险事故，损失金额大、传染链条长、影响范围广，属于高风险险种，尤其是以政治风险为主或者保险期限较长的信用保险政策性业务，不仅是商业保险公司难以承载，即便是政策性保险机构也很难独善其身。因此，完善的风险监管措施尤为必要，也非常重要。各国政府都认识到强化信用保险风险管控的必要性和特殊性，基本都在法律法规中进行了规制。韩国政府在这方面做得非常到位，不仅在《贸易保险法》中对 K-sure 的承保风险进行总量控制和重点监控相结合，还明确了防范逆向选择的原则和具体措施以及法定的代位追偿权和合同解除权。美国政府在《进出口银行法》中对 EXIM BANK 业务规模进行明确约束，规定其受法定授权责任限额和财政拨款金额的双重限制。

6. 严格的行政监管体系。各国都通过立法对官方信用保险机构的运营采取严格的监管措施。美国国会要求 EXIM BANK 每年提交竞争力报告，以评估其存在的意义和价值以及运营的合法合规性。在责任承担和追究方面，韩国政府做得尤为到位，基本形成事先、事中、事后的责任承担流程和机制，确保责权利对等、赏罚分明。首先确立了 K-sure 高管和职员参照公务员的刑事责任地位，确保责任主体的适法性；其次规定了 K-sure 高管和职员禁止兼业、积极勤勉报告和接受调查、采取有效不利后果救济措施等义务，使得相关主体明白什么该做、什么不该做，懂的约束自己的行为规范；最后是建立包括刑事处罚和行政处罚在内的责任承担体系。

小　结

"凡事预则立，不预则废"，欲构建完善我国信用保险法律制度，必先探究其可行性和总体立体思路和模式。列宁曾言"没有革命的理论，就不会有革命的运动"，没有信用保险的理论，就不会有信用保险的存在、发展和立法。信用保险产生、存在和发展的基础理论主要包括社会契约理论、社会互助思想、信用哲学等法哲学理论，马克思"产品扣除"和"信用本质"学说、亚当·斯密古典经济学思想、"市场缺陷"理论、出口补贴合法化理论等法经济学理论以及社会连带思想、社会控制理论等法社会学理论。理论在一个国家的实践程度，决定于理论满足于这个国家的需要的程度。从具体实践和效果来看，完善信用保险法律制度有助于保障我国市场经济和谐有序发展、推动我国信用保险市场积极健康发展、确立信用保险独立完整的法律地位、促进信用保险行业监管的合法性和适度性。

他山之石，可以攻玉。作为信用保险领域的发展中国家，确有必要梳理世界先进国家或者地区的信用保险立法经验和成果，重点研究英国、美国、韩国以及我国澳门、台湾地区的信用保险法律制度内容，通过类型化为"政策先行"和"政商不分"模式并对两种立法模式进行比较分析和借鉴。我国信用保险的市场格局和立法现状决定了我国的信用保险立法模式思路应当采用更符合我国国情的"寓政于商"的第三种模式，这是一个大致的思路方向，后续需要做的就是如何在法律衔接、体例设置、内容拟制等方面具体实现"寓政于商"。

第四章 信用保险商业性与政策性的协调

由于承保风险的特殊性和复杂性以及履行国家战略的职责所在，信用保险不仅具有商业性，还具有政策性，尤其是对于出口信用保险而言，其政策性属性更为浓烈。在世界范围内，主要发达国家在通过立法对信用保险进行规制之时，首当其冲的问题便是清晰梳理确定信用保险的政策性和商业性，严格界定政策性信用保险的定位和职能。目前我国信用保险市场所存在的诸多问题和弊端在较大程度上是由未能对信用保险保险的商业性和政策性进行有效的梳理和明确的界定所致。因此，在明确了"寓政于商"的信用保险立法思路模式后，接下来需要确立合理的信用保险商业性和政策性协调机制，并最终通过立法的形式对信用保险的商业性和政策性业务范围进行界定和规制。构建合理明确的信用保险商业性和政策性协调机制是完善我国信用保险法律制度的前提和基础，也是我国信用保险立法模式和结构的后续路径依赖。

第一节 信用保险政策性和商业性的交织与清分

一、区分商业性保险和政策性保险的主要因素

邢海宝教授认为，是否以营利为目的是商业性保险与政策性保险最根本的区别。[1] 赵苑达教授认为，政策性保险的存在需要具备两个必要的前提条件：第一，某类保险业务风险显著突出，完全由商业性保险公司进行市场化运营很大可

---

〔1〕 邢海宝著：《中国保险合同法立法建议及说明》，中国法制出版社 2009 年版，第 3 页。

能会出现大幅亏损；第二，该类保险业务的存在旨在实现国家的某种战略或者政策。因此，通常需要政府设立直属机构直接经营对于政策性保险业务，并由政府对直接承担经营亏损；也可以考虑由政府委托特定的商业性保险机构经营，政府以各种方式补偿可能发生的较大亏损。[1] 庹国柱和朱俊生认为，如何确定保险的商业性与政策性应该遵从以下几个原则：第一，商业性公司在正常市场环境下是否难以或不会进入该领域。第二，该险种是否具有较强的政策意义依据政策目标建立的。第三，政府要给这类业务及补贴和其他财政优惠措施以及行政便利措施，这种制度才有可持续性。因此这类业务具有部分的财政再分配和部分社会公平性；第四，体现非营利性。[2] 综合来看，判断一个保险险种抑或一项保险业务是商业保险还是政策保险，主要取决于以下因素。

（一）是否以营利为目的

是否以营利为目的是区别商业保险与政策保险的根本所在。营利性是商业保险本质所及，商业保险在此驱动下主动适用市场经营规则，以追求利润为己任，讲求保险经营的内在规律和核心技术。而政策保险由国家或者公共团体主导，不以营利为目的，形式上虽然也采取保险技术，但却是为了实现公共利益或者经济政策，比如改善社会成员的医疗条件、扶持特定产业或推动对外投资与经济合作。[3]

（二）是否体现国家政策导向

商业保险尊崇市场规律，通过市场这只无形的"手"实现保险市场资源的分配和协调，只要依法合规经营即可，通常不明显体现国家政策导向。政策保险则往往代表着国家意志，是国家政策执行的载体，国家会对其政策执行情况进行把控和

〔1〕 赵苑达："出口信用保险的商业化经营问题探讨"，载《变革中的稳健：保险、社会保障与经济可持续发展——北大 CCISSR 论坛文集》，2005 年。

〔2〕 庹国柱、朱俊生："建立我国政策性农业保险制度的几个问题"，载《金融教学与研究》2004 年第 5 期。

〔3〕 邢海宝著：《中国保险合同法立法建议及说明》，中国法制出版社 2009 年版，第 3 页。

评估。

（三）是否需要国家政策支持

商业保险的存在和发展完全通过市场经营实现，盈利亏损依赖于自身经营管理实力，信奉成王败寇。政策保险的生存通常依赖于政府的相关政策支持，比如税收减免、强制承保等。

（四）是否需要国家承担最终责任

政策保险往往风险较大，如果发生连续亏损或者巨额亏损，通常都有政府采用注资增资、债务减免或者转移等方式予以兜底。商业保险如果出现连续亏损或者巨额亏损导致资不抵债、无法维持经营，通常是依法接受接管或者进行破产清算程序。最终责任一般都由政府承担，这是政策保险区别于商业保险的重要特征。[1]

二、信用保险商业性与政策性的厘定

按照债务人所在区域的不同，信用保险可以分为国内信用保险和出口信用保险。顾名思义，国内信用保险是债务人位于国内，信用交易结构及信用风险也只局限于国内。当交易跨越国界，与国外的债务人开展信用交易，国内信用延展至国际范围内，出口信用和出口信用风险就会产生，防范和转移出口信用风险的出口信用保险也应运而生。

基于上述判断标准，国内信用保险主要体现的是商业性，其以营利为目的，追求利润最大化，遵循市场规律，旨在利用市场机制进行资源配置，通过市场竞争实现生存和发展。相比之下，出口信用保险不仅具有商业性，也会体现出政策性。第一，出口信用保险受国际经济、政治变化等因素影响明显，不仅承担商业风险，还承担政治风险，其风险集中度高、不确定性大、损失金额较高，通

---

[1] 何慎远、汪寿阳著：《中国出口信用保险研究》，科学出版社 2012 年版，第 41 页。

常需要政府提供相关政策支持。第二，出口信用保险（尤其是中长期出口信用保险）往往体现了政府的外贸政策导向，是各国政府为了推动本国出口和对外投资、保障本国出口企业和海外投资者利益而制定的一项由国家财政提供保险风险基金的保险业务，所以必须通过政府主导来对政策导向的准确性进行定位和把控。第三，出口信用保险最终责任通常由政府承担。中国信保若发生年度亏损，首先用以后年度的利润抵补，超过规定的连续抵补期限而仍未弥补亏损，经财政部批准可动用出口信用保险风险基金弥补。[1] 美国进出口银行（EXIM BANK）经营出口信用保险的资本金由联邦政府全额拨付，可直接向财政部借款，可对外发行债券，并能获得联邦政府的财政补贴。英国出口信用担保局（ECGD）的预算每年均由议会审批，盈余和亏损列入国家财政预算，议会拨款设立出口信用保险统一基金，负责赔付支出。法国科法斯（COFACE）国家账户内的所有风险由国家以担保形式承担。我国香港地区虽然没有为香港出口信用保险局（HKEC）设立风险基金，但"政府为风险责任提供全额担保"。第四，出口信用保险基本都是不以营利为目的。美国进出口银行（EXIM BANK）自20世纪80年代以来一直处于亏损状况，完全靠美国财政支持方能持续经营至今；韩国K-sure承保贸易信用等保险业务"应当确保在中长期条件下的盈亏平衡"；日本法律要求NEXI必须"以赔款金额大小确定保费收入，以求使保费与赔款大体一致，力求盈亏平衡"。

出口信用保险的政策性决定其职能定位不同于商业性的国内信用保险业务，主要体现在以下方面：第一，政策性出口信用保险衍生于商业性信用保险。从本源来说，政策性出口信用保险发源于商业性信用保险，只是随着时间的推移和环境的变迁才逐步衍生出政策性。尽管政策性出口信用保险不以营利为目的，不追求自身利益最大化，但其仍然担当信用中介的职能，坚持市场规律和信

---

〔1〕 我国财政部印发的《中国出口信用保险公司财务管理办法》规定要建立出口信用保险风险基金。出口信用保险风险基金按以下方式补充：（1）出口信用保险业务所得税"先征后返"全额转入。（2）追偿收入全额转入。（3）按照1∶20的比例（指1美元出口信用保险风险基金可相应承担20美元的风险责任）和公司的承保责任以及国家财政状况，由国家预算补充。

用保险原理运行。第二，政策性出口信用保险是政府经济管理职能的扩展。在市场机制基础上，政府通过政策性出口信用保险对经济、贸易和金融市场进行适度的引导和调控，促进经济管理职能的实现。第三，政策性出口信用保险是强化社会管理的有效途径。政策性出口信用保险是保险服务社会管理职能的有效载体，其可以兼顾经济效益和社会效益、局部利益和整体利益以及近期利益和远期利益。[1]

第二节　信用保险政策性和商业性的协调模式

一、信用保险商业性与政策性在运行机制中的不同体现

国内信用保险是典型的商业性业务，以营利为目的，追求利润最大化，完全商业化运作，遵循市场规律，利用市场机制进行资源配置，通过市场竞争实现生存和发展，这是信用保险的基础。商业性信用保险市场机制运行的三大基本要素是价格、供求、竞争，形成了三个要素相互影响、交叉作用、彼此促进的循环运动，体现为"价格——竞争——供求——价格"的运行轨迹，并受到供求规律、价值规律等市场经济规则的制约。

出口信用保险侧重于政策性，其运营机制如下：第一，逆向操作机制。作为信用保险领域的"最后保险人"，只有商业性信用保险机构不能或者不愿承保的业务，政策性出口信用保险才能承保，而且必须以较低的保险费率、较高的信用限额、较长的信用期限积极提供信用保险保障，纠正市场机制的缺陷和失灵，体现国家的国际经济、贸易和金融战略和政策，代表国家意志和利益。第二，磁场效应机制。出口信用保险与出口信贷结合，为出口企业提供资金支持，尤其是吸引和鼓励商业资金向体现国家政策的领域和产业流动，比如"一带一路"相关

---

〔1〕　何慎远、汪寿阳著：《中国出口信用保险研究》，科学出版社 2012 年版，第 43 页。

产业、小微出口企业等,杠杆性地放大资金。此外,政策性出口信用保险通过承保信用期限长、信用风险高的业务,引导商业性信用保险逐步进入,起到辐射作用。第三,相机抉择机制。当经济不景气、金融市场波动剧烈时期,政府通过政策性出口信用保险机构加大承保范围和力度,提升信用风险保障供给;当经济上升、金融市场过热时期,政策性出口信用保险机构逐步退出,缩减承保范围和力度。此外,对于国家鼓励和支持的行业和领域,在承保方面予以倾斜,提高这些行业和企业的竞争力;对于国家限制或者淘汰的行业和领域,要坚决紧缩或者拒绝承保。

鉴于政策性出口信用保险的职能定位和运作机制,其一般只是在特定领域特定时期发挥特定作用,并非常态和普遍适用,主要体现在以下方面:第一,在市场经济发达、竞争充分的领域和阶段,应强化商业性信用保险的作用于功能,资源配置的主体应是商业性信用保险机构,应把政策性出口信用保险定位在辅助与补充的角色上。第二,在市场经济不发达、竞争不充分的领域或者阶段,应强化政策性出口信用保险作用与功能,应把政策性出口信用保险定位在服务国家对外经济、贸易和金融战略的主导角色层面。第三,在某一领域或者阶段的市场机制和竞争充分形成后,政策性出口信用保险应逐步退出,还政于市场和商业性信用保险机构。

二、信用保险商业性与政策性的协调

从目前国内外的理论和实践来看,基本都认定国内信用保险属于商业性领域,应当服从于市场规律和竞争规则,完全由商业性信用保险机构进行市场化经营,政策性信用保险机构一般不介入和干预。在美国,国内信用保险完全商业化,AIG、ZURICH、FCIA 等商业性保险公司均可以自由经营。法国的国内信用保险由 COFACE 等商业性保险公司经营,COFACE 的经营业务中,国内信用保险比重比较大,占到总营业额的 30% 左右。[1] 日本对于国内信用保险,采取通行

---

〔1〕 王东伟、李雪峰著:《出口信用保险原理与实务》,中国商务出版社 2006 年版,第 138 页。

的准入规则，所有市场主体主要符合标准均可经营，同时还明确规定 NEXI 只能承保商业保险机构不能或者不愿承保的业务。我国香港地区的香港信用保险局被限定为只能经营出口信用保险，且"不得就通常由商业保险人承保的风险订立保险合约"，国内信用保险完全由商业性保险公司经营，英国、法国、德国、韩国、加拿大等国也是如此操作。

而对于政策性出口信用保险，由于在较大程度上体现国家和政府的意志和战略，传递社会本位、维护社会利益，因此一般都会有政府或者政府因素不同程度的介入，但由于每个国家的法律体系、市场体制、出口战略、文化背景以及发展阶段不同，也会相应地存在不同的经营模式。

（一）政策性机构专属经营模式

近百年信用保险发展实践表明，出口信用保险体现较强的政策属性和功能，确有必要由政府设立政策性出口信用保险机构，代表国家和政府的意志专门经营出口信用保险。根据政府力量介入的程度不同，该模式又可以细分为政府直接经营、政府成立全资公司经营和政府成立控股公司经营等具体实现方式。（1）政府直接经营。该方式是指政府设立直属机构或者部门专门经营政策性出口信用保险。比如英国的 ECGD、美国的进出口银行（US EXIMBANK）等。（2）政府成立全资公司经营。该方式是指政府根据国家法律或政府命令由政府出资组建全资国有公司，专门经营出口信用保险业务，政府只负责经营政策和方针的制定和宏观把握，并提供资金支持和政策优惠，并不参与具体的经营。比如加拿大出口发展局（EDC）、中国香港地区的 HKEC、韩国的韩国贸易保险公司（K-sure）、日本的出口和投资保险公司（NEXI）等。（3）政府控股股份有限公司经营。该方式是指由一家股份有限公司专门经营政策性出口信用保险业务，而政府机构持有该公司的股份超过50%，实现绝对的控制局面。比如意大利的出口信用保险公司（SACE）、波兰出口信用保险公司（KUKE）等。[1]

---

〔1〕　何慎远、汪寿阳著：《中国出口信用保险研究》，科学出版社 2012 年版，第 46~47 页。

表 4-1　政策性经营机构经营模式的具体实现方式

具体实现方式	典型的国家或地区和相关机构
政府直接经营	英国 ECGD、美国 US EXIMBANK、日本通产省贸易保险课（2001 年以前）
政府成立全资附属公司	加拿大 EDC、中国香港地区 HKEC、韩国 K-sure、日本 NEXI、挪威 GIEK、澳大利亚 EFIC、捷克 EGAP、芬兰 FINNVERA、匈牙利 MEHIB
政府控股股份有限公司	意大利 SACE、波兰 KUKE

这种经营模式的特征在于国家和政府成立具有明显官方和政策色彩的机构（即官方出口信用机构，ECA）经营管理政策性出口信用保险业务，其优势在于可以通过 ECA 坚决贯彻落实国家对于出口信用保险的战略和政策，切实体现国家的意义和目的，确保执行效果不打折扣，提高政策性出口信用保险业务的覆盖面和渗透率，避免市场失灵和缺陷发生。但是，该模式也存在一些弊端，比如过度进行行政干预，挤占商业性保险公司生存空间和发展机会，影响信用保险市场整体发展；业务范围界定不清或者执行不到位，会侵犯商业性保险公司的现有商业性业务，损害消费者利益；产生寻租现象和腐败；牺牲一定的效率和客户服务质量。

（二）商业性机构经营模式

在这种模式下，政策性出口信用保险由商业性保险公司经营，完全实现商业化运作，所有的商业性保险公司只要符合准入标准，都可以经营该业务。我国澳门地区并没有并未通过政府设立政策性出口信用保险机构，也没有本地化的信用保险专业公司，主要由综合性保险公司具体经营信用保险。目前在澳门地区经营信用保险的保险公司主要有澳洲昆士兰保险（国际）有限公司、MSIG 保险（香港）有限公司、美安保险有限公司、汇业保险（澳门）有限公司等综合性商业保险公司。这些综合性商业保险公司经营信用保险必须获得澳门经济财政司批示以及澳门金融管理局核准。[1] 这种方式完全绝对地走商业化道路，但缺乏必要的政策扶持和专业信用保险公司的技术、人才和资源支持，难以在国际出口贸易中体现本国的出口竞争优势和实力，无法传递政府的出口政策和意志，最终导致影响本国的出口规模和出口企业的竞争。因此，这种方式在世界范围内适用较少。

相比之下，这种模式还有另外一种比较普遍的实现方式，即某个商业性专业信用保险公司接受政府的委托而代理政府从事政策性出口信用保险业务，政府支付给该商业性专业信用保险公司一定金额的代理费或者佣金。这部分业务纳入"国家账户"，经营业绩最终由政府负责承担。除此之外，该公司必须另行设立"公司账户"，按照独立核算、自负盈亏的原则自行经营商业性信用保险业务。典型代表包括德国的裕利安怡信用保险公司（EULER HERMES）、荷兰的安卓信用保险公司（ATRADIUS）以及法国的科法斯信用保险公司（COFACE）等。

表4-2　世界三大信用保险公司概况[2]

	裕利安宜 （EULER HERMES）	安卓 （ATRADIUS）	科法斯 （ATRADIUS）
成立时间	1917	1925	1946
注册地	德国	荷兰	法国
保费收入（2014）	21.26 亿欧元	14.58 亿欧元	11.33 亿欧元
利润额（2014）	4.13 亿欧元	2.02 亿欧元	1.99 亿欧元
保费收入（2015）	22.05 亿欧元	15.37 亿欧元	11.86 亿欧元
利润额（2015）	4.17 亿欧元	2.17 亿欧元	1.92 亿欧元
开展业务国家	超过 50 多个国家	50	67
最新信用评级	AA-（标准普尔）	AAA（穆迪）	AA（穆迪）

---

[1]　参见澳门地区第 30/2001 号、3/2002 号、76/2004 号、4/2008 号经济财政司司长批示。
[2]　根据 EULER HERMES、ATRADIUS、COFACE2014 年和 2015 年财务报表数据整理。

该方式的主要特征在于商业性专业信用保险公司接受政府的委托代理经营政策性出口信用保险，实行"国家账户"和"公司账户"的"分帐列支、分账核算、分账监管"。同时，该方式的实现需要有一个前提条件，即接受委托的商业性保险公司必须在信用保险尤其是出口信用保险方面具有良好的专业能力、人才队伍、风险管控经验和业绩表现，最好都是专业信用保险公司。无独有偶，采用这种模式的德国、荷兰和法国恰恰是世界前三大商业性专业信用保险公司所在国，这三大商业性专业信用保险公司在世界商业性保险市场的份额达到90%左右。采用这种模式的优势在于可以充分发挥商业保险公司的专业性和体制优势，切实尊重市场的规律和机制，充分利用商业机构充满活力的商业机制提升政策性出口信用保险业务的运营效率和服务质量，大规模地带动信用保险整体市场的发展，避免政府过度干预导致的寻租现象和腐败。其不利之处在于政策性出口信用保险的覆盖面和渗透率可能会受影响，出口政策执行效果和力度所有折扣，尤其是在经济不景气或者金融市场大波动时期，难以充分发挥政府的调控和平稳作用。

（三）政策性和商业性机构共同经营模式

该模式下，政策性出口信用保险业务由政策性机构和商业性机构共同经营，相互竞争，商业性机构的经营采取行政许可的方式。2013年以前，我国的政策性出口信用保险业务由中国信保独家垄断经营；2013年以后，短期出口信用保险逐步商业化，中国人保、平安、太平洋、大地逐步获准开展短期出口信用保险，而中长期出口信用保险以及相关的海外担保业务仍由中国信保独家垄断经营。

政策性和商业性机构共同经营政策性出口信用保险有助于分化出口信用保险垄断经营格局，促进部分政策性出口信用保险业务的市场化进程，引入竞争降低保险费率，提高业务效益和服务质量。但同时，也需要看到其存在的弊端：政策性保险公司利用政策性地位在产品、客户等各方面压制商业性保险公司，不仅继续保持实质性垄断局面，同时还扰乱市场秩序。此外，还可能导致政策性保险机构将较大部分精力投入到市场竞争中，无法全心全意履行政策性职能，最终本末倒置、缘木求鱼。[1] 这种模式弊大于利，只能作为过渡时期的权宜之计。

鉴于我国对于出口贸易的倚重、政策性信用保险的高风险性以及商业性信用保险主体的不成熟等实际情况，我国采取政策性机构专属经营政策性信用保险可能更为适宜和现实。同时，在某些政策性具体险种逐步商业化的进程中，可以考虑在特定较短的过渡时期内采用政策性和商业性机构共同经营模式。不管是采取何种经营模式，都必须对政策性机构的业务范围和行为进行严格的定位和规制，主要遵循以下条件：（1）定位方面，政策性保险机构必须是最后的保险人，是商业性信用保险机构的辅助和补充，不能与商业性信用保险机构竞争，只能担当政策性信用保险市场拾漏补缺的角色，不得越位，也不能缺位。（2）业务范围方面，政策性机构只能承保政策性业务，即"非市场化风险"业务，也就是商业性机构不能或者不愿承保的业务。[2] 这是世界范围内官方出口信用保险机构存在的基本指导原则，欧盟、美国、英国、日本、我国香港地区的法律法规都有明确的规定。（3）如果政策性机构短期内参与商业化进程中的业务，必须实行"政策账户"和"商业账户"分立，分别进行独立核算和管理，防止政策性保险公司错位经营。

---

〔1〕　2003—2008 年期间，中国信保的中长期出口信用保险承保金额在全部业务中比重大致维持在 50% 左右，2009 年起，短期出口信用保险业务承保金额有了显著提升，导致中长期出口信用保险的业务规模在中国信保整体承保金额中占比呈逐年下降趋势，到 2013 年只有不到 1/3 的业务来自政策性较强的中长期出口信用险产品，绝大部分业务均来自短期出口信用险产品。参见张音子："我国短期出口信用保险市场化经营探讨"，外交学院 2015 年硕士学位论文，第 20 页。
〔2〕　王东伟、李雪峰著：《出口信用保险原理与实务》，中国商务出版社 2006 年版，第 138 页。

第三节　政策性出口信用保险范围的界定和限制

一、短期出口信用保险在世界范围内的商业化演进

出口信用保险一般按照信用期限进行分类，信用期限短于 2 年（含）的是短期出口信用保险，信用期限长于 2 年的则是中长期出口信用保险（一般不超过 5 年，最长不超过 15 年）。[1] 该标准为伯尔尼协会（The International Union of Credit & Investment Insurers，全称"国际信用和投资保险人协会"）所采用，基本上是世界信用保险行业较为权威和通行的标准。

在 21 世纪之前，出口信用保险政策性主导色彩浓郁，不管是短期出口信用保险还是中长期出口信用保险基本都被纳入政策性业务范围。进入 21 世纪之后，国际政治局势稳定、常规出口贸易秩序相对规范成熟，欧洲规模大、实力强的专业信用保险公司认为短期出口信用保险已经有利可图，并开始拓展其中部分可盈利的出口信用保险业务。1991 年，英国政府将英国出口信用担保局（ECGD）的短期出口信用保险业务出售给荷兰 NCM（ATRADIUS 的前身），拉开了政策性信用保险机构项下短期出口信用保险业务商业化运营的序幕。同年，英国政府修订《出口和投资担保法》，其中明确规定"ECGD 仅向国家认可的中长期出口项目（包括资本性货物、建筑工程及服务活动等重大项目）提供出口信用保险服务，不再进行短期出口信用保险的经营。商业性保险公司可以在短期出口信用保险以及再保险等领域为英国出口企业提供服务"。英国政府未对短期出口信用保险市场实施行政许可等准入机制，因此英国的短期出口信用保险市场是标准的完全商业化竞争格局。至此，英国建立起了短期出口信用保险和中长期出

---

[1] Fabrice Morel：*Credit insurance in support of international trade*，*Berne Union* 2010 *Export Credit Insurance Report*，p. 4。

口信用保险分离，以商业保险机构为主体，ECGD 为补充的出口信用保险体系，这一清晰明确的保险体系对于促进英国的出口贸易具有重要作用，英国 2009 年的信用保险对贸易的渗透率高达 45%，而英国的政策性出口信用保险支持的出口额不到商业性保险的 1/3。[1] 美国政府于 1992 年终止了与美国外国信用保险协会（FCIA）在短期出口信用保险领域的独家承保合作关系。法国科法斯也于 1994 年实施私有化，短期出口信用保险成为其最重要的业务。1997 年 9 月，欧盟委员会在经过成员国政府数轮协商谈判后终于出台了一项关于短期出口信用保险市场化的法律规定，即《Communication of the Commission to the Member States pursuant to Article 93（1）of the EC Treaty applying Articles 92 and 93 of the Treaty to short-term export-credit insurance》（97/C 281/03），根据该规定，欧盟成员国必须将"可市场化风险（Marketable Risks）交由商业保险机构经营，官方出口信用保险机构应该放弃此类业务，不得与商业机构进行竞争"。[2]

二、短期出口信用保险在我国的商业化嬗变

在世界各国纷纷进行短期出口信用保险商业化的背景下，我国的短期出口信用保险也逐步推进商业化进程，但截至目前来看，商业化进度、范围以及效果还不够彻底，不够坚决。因此，需要对我国短期出口信用保险商业化的必要性和可行性进行探讨。

（一）承保风险属于可市场化风险

第一，短期出口信用保险的信用期限最长不超过 2 年，一般都是 1 年以内，债务敞口期限较短，信用风险较低，且基本不涉及政治风险。第二，我国短期出口信用保险出口国家或地区主要是美国、欧盟、中国香港、日本、韩国等，这些都是 OECD 核心国家或地区，信用风险和政治风险基本都处于可预测可控范围内。欧盟认为"对于信用期限在两年以下，向 OECD 核心国家的公共和非

〔1〕　许让："加快我国出口信用保险商业化转变刍议"，载《中国保险》2013 年第 6 期。
〔2〕　何慎远、汪寿阳著：《中国出口信用保险研究》，科学出版社 2012 年版，第 46~47 页。

公共买方出口的商业风险和政治风险，均被认为属于可市场化的风险"。[1] 第三，中国信保 2003 年至 2013 年期间的短期出口信用保险赔款风险原因主要集中在买方拖欠、破产等商业性风险，政治风险占比非常低。

表 4-3　2003—2013 年中国信保短期出口信用保险赔款风险原因分布[2]

年度	拖欠	破产	拒收	政治风险	其他
2003	3,030.29	552.95	109.37	103.49	19.59
2004	3,307.20	58.38	183.39	294.16	24.18
2005	3,825.59	313.77	307,77	100.17	10.36
2006	4,253.61	568.08	246.93	53.36	4.21
2007	4,577.72	423.62	353.12	67.90	5.99
2008	8,783.87	780.40	892.16	58.15	29.27
2009	14,263.19	2,180.10	1,224.80	37.54	243.98
2010	21,219.00	1,360.90	897.02	2.15	203.17
2011	28,080.92	2,671.28	1,370.15	983.37	157.40
2012	55,476.33	2,903.32	2,562.45	6,344.77	415.06
2013	70,611.00	3,392.13	2,391.56	11,665.08	1,595.92

（二）国家对外经济贸易战略和政策色彩较弱

政策性信用保险的目的在于服务国家对外经贸战略和产业结构调整政策，比如我国目前正在积极推进的"一带一路"战略。这些项目一般信用期限长达 3—15 年、金额普遍巨大、融资结构复杂，且主要位于亚非拉等发展中国家，暴乱、战争、主权国家违约、汇兑限制等突发的海外政治风险以及信用风险显著，确实需要中长期出口信用保险提供保障，同时也依赖国家的信用支持和政府财政为后

[1] 参见《Communication of the Commission to the Member States pursuant to Article 93 (1) of the EC Treaty applying Articles 92 and 93 of the Treaty to short-term export-credit insurance》(97/C 281/03)。
[2] 张音子："我国短期出口信用保险市场化经营探讨"，外交学院 2015 年硕士学位论文，第 27 页。该数据是由该论文作者根据中国信保 2003—2013 年年报以及内部赔付数据整理而成。2014 年之后，中国信保不再对外公布年报。

盾。而短期出口信用保险承保的项目基本都是在一般性贸易领域，且集中于美国、欧盟、东亚等成熟、发达、稳定国家和地区，这些国家和地区的一般性贸易基本都是纯粹的商业行为，政治性背景和色彩非常薄弱。因此，短期出口信用保险市场的商业化不会影响国家对外经贸战略和政策的实现，反而很可能会起到积极促进作用。

表 4-4　2014 年我国对主要国家和地区货物出口额、增长速度及比重[1]

国家和地区	出口额（亿元）	比上年增长（%）	占我国年出口总额的比重（%）
欧盟	22,787	8.3	15.8
美国	24,328	6.4	16.9
东盟	16,712	10.3	11.6
中国香港	22,307	-6.6	15.5
日本	9,187	-1.4	6.4
韩国	6,162	8.9	4.3
中国台湾	2,843	12.7	2.0
俄罗斯	3,297	7.2	2.3
印度	3,331	10.7	2.3

（三）持续盈利在实践中可以实现

从整体经营业绩指标来看，中国信保最近几年持续盈利，且平均利润率高达 15% 以上，尤其是在国内外经济不景气的 2014 年，中国信保仍然实现了 24.3 亿元盈利，利润率接近 15% 以上。短期出口信用保险的承保金额占总体的比重超过 2/3，是营业收入的主力军，因此可以基本认为中国信保的盈利主要来自于短期出口信用保险。从具体的已决赔付指标来看，近 3 年的已决赔付率分别为 59%、53% 和 62%，处于较为理想的区间。从世界范围来看，近 5 年来，占据全球商业性短期出口信用保险市场规模比重超过 90% 的 EULER HERMES、ATRADIUS、

〔1〕　国家统计局：《2014 年国民经济和社会发展统计公报》。

COFACE 等世界三大专业信用保险公司保持持续盈利能力，且利润率基本都在10%以上，综合赔付率主要在 50%～60% 区间（见表 4-5）。从国内外实践来看，短期出口信用保险完全可以实现持续盈利，尤其是商业性保险机构也可以实现持续盈利，并不存在需要国家和政府提供财政支持或者担保的依据。

表 4-5 中国信保近 5 年经营业绩[1]

单位：亿元

年度	营业收入	利润	利润率	承保保费	已决赔款	已决赔率付
2014	181.3	24.3	13%	N/A	N/A	N/A
2013	100.5	21.5	21%	141.1	83.2	59%
2012	56.9	12.2	22%	142.1	75.5	53%
2011	N/A	N/A	N/A	96.6	59.5	62%
2010	N/A	N/A	N/A	83.8	32.0	38%

（四）中外商业性保险公司积极进入

中国平安董事长马明哲先生 2010、2011 年连续两年在全国政协会议上提交关于短期出口信用保险商业化的提案。2013 年逐步开放短期出口信用保险市场后，各家保险公司竞相争夺、虎视眈眈，除了目前已经获批的中国人保、中国平安、大地财险以及太平洋财险外，阳光财险、中银保险等也正在积极努力。EULER HERMES、ATRADIUS、COFACE 等世界三大专业信用保险公司以及 AIG、ZURICH 等外资保险公司均通过各种合作方式或者渠道参与到我国的短期出口信用保险市场。

（五）强化中国信保在中长期出口信用保险的承保能力

根据伯尔尼协会公布的短期出口信用保险承保金额与中长期出口信用保险承

---

[1] 根据中国信保 2010—2013 年年报以及一些内部资料整理而成。"营业收入"包括已赚保费、投资收益、担保以及其他收入等科目在内，其中"已赚保费"剔除再保分出、未到期责任准备金等科目。"承保保费"指国内贸易信用保险、出口信用保险的保费收入，并未剔除再保分出、未到期责任准备金等科目。利润率=利润/营业收入，已决赔付率=已决赔款/承保保费。

保金额比率数据来看，作为 ECA 总承保金额排名第一的中国信保在这方面是存在巨大差距，把过多的精力放到了短期出口信用保险方面，真正体现政策性的中长期出口信用保险却严重承保不足，政策性职能不显著、不突出。实现短期出口信用保险的商业化，有助于调动更多的社会力量和资源为我国的一般性出口贸易保驾护航，也有助于将中国信保的风险基金从目前占据绝大比重的短期出口信用保险中释放出来，为中长期出口信用保险提供更充足的承保能力和保障，从根本上解决一直以来困扰我国出口信用保险的风险基金敞口过大的问题，风险基金由短期出口信用保险业务及中长期出口信用保险业务共同使用改为在中长期出口信用保险业务单独使用，进一步提升中国信保对中长期出口信用保险的承保覆盖面和渗透率，使其更加符合服务我国对外经济贸易战略和政策的需要（见表4-6）。

表4-6　伯尔尼成员国与中国信保中长期和短期出口信用险承保金额比较〔1〕

单位：百万美元

年度	主体	中长期出口信用保险承保金额	短期出口信用保险承保金额	中长期：短期
2014	伯尔尼协会成员国	166,864	1,709,246	1：10
	中国信保	N/A	N/A	
2013	伯尔尼协会成员国	160,901	1,645,176	1：10
	中国信保	182	309,300	1：1699
2012	伯尔尼协会成员国	181,808	1,538,609	1：8
	中国信保	207	272,900	1：1318
2011	伯尔尼协会成员国	191,428	1,495,227	1：8
	中国信保	108	205,400	1：1901
2010	伯尔尼协会成员国	173,393	1,257,794	1：7
	中国信保	97	154,300	1：1590

〔1〕　根据伯尔尼协会 2010—2014 年年报和中国信保 2010—2013 年年报整理。其中伯尔尼协会成员国金额是指所有伯尔尼成员国金额之和，包括中国信保的相应金额在内。

三、短期出口信用保险商业化在我国的实施路径

综合前述探讨，本书认为在出口信用保险领域内，只有中长期出口信用保险才是政策性信用保险，短期出口信用保险和国内信用保险都属于商业性信用保险，对其应当以法律法规的形式予以明确和限制，同时将中国信保的出口信用保险业务范围仅限于中长期出口信用保险，将短期出口信用保险和国内信用保险从其业务范围中予以剔除。[1]

考虑到我国信用保险市场目前仍处于初步阶段，可以分两步走：第一步，中国信保在1年内全部退出国内信用保险业务，3年内逐步退出短期出口信用保险业务，逐年退出比例依次为30：30：40。中国信保在完全退出相关商业性业务前必须实施"分帐户经营、分帐户核算、分帐户监管"，在"商业账户"项下经营国内信保保险和短期出口信用保险，在"政策账户"下经营中长期出口信用保险业务及其他相关业务。中国信保在逐步退出短期出口信用保险期间，只能承保商业性保险公司不能或者不愿承保的业务，禁止与商业性保险公司进行竞争，承担辅助和补充作用。第二步，3年后，中国信保不再经营短期出口信用保险以及其他商业性保险，作为国有政策性信用保险公司只开展中长期出口信用保险、海外投资担保等相关业务，积极履行政策性职能。

此外，为了防止金融危机或者经济波动对我国对外经贸战略和政策造成重要不利影响，在必要的时候，经过国务院或者监管机构的批准，中国信保可以相机抉择适时地进入短期出口信用保险市场，担当平稳基金和最后保险人的角色。如此操作在国外也有先例，比如在2009年4月，欧盟委员会通过了一项在金融危机下建立临时性政府救助措施的框架性方案，其中提出进一步发挥短期出口信用保险作用是拉动经济、应对金融危机的重要措施之一，并出口了允许ECA介入短期出口信用保险业务领域的"特殊条款"。欧盟委员会随后陆续批准了欧盟组织内部部分国家提供官方政策性出口信用保险的方案：2009年8月5日批准德国

---

〔1〕 李本："出口信用保险制度立法的技术性考量"，载《法学》2011年第1期。

政府的短期出口信用保险方案；2009 年 10 月 2 日批准荷兰提供官方短期出口信用保险方案；2009 年 10 月 5 日批准法国实施短期出口信用保险帮助法国出口企业的方案；2009 年 10 月 29 日批准丹麦政府为出口企业提供短期出口信用保险的计划；此外还批准了比利时等国家政府提出的新短期出口信用保险方案。[1]

小　结

　　信用保险不仅承保商业风险，也承保政治风险，尤其在出口信用保险领域。信用风险的多元性、复杂性以及信用保险所承担的国家战略和社会利益职责，决定其兼具商业性和政策性。我国信用保险领域所存在的诸多现实问题和弊端在较大程度上是由于信用保险的商业性和政策性纠缠不清、取舍不明所致，缺乏清晰明确的界定和协调机制。明确"寓政于商"的立法思路模式之后，建立合理的信用保险商业性和政策性协调机制则是水到渠成、承前启后。合理明确的信用保险商业性和政策性协调模式是我国信用保险立法思路的路径依赖，也是完善我国信用保险法律制度的前提和基础。对信用保险的商业性和政策性进行协调的关键在于对政策性信用保险范围进行界定和限制；界定和限制政策性信用保险范围的关键在于如何把握短期出口信用保险的商业化。从世界范围来看，无论是从历史演进还是立法效果都表明短期出口信用保险商业化的可行性和必要性。信用保险商业性和政策性的合理界定结果应当是：国内信用保险和短期出口信用保险属于商业化信用保险，中长期出口信用保险政策性信用保险。中国信保应当立足政策性职能，适时从商业性业务领域退出，为我国信用保险市场的和谐有序作出贡献。

---

〔1〕　何慎远、汪寿阳著：《中国出口信用保险研究》，科学出版社 2012 年版，第 58 页。

第五章　信用保险法律规则的核心要素

确立信用保险立法思路模式且明确信用保险商业性和政策性协调机制后，梳理、构建信用保险法律规则的核心要素自然是水到渠成。信用保险法律规则的核心要素构建信用保险法律制度体系的支柱，也是重要路径。从立法属性和法律功能角度而言，信用保险法律规则可以分为信用保险合同法和信用保险业法两大基础部分。信用保险合同法主要包括信用保险合同主体、保险责任、责任免除、权利义务等内容，信用保险业法则主要涉及信用保险的监督管理。

第一节　信用保险合同主体的建构

信用保险合同的主体包括信用保险合同关系的当事人和参加者，是直接或者间接与信用保险合同建立关系的主体，包括当事人、关系人、第三人和辅助人。信用保险合同的当事人是订立信用保险合同并因此享有或则履行该合同项下权利义务的主体，是与信用保险合同的签订、变更、履行和终止存在直接关系的主体，主要体现为投保人和保险人。信用保险合同的关系人是指虽然不属于信用保险合同当事人，但对信用保险合同所承载的保险利益享有独立请求权的主体。该主体不直接参与信用保险合同的签订和履行，但与信用保险合同的成立和履行具有合法的经济利益关系，主要体现为被保险人和受益人。信用保险合同的第三人是指信用保险合同当事人和关系人之外，尽管不享有独立请求权，但其存在直接影响到信用保险合同成立和变更的主体，主要是指投保人和被保险人的债务人。还有的主体在信用保险合同的订立与履行过程中起着媒介、辅助作用，一般称之为保险合同的辅助人，其通常协助信用保险合同的当事人签署合同、履行合同，并办理有关保险事项的人，如保险代理人、保险经纪人、应收账款催收追偿公司、资信调查评级公司、律师事务所、会计师事务所等。

一、信用保险合同之保险人资质确立

根据我国现行《保险法》，保险人是指与投保人订立保险合同，按照保险合同约定收取保险费，当保险事故发生或者约定的保险期限届满时，履行赔偿责任或者给付保险金的人。[1] 在保险业务经营运作实践中，保险人只能是依法成立的、经营保险事业的组织，即保险公司。通常来说，保险人应当具备以下条件：（1）必须是依法成立的保险经营组织。我国《保险法》第6条规定，保险业务由依照本法设立的保险公司以及法律、行政法规规定的其他保险组织经营，其他单位和个人不得经营保险业务。保险业务直接涉及众多社会成员的利益，事关国民福祉、经济发展和社会稳定，因此，各国法律都会对保险人的资格进行严格规定，只有符合法律所规定的条件并经政府相关机构批准的法人才可以经营保险，具备保险人的资格。反之，如果保险人不具有法人资格，其所订立的合同无效。（2）保险人必须在核准的经营范围内经营业务。我国《保险法》第95条第3款对保险公司业务范围的核定作了具体规定，即保险公司应当在国务院保险监督管理机构依法批准的业务范围内从事保险经营活动。根据法律规定，保险公司的业务范围要由保险监督管理机构依法核定，这比常规的公司经营范围确定流程更为严格。保险公司必须就经营范围向保险监督管理机构提出申请，经核定批准后才能进行相关业务。保险公司必须在核定的业务范围内从事相关经营活动，不得超范围经营。

除了上述通用条件，不同保险业务项下的保险人资质还需要满足相应的特殊条件。2013年5月2日，中国保监会颁布《保险公司业务范围分级管理办法》（以下简称《管理办法》），以此规范保险公司业务范围管理，建立健全保险市

---

[1] 黎建飞著：《保险法新论》，北京大学出版社2014年版，第115页。

场准入和退出机制，促进保险行业专业化、差异化发展，引导保险公司集约化、精细化经营。该《管理办法》根据保险业务属性和风险特征，将保险公司业务范围分为"基础类业务"和"扩展类业务"两个级别。对于财产保险公司而言，其基础类业务包括以下五项：（1）机动车保险，包括机动车交通事故责任强制保险和机动车商业保险；（2）企业/家庭财产保险及工程保险（特殊风险保险除外）；（3）责任保险；（4）船舶/货运保险；（5）短期健康/意外伤害保险。扩展类业务包括以下四项：（1）农业保险；（2）特殊风险保险，包括航空航天保险、海洋开发保险、石油天然气保险、核保险；（3）信用保证保险；（4）投资型保险。保险公司获得基础类前三项业务经营资质后，方可申请增加扩展类业务，且每次不得超过一项，两次申请的间隔不少于六个月。

在区别业务范围的基础上，中国保监会差异化地规定财产保险公司申请各项业务的具体条件，具体为：（1）持续经营三个以上完整的会计年度；（2）最近三年年末平均净资产不低于人民币二十亿元；（3）上一年度末及最近四个季度偿付能力充足率不低于150%；（4）公司治理结构健全，内部管理有效，各项风险控制指标符合规定，上一季度分类监管评价结果为 A 类或 B 类；（5）有专项内控制度、专业人员、服务能力、信息系统和再保险方案；（6）最近三年内无重大违法违规记录；（7）法律、行政法规及中国保监会规定的其他条件。

从财产保险各业务开办资质条件的对比来看，扩展类业务的开办资质远远严于基础类业务。在扩展类业务中，除了非常规性的投资型保险业务，信用保险的开办资质是最为严格的，分别从持续经营时间、净资产规模、偿付能力充足率、公司治理结构等方面进行明确而细致的规定，基本符合信用保险业务的业务属性和风险特征，有助于提升保险人在从事信用保险业务时的风险识别和管理能力，保障信用保险业务的持续平衡发展（见表5-1）。

表 5-1　财产保险各业务开办资质之对比

基础类业务	扩展类业务			
机动车保险等	农业保险	特殊风险保险	信用保证保险	投资型保险
1. 以人民币两亿元的最低注册资本设立的，只能申请一项基础类业务； 2. 每增加一项基础类业务，应当增加不少于人民币两亿元的注册资本。	1. 持续经营三个以上完整的会计年度； 2. 最近三年年末平均净资产不低于人民币十亿元； 3. 上一年度末及最近四个季度偿付能力充足率不低于150%； 4. 最近三年内无重大违法违规记录。	1. 持续经营三个以上完整的会计年度； 2. 最近三年年末平均净资产不低于人民币十亿元； 3. 上一年度末及最近四个季度偿付能力充足率不低于150%； 4. 公司治理结构健全，内部管理有效，各项风险控制指标符合规定，上一季度分类监管评价结果为 A 类或 B 类； 5. 有专项内控制度、专业人员、服务能力、信息系统和再保险方案； 6. 最近三年内无重大违法违规记录。	1. 持续经营三个以上完整的会计年度； 2. 最近三年年末平均净资产不低于人民币二十亿元； 3. 上一年度末及最近四个季度偿付能力充足率不低于150%； 4. 公司治理结构健全，内部管理有效，各项风险控制指标符合规定，上一季度分类监管评价结果为 A 类或 B 类； 5. 有专项内控制度、专业人员、服务能力、信息系统和再保险方案； 6. 最近三年内无重大违法违规记录。	1. 持续经营三个以上完整的会计年度； 2. 最近三年末平均净资产不低于人民币三十亿元，最近三个会计年度总体净盈利； 3. 上一年度末及最近四个季度偿付能力充足率不低于150%； 4. 公司治理结构健全，内部管理有效，各项风险控制指标符合规定，上一季度分类监管评价结果为 A 类或 B 类； 5. 有专项内控制度、专业人员、服务能力、信息系统和再保险方案； 6. 有独立的资金运用管理部门，建立了完善的资金运用管理制度、风险控制管理制度； 7. 最近三年内无重大违法违规记录。

目前，在我国信用保险市场上，只有少数几家保险公司有资质且有能力开办信用保险业务，主要是中国人保、中国信保、平安等。基于信用保险的业务属性和风险特征，我国必须对信用保险保险人的资质实施严格准入标准，并进行过程化的动态、持续监控。除了上述资质条件，还需要对注册资本、经营时间、专业人员团队的数量以及专业性和稳定性、风险准备金作出更高的要求，同时建立明确而有约束性的退出机制。具体比如，在专业人员团队方面，从事信用保险业务应当具有独立的组织架构，在总公司及分支机构应设置专门的经营管理部门并配备专业承保、理赔人员；建立独立的业务系统和风险评估系统，能够独立开展定价、核保、理赔、追偿等关键业务环节。

二、信用保险合同投保人和被保险人范围界定

（一）常规范式项下的投保人和被保险人资质

我国《保险法》第 10 条第 2 款规定，投保人是指与保险人订立保险合同，并按照合同约定负有支付保险费义务的人。通常情况下，投保人可以是公民，也可以是法人或其他组织，但作为保险合同的订立者，必须具备法律所规定以下条件：（1）投保人必须具备完全民事行为能力。凡是具备完全民事行为能力者，不论是自然人还是法人，也不论是社团法人还是企业法人，都可以作为保险合同的投保人。没有法人资格的组织及无行为能力的自然人均不能成为投保人。限制行为能力人签订的保险合同，只有经其法定代理人追认才能生效。（2）投保人对保险标的应当具有保险利益。我国《保险法》第 12 条第 1 款规定："人身保险的投保人在保险合同订立时，对被保险人应当具有保险利益。"在人身保险中，保险利益体现了投保人与保险标的之间存在的利害关系。为了保证投保人投保行为的合法性，防止投保人利用保险合同获取非法利益，防止保险活动中的道德危险的发生和限制赔偿额度，各国保险立法都规定投保人须对保险

标的具有保险利益。这是成为投保人所应具备的必要条件。[1] 但是，财产保险则并不必然要求投保人在保险合同订立时对被保险人应当具有保险利益，只要求保险事故发生时被保险人必须对保险标的具有保险利益。如此规定符合财产保险的补偿功能，足以防范道德风险和不当得利，同时也有利于实践中财产保险业务的开展。尤其是在海上保险领域，要求投保人具有保险利益几无必要，因为投保人投保的货物往往是保险利益已经属于他人，且在运输途中货物也可能会几度易手。[2]

我国《保险法》第12条第5款规定："被保险人是指其财产或者人身受保险合同保障，享有保险金请求权的人。"我国澳门特别行政区《商法典》第965条规定："被保险人系指为其利益而订立合同的自然人或法人，或以其生命、健康或身体之完整作为保险标的之人。"被保险人的界定随着保险业务种类的不同而不同。在人身保险中，被保险人是指以其生命或身体健康状况为保险标的人；在财产保险中，指以其财产、利益或以约定事故发生而应负的责任为保险标的，在保险事故发生时得请求保险给付的人。财产保险的被保险人在保险事故发生时，对保险标的应当具有保险利益。在财产保险合同中，被保险人可以是自然人，也可以是法人或其他组织；但在人身保险中，被保险人只能是自然人。在保险法律关系中，被保险人是会因保险事故发生时遭受损害的人。具体到财产保险中，被保险人必须是保险标的所有权人、债权人或者其他权益主体，一旦发生保险事故，被保险人必定会遭受损害，其也因此获得赔偿请求权。

被保险人与投保人可以是同一主体，也就是说投保人是为自己的利益而投保，投保人即为被保险人；被保险人与投保人也可以是不同的主体，即投保人是为他人的利益而投保。比如，在人身保险中，配偶间相互代为订立保险合同，投保人与被保险人就分属两人。在投保人和被保险人分属不同主体的情况下，投保人投保是否须获得被保险人的同意，因具体险种不同而不同。在财产保险中，即便投保人和被保险人为不同的人，也不产生被保险人同意的问题。在人身保险中，健康保险具有补偿性，以损失作为给付保险金的依据；生存保险和伤害保险

---

〔1〕 黎建飞著：《保险法新论》，北京大学出版社2014年版，第116页。
〔2〕 吴定富主编：《中华人民共和国保险法释义》，中国财政金融出版社2009年版，第33页。

由于保险标的不会产生道德危险问题，因此只要投保人对被保险人有保险利益，也无须经被保险人同意。在死亡保险中，如果投保人与被保险人为不同的主体，即投保人是以他人的生命或身体为保险标的进行投保，容易发生谋财害命的道德风险或者赌博投机风险，所以法律通常规定应当征得被保险人同意。比如，德国《保险合同法》第150条第2款规定：以他人的死亡事故订立保险契约，且约定的金额超过一般丧葬费用者，须经他人的书面同意方能生效。该法还规定"父母为未成年子女订立保险契约，且其保险金额超过一般丧葬用者，须征得子女同意。"[1] 我国澳门特别行政区《商法典》、韩国《商法》及我国台湾地区"保险法"均作出了相应的规定。我国《保险法》第34条第1款也规定："以死亡为给付保险金条件的合同，未经被保险人书面同意并认可保险金额的，合同无效。"

（二）信用保险语境下的投保人和被保险人资质

在信用保险中，一般情况下投保人就是被保险人，即投保人和被保险人是同一主体。以中国人保《国内短期贸易信用保险条款》为例，其第2条约定，"凡在中华人民共和国境内注册并具有独立法人资格的企业均可作为本保险合同的投保人和被保险人"，在《短期出口贸易信用保险条款》中也有同样约定。此外，我国最高人民法院于2003年制定的《关于审理保险纠纷案件若干问题的解释（征求意见稿）》中明确规定"商业信用保险合同的投保人为被保险人"，表明了国家司法机关对于信用保险投保人和被保险人是同一主体的认识和认可。

并不是所有的主体都可以成为信用保险的投保人和被保险人，在实际业务操作中，信用保险的投保人和被保险人会被限制在一定条件范围内，主要分为形式条件和实质条件。[2] 形式条件方面，信用保险的投保人和被保险人必须是在中华人民共和国境内注册的法人企业，这表明只有具备以下资格的主体，才有可能

[1] 孙宏涛著：《德国保险合同法》，中国法制出版社2012年版，第93页。
[2] Dick Briggs & Burt Edwards：*Credit insurance*：*How to reduce the risk of trade credit*，Cambridge：Wood-head-Faulkner Limited，Simon&Sehuster International Group，1998，p.98.

成为信用保险的投保人和被保险人：（1）在中华人民共和国境内（不包括港、澳、台地区）正式登记注册；（2）具有独立企业法人资格，能够以自身名义独立承担民事法投保人和被保险人。实质条件方面，保险人在决定是否承保投保人的信用交易业务时，需要考虑投保人的基本信息、信用风险管理、业务经营、历史应收账款等情况，对投保人的资质、业务、风险有全面的认识和判断，然后才能决定是否承保以及以什么样的条件承保。保险公司之所以在具体经营信用保险业务时，对投保人和被保险人的审核、评估以及承保如此严格，主要是由于信用保险中的投保人和被保险人的主观风险较为强烈，比如逆选择和道德风险。

　　具体而言，信用风险管理情况主要是了解投保人的信用管理政策制度、机构设置、与买方的交易地位以及信用交易过程中风险管理的相关措施，这些内容是保险人识别、判断信用风险的重要因素。投保人业务经营情况主要包括投保人近三年业务经营状况以及最近一个完整会计年度的实际经营业绩，通过这些数据可以了解到投保人的业务结构、买方构成和资质、投保人与买方的交易密切程度、买方行业风险集中度及整体业务的行业风险状况、买方区域或者国别风险集中度及整体业务的区域或者国别风险状况、支付方式风险集中度及整体的支付方式风险水平等信息。历史应收账款情况主要包括最近一年应收账款余额及账龄分布、应收账款余额分布、逾期应收账款等事项，这些内容是保险人制定承保条件以及批复买方信用限额的重要参考依据，通过对应收账款余额及账龄分布，保险人不但可以了解到投保人的信用交易规模，更重要的是可以了解到投保人的债务人的还款记录，进而分析出是否有习惯性拖欠的发生；应收账款余额分布表则可以帮助保险人了解投保人的债务人数量及应收账款余额的大致分布；逾期应收账款则说明了投保人的应收账款质量和风险管理能力与水平。

　　在出口信用保险业务中，对投保人和被保险人主体资格限制更加严格，坚持"适格投保人和被保险人"规则，即投保人和被保险人必须是具备相应资质的出口企业。在政策性出口信用保险中，投保人和被保险人的外国成分是重要的资质条件，即要合理确定投保人和被保险人出口产品和服务中的外国成分并加以限制，维护本国国家利益。ECGD对政策性出口信用保险的投保人和被保险人进行

"资格合规性"审核，政策性出口信用保险只能提供给在英国从事经营活动的出口企业，必须是超过《OECD 官方支持出口信贷安排》规定的信贷条款和申请首付的两年期限，且首付比例是 5% 以上。同时，英方成分在符合资格的合同价值中必须占 20%，这是"国家利益"原则的体现。美国 EXIM BANK 对投保人和被保险人投保业务的限制为"美方成本（原材料、劳务或者管理成本）在合同价值中的直接或者间接比例必须达到 50%"。

三、信用保险合同之第三人功能解读

（一）信用保险合同主体"分离原则"范式

信用保险合同主体是投保人和保险人，合同关系人是被保险人，承保的风险是投保人和被保险人的信用风险，即投保人和被保险人的买方未能如约履行还款的风险。该买方既非信用保险合同的主体，也非信用保险合同的关系人，属于信用保险合同的第三人。信用保险合同第三人的存在是信用保险区别于其他传统财产保险的重大内容之一，也决定了信用保险不同于其他财产保险的承保、理赔操作流程和管理要求。

信用保险合同的第三方存在导致了"分离原则"的产生，[1] 表明信用保险关系和基础合同责任关系应当严格分离，即信用保险关系和基础合同责任关系相互独立，信用保险关系存在于保险人与投保人和被保险人之间，而基础合同责任关系则存在于投保人（被保险人）与债务人（买方）之间。至于保险人和债务人（买方）之间，则无任何法律关系而言。"分离原则"是"合同相对性"原理范式下的衍生品，基于"合同相对性"原理，任何合同的法律关系只能用于拘束该合同关系的当事人，保险人和投保人（被保险人）之间的信用保险合同效力只对两者发生作用，而投保人（被保险人）和债务人（买方）之间的基础合同责任仅存在两者之间。因此，信用保险合同问题和基础合同债权债务问题泾渭

---

[1] 即"无关性原则"，参见 ［德］格哈德·瓦格纳著：《比较视野下的侵权法与责任保险》，魏磊杰、王之洲、朱淼译，中国法制出版社 2012 年版，第 111 页。

分明，任何一方不得介入其他一方，投保人的债务人作为第三方无法介入信用保险合同关系，保险人自然也无法进入基础合同的债权债务关系（见表5-1）。

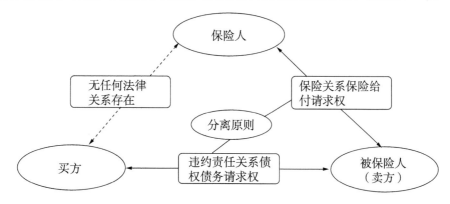

图5-1 "分离原则"下信用保险关系图

信用保险的第三人虽然与信用保险合同没有直接联系，看似无关紧要，实则是信用保险的前提和关键，其存在是信用保险保险利益的基础，没有该第三人，投保人和被保险人的保险利益没有存在的依据，信用保险保险标的也就没有直接指向的客体。此外，第三人还是信用风险的主要来源和具体载体，其信用状况和风险水平直接导致信用保险事故的发生与否以及程度大小，是信用保险承理赔保的核心所在，也是信用风险控制的重要环节。因此，保险人必须对第三人的信用风险进行科学而充分的分析和评估，实施精细化的风险管理，体现信用保险的经营能力和风控水平。

（二）投保阶段对买方风险的识别

在信用保险投保文件中，通常都会有一个"买方清单"文件，该清单是信用保险投保单非常重要的组成部分。保险人在对项目进行承保审核时，买方清单所载明的相关信息对于评判可否承保、项目质量等具有非常重要的参考价值。

"买方清单"主要涉及以下内容：（1）填报买方个数。如果现有买方数量不是很多，要求全部如实填写。如果是适保范围内的买方数量过多，比如大几十个甚至上百个，保险人一般要求投保人将交易量位列前10或15的买方填写。同时，需要剔除存在关联关系的买方。（2）买方信息。相关信息一般涉及买方名称、所在国家、营业地址等尽量填写完整、准确。（3）最早开始赊销日期。这是保险人判断投保人与该买方开展赊销合作历史及质量的最直接的判断依据。该日期是投保人与买方开始赊销交易的年份，而不是开始合作年份，两个概念不同。（4）过去 12 个月交易总量。一般指投保人填表日期之前倒推 12 个月或过去一整年（从 1 月 1 日起）的实际赊销交易总量。如果尚未开展赊销，则需要提供非赊销交易的总量。（5）最高应收账款余额。这是指填表日期之前倒推 12 个月或过去一整年（从 1 月 1 日起）中任意时间点上针对该买方的最高应收账款余额（应收未收）。如此将有助于保险人判断买方的实际风险金额峰值。（6）付款方式。主要是指赊销交易中的 OA、DP、DA、LC 等付款方式。（7）申请信用限额及信用期限。投保人需要按照实际业务需要填写合理的信用限额，该金额应该预计针对该买方的年度交易量和交易计划匹配。此外，如果投保人现有买方中有曾经发生拖欠货款的行为，投保人应如实填写《拖欠买方清单》，履行异常风险如实告知义务，便于保险人作出合理的承保决策。

（三）买方信用限额的具体规则

在信用保险中，保险人签发保险单后，必须由被保险人就每一个买方向保险人主动申请信用限额，并获得保险人的批复。中国人保《国内短期贸易信用保险条款》第 8 条对买方信用限额的定义、性质、申请批复流程和使用情况等内容作出了细致约定。通常来说，买方信用限额是指保险人对被保险人与某单个买方进行信用交易所承担保险责任的最高限额。这是保险金额在信用保险中对单一风险单位的细化体现。[1] 被保险人应当为信用保险合同承保范围内的所有信用交易买方向保险人申请信用限额。保险人必须对被保险人所申请的买方信用限额进行批复，可以批复零限额，也可以批复任意金额的非零限额。如果保险人针对某一买方批复的信用限额为"零"，保险人对被保险人与该买方进行的信用交易不承担赔付责任，被保险人也无需向保险人申报相关信用交易并支付对应保费。买方

---

[1] Miran Jus: *Credit Insurance*, Academic Press is an imprint of Elsevier, p. 39。

信用限额在保险期间内可循环使用。如果买方发生信用风险，被保险人应按照信用保险合同约定向保险人提交《可能损失通知书》，该买方信用限额被自动撤销。如果买方经营状况、资产负债、所处地区或行业经济形势等方面发生重大变化可能对买方还款能力造成负面影响，保险人有权修改或撤销该买方信用限额。

买方信用限额规则的重要原则是"无限额、不担责"，具体而言，被保险人如果要与买方进行信用交易，必须实现向保险申请买方信用限额并获得有效批复。在保险人未批复买方信用限额或者买方信用限额被批复为零的情况下，被保险人如果贸然自行与该买方进行信用交易，保险人对由此造成的损失不承担保险责任。在"浙江省宁波高天服饰有限公司与中国出口信用保险公司宁波分公司保险合同纠纷上诉案〔（2013）浙甬商终字第 228 号〕中，浙江省宁波高天服饰有限公司（以下简称宁波高天）与中国出口信用保险公司宁波分公司（以下简称中国信保宁波分公司）签订了短期出口保险合同。宁波高天向美国买方 East 8th Group 公司出运一批货物，最终该买方未能如期还款。中国信保宁波分公司拒绝赔付，其理由是宁波高天在未获得保险人对该买方批复的信用限额就自行出运货物，其损失不属于保险责任范围。二审法院认为"根据信用保险合同约定，中国信保宁波分公司承担保险责任的前提不仅是宁波高天缴纳保费、中国信保宁波分公司签发保单，同时需要在出运货物前获得保险人批复的买方信用限额。宁波高天应当举证证明其已就特定买方向中国信保宁波分公司申请信用限额，且批复不为零，但其未能提供证据证明其向买方出口前已申请获得信用限额，故中国信保宁波分公司对宁波高天的相应出口不承担赔偿责任"。该案例在司法实践中确立了信用保险中"无限额，不担责"原则。我国财政部曾于 1998 年发布的《关于申请办理出口信用保险若干规定的通知》中也确立了信用保险的"无限额，不担责"原则。

（四）买方信用限额批复在信用保险合同中的效力认定

我国现行《保险法》规定投保人提出保险要求后，经保险人同意承保，则保险合同成立。依法成立的保险合同，自成立时生效。保险合同成立后，投保人按照约定交付保险费，保险人按照约定的时间开始承担保险责任。通常情况下，投保人填写投保单、保险人签发保险单，保险合同成立并生效，保险责任也即之开始。信用保险合同操作流程较为特殊，通常包括"填写投保单——签发保单——买方信用限额批复——出运货物——申报交易——可损通报——索赔核赔"等5个环节（见图5-2）。投保人投保、保险人签发保险单并不意味着保险人开始承担相应的保险责任，只有获得买方信用限额批复后，被保险人才能向买方交付货物，保险人才根据批复的信用限额承担保险责任。买方信用限额批复对于保险人承担保险责任具有决定性的意义，也是信用保险最为突出的特点之一。[1]

信用保险标准流程时间轴

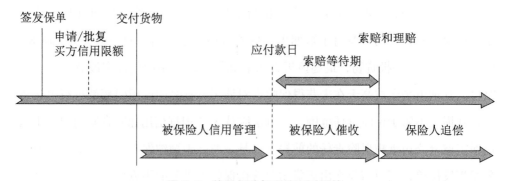

图5-2 信用保险标准流程时间轴

在明确了"无限额，不担责"原则后，对于买方信用限额批复在信用保险合同中的具体效力如何，目前存在不同看法。江丽娜博士认为买方信用限额是信用保险合同的成立要件；[2] 赵明昕博士认为买方信用限额是信用保险合同的生效要件；[3] 韩强博士认为买方信用限额是信用保险合同中保险责任承担起始点。[4] 对此，本书存在不同看法，具体阐述如下：其一，如果认为买方信用限额批复是信用保险合同成立要件，那么投保人投保和保险人签发保单的合意行为

〔1〕 张丽："出口信用保险合同中申请取得特定买家信用限额的影响"，载《人民司法》2014年第2期。

〔2〕 江丽娜："出口信用保险合同问题研究"，武汉大学2009年博士学位论文，第60页。

〔3〕 赵明昕著：《中国信用保险法律制度的反思与重构》，法律出版社2010年版，第122页。

〔4〕 韩强："出口信用保险法律制度研究"，吉林大学2012年博士学位论文，第73页。

将不属于合同的邀约和承诺行为，顶多算是合同成立前的缔约准备行为，违背了合同法和保险法的约定，也将导致撤销保险单后的双方法律责任只能适用缔约过失责任，救济渠道和范围大打折扣。因此，信用保险合同的成立要件应当是投保人提出保险要求，经保险人同意承保并签发保险单即可。其二，如果认为买方信用限额是信用保险合同的生效要件，违背合同法对于合同生效要件认定主要体现为法定要件的目的和精神（在双方没有约定附条件或者期限的前提下），将导致在未批复买方信用限额前保险人和投保人的一系列行为不属于合同义务，缺乏必要的法律效力保护，比如保险人签发保险单后对买方进行资信调查的行为、为被保险人提供风险咨询顾问的行为、保险人的责任准备金和风险准备金提取、投保人的保费支付行为等，顶多也是只能适用基于过错原则的缔约过失责任，限制过严、范围过窄。此外，通常情况下，投保人和被保险人不是在某个时点一次性申请全部的买方信用限额，而是根据实际市场开拓节奏和情况陆续依次申请买方信用限额，如果将批复买方信用限额作为合同生效要件，将会导致合同的生效点处于不确定的延续状态，进而影响保险期间的认定。因此，信用保险合同的生效要件原则上应等同于成立要件，除非合同双方有附条件或者附期限的约定，或者违反法律和行政法规强制性规定或公序良俗，在法律价值判断方面存在瑕疵。其三，如果认为买方信用限额是信用保险合同中保险责任承担起始点，那么将导致保险人承担保险责任的时点前移和金额过大，形成保险责任虚化的情形，不利于真实准确评估保险人所承担的保险责任敞口。此外，现行《保险法》规定"保险人可以按照约定的时间开始承担保险责任"，在具体实务中，信用保险合同条款通常都会约定"保险人对被保险人在本保单保险期间内按贸易合同约定交付货物后引起的直接损失承担保险责任"，由此可认定信用保险合同的保险责任起始点为"被保险人按贸易合同约定交付货物"。[1]

本书认为，买方信用限额的本质是保险人对单一买方风险单位承担保险责任的理论上限值，并非信用保险合同的成立要件或者生效要件，也非保险责任承担

---

〔1〕 周玉坤："短期出口信用保险合同相关问题研究"，载《保险研究》2015 年第 8 期。

起始点。买方信用限额批复确实对于保险人承担保险责任具有决定性的意义，其决定性意义在于是保险人承担保险责任的前提条件，但并非充分条件。保险人何时开始承担信用保险保险责任决定于被保险人何时向买方交付货物，其保险责任则终了于该买方顺利还款。如此，完全厘清了信用保险合同的成立、生效和承担保险责任要件，确保当事人在各个环节的权利义务以及法律救济措施清晰明了，符合信用保险的实际操作流程要求，也符合我国《合同法》和《保险法》的相关要求。

（五）批复买方信用限额的考量因素

买方信用限额的批复具有影响因素复杂、难以量化的特点，需要保险人充分地通过各种有效的渠道和手段开展工作。保险人在收到被保险人提交的买方信用限额申请后，首先对买方开展资信调查，尽可能地了解买方与信用状况相关的信息，在获得必要的买方资信材料后，保险人对该买方的信用风险进行综合分析和评估，最终批复具体的信用限额。[1] 保险人批复买方信用限额时需要考虑买方基础信息、股东结构、经营状况、诉讼记录、交往历史及当前合作、关键财务数据等内容，具体如下：

表 5-2　买方信用限额审核参考因素

一、买方综合资信评级	
资信报告来源	
资信报告评级	
二、买方基础信息	
买方名称	
买方所在国别	
英文名称	
注册登记号	
成立时间	

---

[1]　ICISA：*An Introduction To Trade Credit Insurance*，ICISA，2013，p. 60。

续表

注册资本	
是否上市	
上市地点及代码	
三、买方股东信息	
股东名称 1	股份占比
股东名称 2	股份占比
母公司情况	
集团情况	
四、买方经营信息	
主营业务（行业及性质）	
雇员人数	
工厂、经营地、仓库等	
五、买方诉讼记录	
时间	
诉由	
六、交易历史及当前合作	
历史交易信息	
买方付款表现	
交易产品	
当前在手合同金额	
七、关键财务数据	
单位：人民币/美元	汇率

财务年度	销售额	净利润	总资产	净资产	净利润率	净资产负债率	流动比率	速动比率

财务年度	现金	存货	应收账款	流动资产	流动负债	毛利率	应收账款周转周期	存货周转周期

（六）保险人对买方的追偿

追偿是指信用保险合同项下的保险人按照保险合同约定向被保险人履行赔付义务后，被保险人将赔偿范围内的贸易合同项下对买方所享有的债权等权益转让给保险人，由保险人以自己的名义继续向买方追偿所欠债务。进行追偿的主要方式，一是保险人以自己的名义向买方进行追偿；二是保险人委托第三方向买方进行追偿。

保险人如果通过追偿活动获得相应追偿款，对于该追偿款的分配受偿，一般存在两种主要的方式：（1）保险人第一顺位受偿，即追偿款优先归属于保险人，但金额以赔付为上限，超出部分则归属于被保险人。中国平安《国内贸易短期信用保险条款》第 19 条规定："赔款给付后收回的追偿额，在赔款金额以内的款项归本公司所有。如果收回的追偿额超出赔款金额，超出部分在扣除追偿费用以后退还被保险人。"（2）保险人和被保险人按比例受偿，即保险人和被保险人同一顺位地按照一定比例分配相关追偿款。中国人保《国内短期贸易信用保险条款》约定："在同一买方项下，对买方信用限额内的欠款，保险人预付费用进行追偿。如追回欠款，追回款项及相应的费用按双方所拥有的权益比例分摊；对买方信用限额外的欠款，若被保险人委托保险人代为追偿，保险人可垫付追偿费用，但被保险人在追偿结束后须偿还保险人垫付的费用。保险人追偿回的欠款应由买方或保险人的代理人直接汇入保险人账户。保险人在收到欠款后 1 个月内，扣除相应的追偿费用，将被保险人拥有权益的部分转付给被保险人。"权益比例是指被保险人在每个买方项下所实际遭受的全部损失中，保险人最终赔付金额与被保险人自行承担损失金额的比例。保险人和被保险人按比例受偿追偿款的方式对双方而言较为公平合理，也能有效调动被保险人的追偿积极性和主动性，提升追偿效果，最终对双方是双赢。此外，对于追偿过程中产生的相关费用，通常也都是由保险人和被保险人按照权益比例进行分摊。

比如，在某个信用保险合同项下，被保险人的 A 买方发生拖欠造成 150 万元损失，保险人批复 A 买方的信用限额是 100 万元，保单约定的赔偿比例为 90%。

保险人按照保险合同相关约定赔付 90 万元（100×90% = 90 万元）。赔付后，保险人追回款项 120 万元，发生相关追偿费用 20 万元。那么，本案中保险人的权益比例是 60%（90/150×100%），被保险人权益比例是 40%（1-60%），保险人享有的追偿款 72 万元（120 万元×60%），被保险人享有的追偿款 48 万元（120×40%）；保险人应分摊的追偿费用 12 万元（20×60%），被保险人应分摊的追偿费用 8 万元（20×40%）。

四、导入信用保险受益人的反思

受益人是指被保险人或投保人在保险合同中指定在保险事故发生时有权向保险人要求赔偿的主体。[1] 投保人或被保险人也可以为受益人。当受益人与投保人是同一主体时，受益人就是合同当事人；否则受益人就是合同关系人。

（一）是否在财产保险中设置受益人存在争议

我国现行保险法将受益人的适用范围仅限于人身保险，受益人成为人身保险中的专属概念。[2] 我国台湾地区对于保险受益人的规定范围比我国大陆保险法要广泛，并没有明确地将受益人局限在人身保险之中。我国澳门地区则将保险受益人定义为保险人之给付之对象。[3] 显然，澳门地区对于保险受益人的规定更为宽泛，不仅没有把受益人的范围局限在人身保险合同中，也没有限定保险受益人的产生方式是权利人指定还是法定。而在国外相关立法中，虽然受益人的概念在保险法相关规范中得以广泛应用，但很少有通过成文法律规范对受益人的概念进行明确规定。比如，在《韩国商法典》第 657 条、728 条、733 条、734 条[4]以及《俄罗斯联邦民法典》第 929 条、第 934 条、第 957 条[5]等法律条文中均

〔1〕　黎建飞著：《保险法新论》，北京大学出版社 2014 年版，第 131 页。
〔2〕　我国《保险法》第 19 条第 3 款规定："受益人是指人身保险合同中由被保险人或者投保人指定的享有保险金请求权的人。"
〔3〕　《澳门商法典》第 965 条第 3 款："保险受益人系指保险人之给付之对象。"
〔4〕　崔吉子著：《韩国保险法》，北京大学出版社 2013 年版，第 261～277 页。
〔5〕　黄道秀著：《俄罗斯联邦民法典》，北京大学出版社 2007 年版，第 321～329 页。

提及保险受益人的概念，但是并没有在相关法律法规对保险受益人进行明确的定义。

目前，受益人的适用范围是否包括财产保险存在较大争议，是否在财产保险中明确设置受益人成为各方关注点。从理论界来看，存在反对说和赞同说。在反对说中，以我国台湾地区学者江朝国先生为代表，其认为"人身保险（尤其是死亡保险）中常以被保险人的死亡为保险事故，事故发生后，被保险人已无法领取保险金，故有在被保险人之外，另外指定受益人的必要。但财产保险并无此问题，若使用受益人概念，可能产生实际受领保险给付之人，并非受损害之人的结果，与保险法上的损失填补原则不合"。[1] 此外，江先生还坚持"而享受利益者为受益人，有可能产生赌博行为或道德危险，与财产保险之本质不合"。[2] 同样来自我国台湾地区的刘宗荣先生认为，"不论从保险法关于'受益人'的定义言，还是从财产保险的目的在于填补损害，都应该采取'受益人'一词只有在人身保险才有其适用的观点"。[3] 在赞同说中，以贾林青教授、邢海宝教授以及我国台湾地区的郑玉波先生为代表。贾林青教授认为，"保险受益人在财产保险关系中的职能作用，是其他参与者不可替代的，完全能够适应复杂多样性的现代社会生活对保险保障的实际需要，而不仅仅是为了避免出现人寿保险因被保险人死亡而形成申请领取保险金的空白状态。允许被保险人在财产保险中指定保险受益人，有利于满足社会经济生活的各种特殊需求，借助保险受益人的特殊价值来提升财产保险的保障效果"。[4] 邢海宝教授认为，财产保险中未尝不可设定受益人，理由是：其一，财产保险中被保险人指定受益人根本不会增加其额外利益，也不会产生其他道德危险。其二，受益权的行使可以减少资金流通环节，降低成本，对特殊债权人进行特殊保护。其三，财产保险中指定受益人不存在理论上的障碍。在大陆法系，指定受益人可以解释成为第三者设定权利。在英

---

〔1〕 江朝国著：《保险法基础理论》，中国政法大学出版社，第 175 页。
〔2〕 江朝国著：《保险法逐条释义》，元照出版公司 2012 年版，第 223 页。
〔3〕 刘宗荣著：《新保险法：保险契约法的理论与实务》，中国人民大学出版社 2009 年版，第 131 页。
〔4〕 贾林青："论保险受益人的指定与适用范围"，载《保险研究》2015 年第 5 期。

美法上，则可以用信托理论解释。[1] 唐英教授认为，"无论是在人身保险中还是在财产保险中，只要被保险人的保险金请求权因当事人的意思表示或法律的直接规定移转于第三人，第三人均可因受让被保险人的保险金请求权而成为受益人，受益人的适用范围不应受到限制。至于财产保险中的受益人因无损失而获利可能诱发的道德危险，与人身保险一样可通过被保险人单方变更或撤销指定行为、受益人受益权的法定丧失等措施予以控制，而无须在财产保险中禁止设置受益人，否则有因噎废食之嫌"。[2] 郑玉波先生认为，"在财产保险中亦不妨有受益人之指定，例如甲就自己之货物订立水险契约，而以丙为受益人，有何不可。况且本法（台湾地区'保险法'）总则及保险契约通则中，均设有关于受益人之规定（本法第 3、22、45 条），此等规定自得适用于财产保险契约，可见财产保险契约，并非绝对没有受益人的问题。又由我'动产担保交易法'第 16 条第 7 款，第 26 条第 7 款，第 33 条第 7 款之规定观之，亦可确知财产保险亦得有受益人，而无疑义"。[3]

（二）从立法和司法实践看待信用保险受益人

为了顺应保险不断发展的趋势和需要，一些国家和地区已经逐步明确地承认了受益人在财产保险中的法律地位，表明了财产保险受益人在立法和司法实践中的可行性。《俄罗斯联邦民法典》第 929 条规定："财产保险合同成立后，保险人有权依据合同约定向被保险人收取保险费，同时有义务在合同约定的保险事故发生时向被保险人或者受益人赔偿因该事故对所投保财产或者其他财产利益造成的损失。"[4] 我国台湾地区"最高法院"在其判决中表明："'保险法'第五条规定：'本法所称受益人，指被保险人或要保人约定享有赔偿请求权之人，要保人或被保险人均得为受益人。'从项于'保险法'总则之规定，于财产保险及人

---

〔1〕 邢海宝著：《中国保险合同法立法建议及说明》，中国法制出版社 2009 年版，第 58 页。
〔2〕 唐英："保险受益人若干问题的法律思考"，载《吉首大学学报》2011 年第 7 期。
〔3〕 周波、陈会平、王同海著：《保险法的人文精神》，法律出版社 2012 年版，第 53 页。
〔4〕 黄道秀著：《俄罗斯联邦民法典》，北京大学出版社 2007 年版，第 321 页。

身保险均有其适用，'保险法'于保险契约之通则，财产保险与人身保险亦均设有关于受益人之条文，不因其为财产保险，而否定受益人之存在。"[1]

在徽商银行股份有限公司合肥分行与中国出口信用保险公司安徽分公司保险合同纠纷上诉案（（2012）皖民二终字第 00101 号）中，投保人（即被保险人）恒昊公司与中国出口信用保险公司安徽分公司（以下简称中国信保安徽分公司）签署短期出口信用保险合同，并基于此向徽商银行合肥分行进行应收账款融资。徽商银行合肥分行与恒昊公司签订《出口信用保险项下贸易融资协议》，约定恒昊公司将在中国出口信用保险公司投保的短期出口信用保险单有关赔款权益转让给徽商银行合肥分行，并在保单中明确规定"保险权益转让给徽商银行合肥分行，一旦发生保险事故，保险公司应将保险金直接划付至徽商银行合肥分行指定的账户，徽商银行合肥分行有权从保险公司的赔付款项中直接扣收融资款本息和费用"。同时，恒昊公司与徽商银行合肥分行签订了《代理索赔协议》，约定恒昊公司授权徽商银行合肥分行在发生保险责任范围内损失时代理恒昊公司向中国信保安徽分公司申报可损、行使索赔权，所得赔偿直接转让给徽商银行合肥分行。保险期间内，恒昊公司的海外买方未能按期付款，于是徽商银行合肥分行直接向中国信保安徽分公司索赔，遭到拒赔。随后徽商银行合肥分行以自己名义直接向法院起诉中国信保安徽分公司，一审法院认为徽商银行合肥分行"不具有索赔权和诉讼资格资格，突破保险合同相对性原则，并且没有相关事实依据和法律依据，不符合起诉条件"，故驳回起诉。徽商银行合肥分行不服上诉，上诉法院认为本案主要应解决徽商银行合肥分行能否以自己的名义向中国信保安徽分公司索赔的问题。

首先，《赔款转让协议》约定由恒昊公司授权中国信保安徽分公司将按照保单规定理赔后应付给恒昊公司的理赔款直接支付给徽商银行合肥分行营业部，该约定仅针对保险合同项下的赔款支付对象作出变更，即中国信保安徽分公司本应向恒昊公司支付的赔款根据恒昊公司的授权直接向徽商银行合肥分行营业部支

---

[1] 我国台湾地区"最高法院"1996 年台上字第 2586 号判决，载刘宗荣著：《新保险法：保险契约法的理论与实务》，中国人民大学出版社 2009 年版，第 66 页。

付，其法律性质上应属于向第三人履行，并不必然导致徽商银行合肥分行营业部具有本案保险合同项下的索赔权。其次，《赔款转让协议》同时约定恒昊公司转让索赔权由徽商银行合肥分行营业部索赔以及恒昊公司委托徽商银行合肥分行营业部索赔的两种方式，并对该两种索赔方式所具备的条件作出明确约定，恒昊公司若向徽商银行合肥分行营业部转让索赔权，则应由恒昊公司与徽商银行合肥分行营业部签订索赔权转让协议并书面通知中国信保安徽分公司，索赔权转让才发生效力。但徽商银行合肥分行并未提交索赔权转让协议，不能证明恒昊公司已将本案保险合同项下的保险索赔权转让给徽商银行合肥分行营业部。而实际上徽商银行合肥分行营业部与恒昊公司签订的是《代理索赔协议》，明确约定恒昊公司授权徽商银行合肥分行营业部在发生保险责任范围内损失时代理恒昊公司行使索赔权，而非授权徽商银行合肥分行营业部以自己名义索赔。在徽商银行合肥分行营业部代理恒昊公司索赔的情形下，徽商银行合肥分行营业部的身份仅仅是恒昊公司的委托代理人，应以被代理人恒昊公司的名义行使索赔权，徽商银行合肥分行现以自己名义起诉，无事实和法律依据。在徽商银行合肥分行不具备本案原告诉讼主体资格的情形下，上诉法院作出驳回上诉，维持原裁定。

在我国保险法未规定财产保险受益人制度的现实中，信用保险合同融资项下的银行要顺利获得赔款，要么是被保险人获得赔款后将其转付，要么是获得被保险人的索赔委托和赔款支付指示。如果被保险人与融资银行发生矛盾或者被保险人失联、停业甚至破产，融资银行难以获得被保险人的索赔委托和赔款支付指示，将面临索赔无名、补偿无路的困境。如果我国保险法在财产保险中设置了受益人，一切难题将迎刃而解，不仅使得真正受到损失的主体获得补偿，也简化了交易环节、提升交易效率。在我国信用保险、保证保险以及其他财产保险实务中，已经在保单中较为普遍地出现了受益人的设置，比如车贷险、房贷险中约定银行为第一受益人，这不得不表明财产保险受益人设置的实践需要和现实必要。对此，法律应当确认。[1]

〔1〕　邢海宝著：《中国保险合同法立法建议及说明》，中国法制出版社2009年版，第58页。

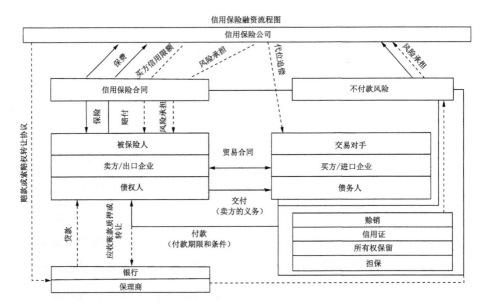

图 5-3　信用保险融资流程图

　　综上，本书认为受益人制度适用于信用保险等财产保险是完善保险法理论体系的需要，是适应保险发展实践的必要，与财产保险合同的功能、受益人在保险合同中的法律身份等问题是相辅相成的，理应将受益人范围扩展至信用保险等财产保险领域，尤其是在信用保险中明确地设置受益人，主要理由如下：（1）信用保险中受益人所享有的利益来源于投保人和被保险人将自身利益的让与，这是投保人和被保险人的自由和权利，体现了意思自治、契约自由的原则，应当受到法律的保护。"合同法律后果的本质和范围应当由合同当事人的意愿来决定——这一观点至今尚有很强的力量；如果双方当事人真的愿意授予第三人一项诉讼权利，他们完全可以这么做。"[1]（2）信用保险保险受益人基于被保险人的指定意愿而获取保险请求权，能够避免其参与信用保险而引发道德危险。只要保险立法强调被保险人指定保险受益人的独立性和真实性，设计相应的法律规则，基本可以有效地控制道德风险，减少甚至杜绝产生赌博或者道德危险。[2]（3）我国财产保险的保险利益原则突出强调"被保险人在保险事故发生时，对保险标的应

---

〔1〕 ［德］海因·克茨著：《欧洲合同法》，周忠海译，法律出版社 2001 年版，第 357 页。
〔2〕 贾林青："论保险受益人的指定与适用范围"，载《保险研究》2015 年第 5 期。

当具有保险利益",这为在信用保险领域扩大适用保险受益人制度提供了法律基础和条件,也有助于防范赌博投机或者道德危险。(4) 信用保险具有显著的资金融通功能,在信用保险中设置受益人有助实现财产权利更大范围内的自由流转,促进权利功能的充分释放和使用,提升交易效率和效益,实现信用保险功能的最大化。

第二节　信用保险合同中保险责任与责任免除的平衡

信用保险合同保险责任是指信用保险事故发生时,保险人承担赔偿的不利后果。保险责任通常会明确具体地界定保险事故的范围,体现不同保险产品的差异性,比如,财产损失保险的主要责任范围是机动车、住宅、机器设备等物体的损失,责任保险的主要责任范围则是被保险人依法对第三人承担的责任,信用保险的主要责任范围则是被保险人对债务人所享有的债权损失。责任免除与保险责任相对,又称为"除外责任",是指信用保险合同中所规定的保险人不应承担赔偿的责任。责任免除关系到保险人和被保险人的切身利益,必须在保险合同中明确具体界定。

一、信用保险合同的保险责任范围

信用保险产品承保的是信用风险,主要涉及商业风险和政治风险。[1] 商业风险是相对于政治风险而言。一般而言,商业风险是指交易主体在交易过程中承担的正常损失。任何交易主体都不可避免地面临商业风险。商业风险通常由财务和非财务等因素造成,具有客观性、可选择性、可预测性、共生性等特征。相对而言,政治风险则是指由于政府行为或者社会政局不稳定所造成的不确定性和不利后果。

---

[1] S. S. Huebner & Kenneth Black: *Property and Liability Insurance*, Preentice Hall, Inc., 1996, p. 351.

（一）商业风险

信用保险所承保的商业风险在本质上是指债务人（买方）由于商业风险因素影响而未能如约履行付款义务或者其他约定义务的风险。具体到贸易信用保险，其承保的商业风险可以具体分为买方拖欠、买方破产和买方拒收，这些也基本构成贸易信用保险的保险责任，即一旦发生买方拖欠、买方破产和买方拒收等商业风险，保险人对被保险人履行赔付责任。主要商业风险如下：

1. 买方拖欠

买方拖欠通常是指在贸易活动中，买方超过贸易合同约定的应付款日仍未支付或未付清应收账款。[1] 如果贸易合同约定的付款方式为分期付款，则是买方超过任何一期款项的应付款日仍未支付或未付清应收账款。买方拖欠在客观结果上的反映就是买方未能如期履行还款义务，支付相应款项。但从主观态度角度来看，买方拖欠可以分为恶意拖欠和善意拖欠。恶意拖欠是指买方实际上有还款能力或者应当有还款能力，但始终以各种理由拒绝履行还款义务，即"能还而不还"。善意拖欠是指买方主观上由还款意愿，但客观上确实缺乏还款能力，导致未能履行还款义务，即"想还但还不了"。

在信用保险中，不管是买方恶意拖欠还是善意拖欠，只要客观上造成了拖欠事实和结果，即属于其所承保的商业风险，保险人应当承担相应保险责任。区分买方恶意拖欠和是善意拖欠的意义在于，更加具体地了解买方拖欠的实际原因和状况，以便采取有针对性的催收追偿措施，尽可能地有效减少损失。比如，如果买方经营顺畅、财务健康、资金充足，但却始终以各种理由拒绝履行还款义务，持续拖欠款项，那么，被保险人和保险人就应当更多地考虑采取诉讼、仲裁等具有法律强制力的催收追偿措施，并尽可能地进行财产保全，利用法律措施敦促其尽快还款；如果买方由于经营不善、产销不畅、资金紧张等原因导致无法按时履行还款义务，但还是希望一旦财务状况好转、资金链恢复后便履行还款义

---

〔1〕 赵秉志主编：《澳门商法典》，中国人民大学出版社 1999 年版，第 292 页。

务，那么，被保险人和保险人就应当更多地考虑采用延长还款期限、调整还款计划、增加第三方担保等方式，给予买方更多的时间恢复正常的经营和财务状况，以便尽早地还款。

2. 买方破产

买方破产指买方由于缺乏债务清偿能力而依法被有权机构或者组织宣告破产，需要有相关的司法程序和文件证明。[1] 我国《破产法》规定进入破产重组和清算程序的要件是"企业法人不能清偿到期债务并且资产不足以清偿全部债务或者明显缺乏清偿能力"。信用保险项下的买方破产风险同样必须具备两个要件：第一是实质要件，即买方不能清偿到期债务并且资产不足以清偿全部债务或者明显缺乏清偿能力，这是前提条件和实质内容；第二是形式要件，即买方必须进入破产清算程序，并被法院依法宣告破产或已接到法院关于破产清算的判决或裁定，这是程序条件和形式内容。如果买方符合实质性破产条件但并没有依法进入破产程序并获得法院判决或裁定破产，这种情况不属于买方破产风险，只能按照买方拖欠风险进行处理。

3. 买方拒收

买方拒收是指被保险人按照贸易合同约定向买方履行交付货物的义务，但买方无法定或者约定理由而拒绝接收货物，进而未履行付款义务。[2] 在买方拒收风险项下，被保险人所遭受的损失实际上是预期收益损失。

在实际业务中，买方拒收风险属于特殊拓展的保险责任，一般在出口贸易信用保险中才予以承保，在国内贸易信用保险中比较少见，主要还是因为出口贸易多以海运为主，路途遥远，时间漫长，环节多多，环境易变，不确定性较大，比较容易发生拒收风险，且发生拒收风险后的催收追偿难度大、损失补偿必要性较强。对于买方拒收风险案件，除非保单另有约定或保险人书面认可，被保险人在对货物进行降价、转卖、退运等方式处理后，保险人才进行定损核赔。

对于拒收风险案件，保险人核定损失的范围包括被保险人货物处理的合理差

---

[1]　赵秉志主编：《澳门商法典》，中国人民大学出版社 1999 年版，第 292 页。
[2]　中国人保《短期出口贸易信用保险条款》第 5 条第 1 款。

价损失和货物处理期间所发生的必要、合理的费用损失。必要、合理的费用损失通常包括：滞港费、仓储费、转运费、退运费等。如保险人经评估后认为，被保险人处理货物预计造成的货差损失及各项费用损失将超过货值本身，货物未来实际全损已不可避免，可对货物推定全损。保险人在判断是否可对货物推定全损时，一般应考虑以下因素：（1）货物是否为鲜活或贴牌产品；（2）货物滞港时间长短；（3）货物市场价格变动情况；（4）货物可转卖性；（5）处理货物预计产生的各项费用损失；（6）货物处理面临的其他实际困难。

（二）政治风险

政治风险在信用保险中比较特殊，只有在出口信用保险中才会涉及，因为被保险人的债务人（买方）都是位于国（境）外，存在跨国（境）政治风险。在出口贸易信用保险中，政治风险主要包括以下方面：（1）买方所在国家或地区发生战争、内战、叛乱、革命或暴动，导致买方无法付款；（2）买方所在国家或地区政府发生征收、征用，导致买方无法付款；（3）买方所在国家或地区颁布法律、法规禁止或限制买方以交易合同载明的货币向被保险人付款；（4）买方所在国家或地区禁止买方所购买的货物进口。[1]

二、信用保险合同的责任免除条款配置

信用保险合同在列明保险责任的同时，也需要对责任免除进行相应配置，目的在于通过正反两方面的搭配设定，更加明确保险责任范围、细化保险事故原因，有效平衡地保护保险人和被保险人合法利益。在信用保险中，如果对责任免除条款进行类型化划分，主要可以包括以下几种免责类型。

（一）市场风险

市场风险主要是市场规律自身发生作用所导致的不利后果，比如汇率或者商

---

[1] 中国人保《短期出口贸易信用保险条款》第5条第2款。

品价格变动而直接造成的损失，即被保险人结汇后因人民币对结汇货币升值而造成的国内换汇损失。

（二）被保险人在基础贸易合同项下的违约违法行为

信用保险只承保在被保险人无过错的情况下所发生的信用风险，即被保险人对债务人所享有的债权是明确且无瑕疵的。如果是被保险人的违约违法等行为导致其债务人拒绝履行债务造成损失，则保险人不承担保险责任。比如，被保险人未能及时获得相关进口许可证或者办理进口清关手续，贸易合同无法实质性履行导致买方未付款；或者被保险人生产的商品不符合质量标准致使买方未付款。

（三）投保人和被保险人在信用保险合同项下的违约违法行为

如果投保人和被保险人未能履行保险合同项下的相关义务，符合相应的责任免除条款约定，则保险人可以拒绝承担保险责任。比如，被保险人违反统保原则和全额申报义务，故意不完整申报全部出口贸易，保险人有权拒绝对该保险合同项下的全部出口交易承担赔偿责任。[1] 被保险人知道买方已经发生拖欠、破产等风险后，未有效行使履行抗辩权，而是仍然继续向买方出口交易而遭受损失，保险人有权拒绝承担赔偿责任。被保险人投保后应继续遵循谨慎性原则进行交易，并履行积极减损义务。被保险人在信用保险合同项下的义务还包括按时缴纳保险费、按照规定申请买方信用限额、如实告知等义务。

（四）单方擅自变更基础贸易合同条件，影响保险人权益造成不利后果

单方擅自变更基础贸易合同条件的不利后果在于改变了保险人在投保之时对保险标的风险质量的理解和把握，进而影响保险人相关权益实现。比如，被保险人在申请信用限额并获得保险人批复后，在未事先获得保险人书面同意的情况下，单方面擅自变更基础贸易合同的支付方式、付款期限、转让债权债务以及其

---

[1]　中国人保《短期出口贸易信用保险条款》第 17 条。

他可能影响保险人权益的内容，保险人对相关出口项下发生的损失有权拒绝承担赔偿责任。[1] 通常情况下，买方之所以提出改变付款条件，包括改变支付方式，或展延付款期限，往往表示买方信用状况发生了实质性变化，此时被保险人应引起足够警惕，与保险人一起分析风险变化情况，采取必要措施控制风险。如果确实需要同意买方变更基础贸易合同的条件，必须获得保险人同意，如果保险人不同意，则应督促买方按原基础贸易合同条件收货付款。

（五）关联关系

如果被保险人与买方属于关联企业，[2] 则双方之间的交易构成关联交易，存在利益一致性，其交易属内部交易性质，容易导致利益输送、逆向选择、道德风险，保险人难以进行介入和控制。因此，有必要将其纳入免责条款范畴，使保险人在相对中立客观的情况下承担保险责任。贸易形式和环节日趋多元化和复杂化，为了防止被保险人拓展关联关系实施保险欺诈，保险人有必要对关联关系进行扩张性解释，将被保险人上下游企业与买方的关联关系也纳入免责范围。

三、保险人对于免责条款的提示说明义务及履行标准

我国现行《保险法》第17条要求保险人对保险合同中免除保险人责任的条款内容履行提示说明义务。信用保险由于承保风险的多样化和复杂化，不仅包括商业风险，还包括政治风险，而商业风险和政治风险各自项下的具体风险损因体现形式也是较为纷繁琐碎，导致其对应的免责条款也比较繁多。在诸多信用保险合同纠纷诉讼中，免责条款的提示说明义务履行与否成为主要争议点之一，如何对免责条款的提示说明义务及履行标准在信用保险框架体系内合理厘定，对平衡保护保险人和被保险人的利益至关重要。

---

[1] 中国人保《短期出口贸易信用保险条款》第18条。
[2] 与被保险人在股权、经营或人员等方面存在直接或间接的拥有或控制关系的公司，或与被保险人共同为其他第三人直接或间接所拥有或控制的公司。

一、保险人的提示义务及履行标准判断

从合同法角度来看，王利明教授认为应当从文件的外在形式、提起注意的方式、提起注意的时间、提起注意的程度、清晰明白程度等五个方面判断是否采取合理的方式履行了提请对方注意的义务。[1] 从保险法角度来看，于海纯博士认为应以"充分合理"作为标准判断保险人在保险合同签订之时对保险合同免除或限制其责任条款的提示程度。"充分合理"标准是指保险人基于保险条款订入保险合同的事实、保险条款中的免除或限制责任条款和其他影响投保人或被保险人缔约决定的重要事项而向投保人或被保险人提示注意的水平，必须达到充分合理的基准。[2] 充分合理标准的具体判断存在客观说和主观说。客观说认为保险人的提示行为引起正常投保人的注意即可，其判断标准是正常投保人是否可以注意到。主观说认为保险人的提示行为应当引起具体投保人的注意，其判断标准是订立特定保险合同的投保人是否可以注意到。客观说的优势在于判断标准具有客观性和可操作性，劣势在于忽略具体投保人的感知，可能会牺牲实质正义。主观说的优缺点则正好与客观说相反。学界通说更倾向于采取主客观结合的判断标准，以普通人的认知能力为原则标准，但需要适度考量智力欠缺、盲人及文盲等特殊人群的实际需要。[3]

此外，一些法院在司法实践中通过规范意见对免责条款提示义务的履行标准进行了明确，主要分为两种标准模式：其一，显著提示标准，即在保险单中通过显著标志对免责条款内容进行标识，便于引发投保人的关切。广东省高级人民法院认为如果保险人责任免除条款内容明确、具体且没有歧义，并且保险人已经使用黑体字等醒目字体或者以专门章节予以标识和提示，投保人或被保险人亦以书面形式明示其知悉条款内容，则视保险人已经履行责任免除条款的说明义务。其

---

[1] 王利明："对《合同法》格式条款规定的评析"，载《政法论坛》1999 年第 6 期。
[2] 于海纯："保险人缔约说明义务制度研究"，中国政法大学 2007 年博士学位论文，第 97 页。
[3] 奚晓明主编：《最高人民法院关于保险法司法解释（二）理解与适用》，人民法院出版社 2013 年版，第 263 页。

二，单独印制标准，即保险合同中免除保险人责任的条款进行单独编排并印刷，以便引起投保人足够关注。浙江省高院认为保险人对全部免责条款及对条款的说明内容集中单独编排印刷，并附有投保人已签字确认并同时表示对免责条款的概念、内容及其法律后果均已明了的书面文件，一般可以认定保险人已经合理地履行了明确说明义务。

鉴于司法实际的需要，最高人民法院在《保险法解释（二）》中对保险合同免责条款的提示义务履行确立了显著提示标准，其理由如下：（1）显著标识已经足以实现立法目的。提示义务旨在提醒投保人存在一些免除保险人责任的条款，使投保人有机会通过自行阅读或者保险人解释说明来理解这些免责条款内容。保险人对责任免除条款采用醒目设计和印刷已足以区别于其他保险条款内容，足以引起投保人的注意。（2）通过相关字体颜色、大小等方式足以引起投保人注意，符合现行《保险法》第 17 条要求保险人履行提示义务的文意解释。（3）如果要求保险人以单独印刷的方式进行提示，将极大地增加保险人的运营管理环节和成本，束缚保险业长期发展。（4）显著提示标准在审判实践中获得大多数法院的认可和采纳。[1]

（二）保险人的说明义务及履行标准判断

说明义务的履行标准存在形式判断说和实质判断说。形式判断标准是指根据保险人说明义务的履行方式和形式进行判断。形式判断标准将保险人的说明义务作为程序性义务，只要保险人按照法律规定以合理的方式进行了说明（比如投保人证明保险人已履行保险条款说明义务的声明书上签字或者盖章），就应当视为其履行了说明义务。该标准旨在确保投保人具有知悉免除保险人责任条款的机会，但并不需要保证其真正地理解该条款的真实意思。实质判断标准是指以投保人对免除责任条款真实意思的实际理解为基准进行判断。[2] 实质判断标准将保

---

〔1〕 奚晓明主编：《最高人民法院关于保险法司法解释（二）理解与适用》，人民法院出版社 2013 年版，第 274 页。

〔2〕 覃有土、樊启荣著：《保险法学》，高等教育出版社 2000 年版，第 176 页。

险人的说明义务限制为实质性义务，强调保险人要向投保人解释免责条款的概念、内容及法律后果，确保"投保人对相应的保险合同真正地予以理解，且不存在理解差异"。[1]　如果投保人未能理解相关免责条款的真实意思，即便保险人已明确说明，仍然不能被认为已经履行明确说明义务。[2]

进一步来看，对于"投保人是否切实理解相关免责条款的真实含义"又可以细分为主观说和客观说。主观说以即保险人的自我感知为判断标准，客观说则以投保人对免责条款的实际理解效果为标准。同时，客观标准细分为个别标准和一般标准，个别标准强调具体保险合同中的特定投保人对免责条款的实际理解，一般标准则以不特定的普通投保人对保险合同免责条款的实际理解为标准。[3]

最高人民法院在《保险法解释（二）》中确立了免责条款说明义务履行的实质判断标准，其理由如下：（1）形式判断标准可能会导致保险人明确说明义务形式化，所起到的效果也相对有限。（2）实质判断标准更符合最大诚信原则。最大诚信原则是保险人明确说明的理论基础，因此，保险人应当秉承最大善意和诚信，让投保人切实理解相关免责条款的含义。（3）实质性判断标准能够更好地平衡双方当事人利益关系纠正投保人与保险人实质上的不平等，达到保护投保人的目的。（4）实质标准更符合当前保险实践的需要。目前约有30%的保险审判案件涉及保险人明确说明义务，这反映了保险人明确说明义务的实际履行效果并不理想。[4]　在实质判断标准前提下，《保险法解释（二）》采用了一般标准为主、个别标准为辅的原则来进一步判定保险人是否合理地履行了明确说明义务，主要理由如下：（1）要求保险人的说明必须达到具体投保人理解的标准对保险人负担过重。（2）要求保险人的说明必须使具体投保人理解可能会导致逆

---

[1]　徐卫东著：《保险法论》，吉林大学出版社 2000 年版，第 381 页。
[2]　于海纯："保险人说明义务程度标准研究"，载《保险研究》2008 年第 1 期。
[3]　樊启荣著：《保险法》，北京大学出版社 2011 年版，第 98 页。
[4]　在汕头市鸿远贸易有限公司与中国出口信用保险公司广东分公司保险合同纠纷上诉案（（2005）穗中法民二终字第 343 号）中，也涉及到对保险人是否履行了免责条款说明义务的认定。二审法院认为"合同附件的保险条款在显著的第二部分列明除外责任内容，双方当事人在多份文件中都确认知晓相应内容，故对上诉人主张被上诉人未明确说明该条款而不生效的理由不予支持。"

选择或者道德风险。（3）对保险人施加过重负担可能不利于鼓励保险人主动履行说明义务，也不符合保险市场发展需要。（4）客观标准能更好地减少争议，兼顾主观标准则更符合实质公平与正义。[1]

第三节　信用保险合同承保风险的综合防范

在信用保险中，保险标的是无形物且体现相对权的法律属性，风险主体是保险合同当事人以外的第三方，在承保过程中体现了显著的信息不对称性，风险发生具有较强的传递性和辐射性以及概率分布上的厚尾性，凡此种种特点，决定了必须对信用保险合同的承保风险进行整体而有效的管控，其主要措施包括强化投保人、被保险人的告知义务和统保义务、设定最高责任限额以防范系统性风险、设置索赔等待期以提升减损效果以及将再保险制度作为最重要的损失分摊方式。

一、投保人和被保险人的告知义务

我国现行《保险法》要求投保人在投保期间必须履行告知义务，投保人、被保险人在承保期间必须履行通知义务。告知和通知的名称不同和义务主体范围不同主要是以保险合同是否已经缔结成立为标准，即投保期间和承保期间。保险合同缔结成立前的投保期间，采用"告知"名称，主要针对投保人；保险合同缔结成立后的承保期间，采用"通知"名称，主要针对投保人和被保险人。但投保人的告知，或者投保人、被保险人的通知，本质上都是将其所知晓的相关重大信息向保险人进行表达，尤其是在信用保险投保人和被保险人属于同一主体的情况下，表达主体、方式和内容并无显著差异。因此，本书拟将告知和通知统一称为"告知"。告知义务是投保人、被保险人和受益人的重要义务，尤其是对于

---

〔1〕　奚晓明主编：《最高人民法院关于保险法司法解释（二）理解与适用》，人民法院出版社 2013 年版，第 277~278 页。

过于依赖风险信息且又面临信息不对称困境的信用保险，告知可以缓解投保人、被保险人与保险人之间的信息不对称困境，使保险人得以在相对客观均衡的情况下作出或者调整承保决策。根据信用保险合同缔结的时间顺序和流程，告知义务主要分为投保期间如实告知义务和承保期间及时告知义务。[1]

（一）投保期间如实告知义务

投保期间的如实告知义务是指在信用保险合同成立生效之前，投保人对保险人提出的关于保险标的或者被保险人等对订立信用保险合同有重要影响的情况的询问应当如实告知。[2] 我国《保险法》、德国《保险合同法》[3] 以及《俄罗斯联邦民法典》都有相关规定。[4]

投保人应当向保险人如实告知的情况主要包括以下方面：（1）必须是保险人询问的范围和内容。告知义务的履行方式通常可分为两种，一种是主动告知，如意大利、卢森堡等；另一种是询问回答告知，如德国、法国以及我国。[5] 前者要求投保人在订立合同时应将其知道或应当知道的一切重要事项主动告知保险人，否则保险人不承担保险责任。后者指投保人仅对保险人询问的事项如实告知即可，保险人未询问的事项无须告知。（2）必须是与保险标的或者被保险人有关的重要事项。重要事项通常是对于确定保险事故发生概率和保险事故可能造成损失的程度具有实质意义，足以让保险人决定是否承保以及以何种条件予以承保的客观事实。对于"重要事项"的认定标准，自从英国基于《1906年海上保险法》采纳"谨慎保险人标准"后，许多国家和地区纷纷采用该标

〔1〕 ICISA: *An Introduction To Trade Credit Insurance*, ICISA, 2013, p.47。
〔2〕 在汕头市鸿远贸易有限公司与中国出口信用保险公司广东分公司保险合同纠纷上诉案（（2005）穗中法民二终字第343号）中，二审法院认为"关于投保如实告知义务，我国保险法规定该义务是订立合同时投保人的义务，不是订立合同后的义务，本案证据证明上诉人知道买方迟延承兑及迟延付款的情形均发生在合同订立后，故不适用投保如实告知义务"。
〔3〕 黎建飞著：《保险法新论》，北京大学出版社2014年版，第119页。
〔4〕 黄道秀著：《俄罗斯联邦民法典》，北京大学出版社2007年版，第326页。
〔5〕 马宁："保险法如实告知义务的制度重构"，载《政治与法律》2014年第1期。

准，进而使其成为认定重要事项的主流标准。[1] "谨慎保险人标准"的适用依据是假如投保人未告知的事项被一个谨慎的保险人知道，该事项是否足以导致承保条件更加严格甚至造成保险合同的撤销。[2] 具体到信用保险中，与保险标的或者被保险人有关的重要事项通常包括被保险人的生产经营情况、被保险人的信用风险管理制度和机制、被保险人与买方的历史交易和未来预期交易等方面。3. 必须是投保人明知或者已知的与保险标的或者被保险人有关的情况。我国《保险法解释（二）》将投保人如实告知的范围限定为"已知情形"，并未考虑"应知情形"，即投保人应当知道的与保险标的或者被保险人有关的情况。鉴于信用风险的特殊性以及信用保险严重的信息不对成，将"应知情形"纳入如实告知范围存在较大的必要性，广东省高院在具体司法实践中已经"应知情形"属于应当告知范围。[3]

除此之外，依据有关保险行业惯例以及相关立法规定，投保人和被保险人通常对一些比较确定或者公知的事项无须主动或者被动告知，比如保险人已经知道或者应当知道的事项、保险人明确表示不要求告知的事项、任何有助于降低风险的事项等。[4] 我国台湾地区"保险法"对此予以明确规定，我国北京、浙江等地法院也在审判实践中对上述事项予以认可。[5]

（二）承保期间的及时告知义务

承保期间的如实告知义务是指在信用保险合同保险期间内，如果保险标的危险程度显著增加，或者发生信用保险事故，投保人、被保险人应当及时告知保险

---

[1] "欧洲保险合同法重述"项目组："欧洲保险合同法原则"，韩永强译，《民商法论丛》第 48 卷，2011 年版，第 55 页。"欧洲保险合同法原则"第 2/103 条在列举有关不适用违反如实告知义务的例外情形时规定：保单持有人本应该披露的信息或者其不准确提供的信息，对于一个理性保险人是否订立合同之决定或者以何种条款订立合同之决定并不重要的，即不适用前述违反如实告知义务的惩罚性规定。

[2] 王静："如实告知义务法律适用问题研究"，载《法律适用》2014 年第 4 期。

[3] 广东省高级人民法院《关于审理保险合同纠纷案件若干问题的指导意见》[粤高法发（2011）44 号，2011 年 9 月 2 日印发]第 4 条有明确规定。

[4] 江朝国著：《保险法基础理论》，中国政法大学出版社 2002 年版，第 224 页以及 230~231 页。

[5] 王静："如实告知义务法律适用问题研究"，载《法律适用》2014 年第 4 期。

人。通常涉及两方面：其一，保险标的危险程度显著增加时的及时告知。危险增加对保险人的保险责任承担至关重要，所以法律上必须确保要保人负有通知义务。[1] 在保险期间内，如果投保单或者保险合同中声明的基本情况发生变更导致保险标的危险程度显著增加，足以影响保险人决定是否继续履行保险合同或是否增加保险费，投保人、被保险人应当及时将相关情况告知保险人。各国各地区的保险法律法规通常都会对被保险人赋予风险增加的告知义务。我国现行《保险法》第52条和德国《保险合同法》第22条均有类似规定。[2] 具体到信用保险，危险增加包括投保人或被保险人的行为所导致的主观危险增加和不是由于投保人或者被保险人行为所导致的客观危险增加。前者包括被保险人明知债务人经营情况恶化、履约能力下降但仍然与其继续进行交易；后者如被保险人的债务人所在国实施外汇管制导致其无法履行付款义务等。不管是主观危险增加还是客观危险增加，一旦投保人或者被保险人知悉相关情况，应当及时告知保险人，保险人可根据危险增加程度对其承保责任产生的影响采取解除保险合同或者增加保险费等措施保护自己的利益；但同时也要兼顾被保险人之利益，尽可能维持被保险人与其债务人之间的交易关系，并协助基础合同当事人降低信用风险。[3] 其二，保险事故发生后的及时告知。投保人、被保险人知道保险事故发生后，应当积极减损并及时向保险人通知相关情况。信用保险被保险人如果知道买方发生拖欠、破产或者政治风险等保险事故，应当按照信用保险合同的相关约定向保险人提交《可能损失通知书》，即信用保险中的"通报可损"环节。通知的期限一般采取"合理期限"标准，至于合理期限如何具体界定，则需要看具体的法律规定或者保险合同约定。法定期限方面，我国现行《保险法》并无具体限定，但我国台湾地区"保险法"规定："要保人、被保险人或受益人应当在知悉后5日内通知保险人。"《意大利民法典》的规定则是3日内通知，要求更为严格。[4]

---

[1] 郑玉波著：《保险法论》，三民书局1992年版，第89页。
[2] 孙宏涛著：《德国保险合同法》，中国法制出版社2012年版，第67页。
[3] 赵明昕著：《中国信用保险法律制度的反思与重构》，法律出版社2010年版，第167页。
[4] 黎建飞著：《保险法新论》，北京大学出版社2014年版，第121页。

《俄罗斯联邦民法典》第 961 条也有相关规定。约定期限方面，中国人保《国内短期贸易信用保险条款》约定"被保险人如知悉买方在约定时间未付或未付清应收账款、已破产或无力偿付债务等情况，应在 10 个工作日内向保险人填报《可能损失通知书》"。

在汕头市鸿远贸易有限公司与中国出口信用保险公司广东分公司保险合同纠纷上诉案（（2005）穗中法民二终字第 343 号）中，二审法院认为"法律规定的危险增加，是指保险人在合同订立时未曾预料的风险，保险人已经预料到的风险不在投保人的告知范围，本案被上诉人承担的是信用风险，买方未按期承兑或付款都在保险信用范围内，发生延期承兑或付款的事实，不构成危险增加，上诉人无须承担法定的危险增加告知义务"。该观点存在值得商榷的地方：其一，保险人承保的风险肯定是其能够预料的，在其可预测和精算的能力范围之内，然后通过风险的分散转移、对价收取保费、责任限额确定等一系列安排对该风险进行应对解决。如果是无法预料的风险，保险人没法进行预测和精算，谈何承保。增加的风险应当是在保险人已经预料中的性质和范围内，只不过该风险是否发生存在不确定，此乃保险的立足之本。如果被保险人告知保险人的风险是保险人无法预料的或者超过预料范围，保险人也不会承保这些风险。其二，危险的显著增加是相对概念，是相对于双方订立合同时保险标的的风险状况而言，这是一个风险变化的概念，并非风险的凭空或者异化产生。比如订立合同时被保险人的买方处于按时还款状态，但是订立合同后的一段时期后买方开始未能按时付款，这就是法律所规定的危险显著增加，被保险人应当履行及时如实告知义务。其三，设置危险增加及时告知的目的在于保险人在面对承保时所预料到的风险状况发生了明显变化后可以及时采取相应措施，调整此前的不平等对价安排，同时双方积极减损。如果将风险增加限制为保险人未曾预料的风险，将不利于保险人合理利益保护和双方及时减损，最终导致损失扩大化和社会化。

（三）违反告知义务法律责任的重构

信用保险投保人和被保险人违反告知的法律责任是民事违约责任，其责任承担形式和程度主要取决于投保人和被保险人的主观意思，即故意或者重大过失才能构成不利法律后果，如果仅仅是一般过失则不在此列。同时还需要区分构建投保期间的如实告知义务法律责任和承保期间的及时告知义务法律责任。

其一，违反投保期间的如实告知义务法律责任。订立信用保险合同期间，投保人对于保险人询问有关保险标的或者被保险人的事项应当如实告知。尽管保险人未予询问，但投保人明知或者应知与保险标的或者被保险人有重要关系的事项，也应当如实告知保险人。投保人故意或者因重大过失未履行上述如实告知义务，且足以影响保险人决定是否同意承保或者改变承保条件，保险人有权解除合同。保险人对于合同解除前发生的保险事故，不承担赔偿责任，并不退还保险费。投保人因重大过失未履行如实告知义务，对保险事故的发生有严重影响的，保险人对于合同解除前发生的保险事故，不承担赔偿责任，但应当退还保险费。保险人在合同订立时已经知道投保人未如实告知的情况的，保险人不得解除合同；发生保险事故的，保险人应当承担赔偿责任。

其二，违反承保期间的及时告知义务法律责任。信用保险成立生效后的保险期间内，如果保险标的危险程度显著增加或者发生信用保险事故，投保人、被保险人和受益人应当及时告知保险人。如果投保人、被保险人和受益人故意或者因重大过失未及时通知，致使保险标的危险程度显著增加，保险人对因此导致的损失扩大部分不承担赔偿责任；致使保险事故的性质、原因、损失程度等难以确定的，保险人对无法确定的部分不承担赔偿责任，但保险人通过其他途径已经及时知道或者应当及时知道保险标的危险程度显著增加或者保险事故发生的除外。

二、投保人和被保险人的统保义务

传统财产保险合同的保险标的以有形财产为主，其法律属性体现为绝对权和对世权，具有绝对性和静态性，风险发生的客观性较强，被保险人所面临的风险基本是不以其意志为转移的自然灾害、意外事故或者客观事件。在损失补偿原则的框架体系下，被保险人一般不会在主观上希望或者纵容保险事故的发生，缺乏必要的动机或者动力，毕竟保险事故的发生必然且最终使其遭受损失，且无法获利，即使有保险存在。不考虑赤裸裸的骗保情况，很难想象一个人会希望或放纵自己的车辆发生交通事故，或者自己的房屋遭受火宅或洪水等自然灾害。

（一）规制统保义务对于信用保险的必要性

信用保险合同的保险标的是交易行为所形成的债权债务，其法律属性体现为相对权和对人权，具有相对性和动态性，风险发生的主观性较强。但凡交易，都无一例外地具有资本性和逐利性，而信用保险具有双重交易性，除了保险人与被保险人之间的交易行为，被保险人与债务人之间也存在交易行为，这导致信用保险项下的交易属性被放大。在市场经济中，任何交易主体都具有盈利性和趋利性，参与市场交易旨在追求自身利益最大化，其作出交易判断的标准在于投入产生对比和取舍。一旦违约的收益大于违约成本，交易主体就有可能在利益的趋势下选择违约，从而产生逆向选择和道德风险。信用保险的功能除信用风险保障，还在于扩大产品销售规模、扩张市场、拓展客户、获得利润，同时还可以获得银行融资，这些功能无不带着资本性和逐利性。如果保险事故没有发生，被保险人通过少额的保险费换取上述诸多收益和好处；如果保险事故不幸发生，被保险人即使无法从债务人那里获得赔偿，但至少可以从保险人获得赔偿，其扩大销售、扩张市场、获得融资等目标和好处也同时得到了实现。即使在风险共担的限制条件下，被保险人只能获得大部分的损失补偿，好像其仍然承担了一定的损失，但不能忽视的是，被保险人在市场占有、客户维系、财务延续等方面是获益的，其交易行为在整体性和长远性方面达到了利益的最大化。这是信用保险与其他财产保险的本质区别，从而使得信用保险承保所面临的主观风险过高，逆向选择和道德风险如影随形，挥之不去。比如，俄罗斯由于石油危机导致卢布大幅贬值，俄罗斯企业的信用风险急剧上升，在此情况下，采用赊销的方式出口俄罗斯可能会发生付款迟延甚至泡汤的风险，但被保险人在信用保险的保障下，出于逐利的驱动，仍有可能向俄罗斯继续赊销出口货物，这在某种意义上跟赌博无异。因此，在信用保险领域，有一个必须遵循的理念和原则——"投保后仍然要像没有投保时那样地去认识、对待和管理信用风险"。此外，信用具有一个不可忽视的特征——"隐性契约",即被保险人和债务人的意思表示极为隐形,主观沟通性强且难以识别和把控,其往往并没有在正式契约或者显性行为中将其予以体现,而是作为一种双方心照不宣的,且对双方都具有约束力的条款隐含在正式契约中,此乃所谓的"默契交易",极易诱发被保险人的道德风险。[1] 最后,此信用保险中普遍存在的信息不对称也往往容易诱发逆向选极有可能将信用状况差、不确定性强、风险系数高、从未有过交易的债务人等向保险人投保,从而将信用状况好、确定性强、风险系数低、历史交易稳定的债务人自行保留,这样会导致保险人所承担的风险具有明显的倾向性,基本都是风险高发标的,损失发生不可避免,极大地不公平,违背了保险所固有的大数法则原则以及风险聚集、组合、交换和分散的内在流程。

(二) 统保义务的具体内容

如何应对逆向选择和道德风险是信用保险风险管控的关键所在,尤其是在具体实践操作中,更是决定了信用保险业务的承保质量和理赔能力,影响到保险公司的经营业绩。在国内外近百年的信用保险经营历程中,统保原则被证明是防范和解决逆向选择和道德风险的基本措施和有效手段。[2] 所谓统保原则,也称为全营业额投保原则[3],是指投保人或者被保险人应当将全部信用交易向保险人进行投保和申报。中国人保《短期出口贸易信用保险条款》第4条约定,"本保险合同遵循统保原则,投保人应就适保范围内的全部出口向保险人投保、申报出口额并缴纳保险费,保险人依据本保险合同承担保险责任",其《国内短期贸易信用保险条款》第20条约定:"投保人应将适合于本保险合同约定的所有贸易合同全部投保,保险人不同意承保的除外。"韩国《贸易保险法》专门对统保义务进行了规制,其第7条明确了"预防逆向选择"的原则和具体措施,即"为了

---

[1] 赵明昕著:《中国信用保险法律制度的反思与重构》,法律出版社2010年版,第37页。

[2] Miran Jus: *Credit Insurance*, Academic Press is an imprint of Elsevier, p. 59。

[3] 此处的全营业额只是惯称,准确地说应该是全信用交易额,对于预付款、现款现货等交易,投保人和被保险人无需向保险人投保和申报。

防止被保险人在保单项下承保的交易中存在逆选择行为，K-sure 有权采取限制保险期间、限制承担保险责任的范围等措施，同时为分散风险或规范保费标准，K-sure 有权签发总括性保单，统一承保同类产品、制造商、行业协会、金融机构或进口国别"。[1]

投保人或被保险人的逆向选择通常具体表现为选择性投保或者申报。其一，选择性投保，即在投保的时候，投保人自行选择仅仅将风险较高或新增业务向保险人投保。其二，选择性申报。交易申报是信用保险中较为特殊的环节，即投保人与保险人签订信用保险合同且被保险人向保险人申请买方信用限额并获得批复后，如果被保险人与买方实际发生了信用交易，需要按时将该交易的标的、金额、时间以及其他情况向保险人进行申报，保险人基于该交易申报计算实际保费并以此申报交易作为今后理赔的基准范围。在某些情况下，虽然信用保险合同中约定了统保模式，但被保险人在实际上自行选择仅仅将信用期限（付款期限）较长或自认为风险较高的信用交易向保险人进行申报，同时选择将部分已经收回款项或自认为风险较小的信用交易业务隐匿不申报，以此逃避交付保险费，节省成本。

在信用保险实务中，统保原则会出现一些特殊的例外情况：（1）客观上的选择性投保。比如，投保人或被保险人业务总规模异常庞大，保险人若全部承保将会对其承保能力带来巨大挑战；再如，投保人产品业务单元或者模块较多而且各自的独立性较强，投保人想只将部分产品业务单元或者模块向保险人投保，提高操作便利性。在上述特定情况下，保险人可以适当地允许投保人或被保险人将其业务进行选择性投保。具体参考下列原则处理：①产品单元或业务类型分类标准。若投保人或被保险人的产品或业务类型较多且关联性较弱（例如某贸易公司的交易产品为纸张、塑料制品、化工产品、电子产品等），保险人可以考虑承保某一类或几类产品或业务，但必须坚持将统保原则适用于该产品单元或业务类型，要求将选定的产品单元或业务类型的全部信用交易进行投保和申报。②区域

---

[1] *Trade Insurance Act* 第 6 条。

分类标准。如果投保人或被保险人的业务区域分布较为广泛且可清晰划分，保险人可以考虑承保其在某些区域内发生的业务，但必须将统保原则适用于该区域。③买方信用限额或交易额标准。如果投保人或被保险人的买方数量过于庞大，出于有效、集约管控信用风险的角度出发，保险人可以考虑承保信用交易额或信用限额在一定金额之上的买方及其对应的信用交易业务。④列明买方标准。该方式主要存在于有融资需求的业务，投保人出于融资金额及保险成本考虑，只愿意拿出部分买方投保并申报，而银行往往也仅认可部分资质相对较好、规模相对较大的买方。因此，保险人如果知悉全部买方的相关情况，可以考虑选定特定的买方承保并在保单中明确采取列明买方承保的模式。上述事实上的选择性投保模式，具体承保范围必须事先在保单中明确约定，进行清晰、客观、准确地界定。

（2）单一买方或单一合同投保。[1]　在对风险状况及承保条件特别考察与衡量后，保险人可以考虑承保单一买方或单一合同，但其承保条件肯定要比统保原则下的承保条件严格很多，而且此类业务仅为特例，基本不作为普遍性操作。

（三）违反统保义务的法律责任

在被保险人未能将全部交易向保险人进行申报并缴纳保费的情况下，投保人和被保险人需要承担违约民事责任，具体的民事责任承担形式有以下几种：（1）投保人和被保险人补充申报漏报交易，并缴纳对应保费。如果补报的交易已经发生损失或可能引起损失的事件已经发生，保险人对此部分损失不承担责任。如果投保人和被保险人已经补报交易，并且补报的交易未发生损失，保险人对其他交易承担保险责任。（2）保险人有权拒绝承担保险责任。保险人拒绝承担保险责任的范围适用于被保险人的全部交易，而不仅仅是未申报的交易，即"部分及于全部"原则。对于未申报的交易，投保人没有进行申报也没有缴纳对应保费，保险人不承担保险责任。保险人不承担保险责任的范围扩大至全部交易，是基于应对投保人和被保险人逆选择和道德风险的考量，是对投保人和被保

---

[1]　Miran Jus：*Credit Insurance*，Academic Press is an imprint of Elsevier，p. 58。

险人的必要违约惩罚，更是确立统保原则的应有之义。（3）解除信用保险合同。保险人如果发现投保人和被保险人存在漏报行为且要求补报后仍然不补报，保险人有权解除信用保险合同，并对已经申报的交易不承担保险责任。

需要说明的是，以上三项违约责任只能单一适用其中之一，由信用保险合同当事人约定确立。但不能同时适用其中两项或者三项，否则将实质性加重投保人或者被保险人的义务，有违公平合理原则，对投保人或者被保险人尤为不利。

三、设置保单累计赔偿限额应对系统性风险

我国现行《保险法》规定"保险金额是指保险人承担赔偿或者给付保险金责任的最高限额"。在信用保险中，其保险金额通过责任限额的方式予以确立。由于被保险人的买方（债务人）存在数量较多、可能会陆续增加、何时增加以及增加的数量存在不确定性等特殊性，信用保险的责任限额进行了分层细化，即分为买方信用限额和累计赔偿限额。

买方信用限额是保险人对单一买方所承担的最高赔偿责任，是针对单一风险单位而言。累计赔偿限额则是同一保险合同项下的多个买方同时或者相继发生保险事故时保险人所承担的最高赔偿责任总和，是针对系统性风险而言，主要是为了避免同一保单项下的多个买方同时或者相继出险从而造成难以评估和控制的损失，是保险人应对系统性风险的有效量化措施。累计赔偿限额也被称为"保单限额"或"最大（高）责任限额"，通常是在保险单中予以载明。

目前，保单累计赔偿限额通常有三种确定方式：（1）实际支付保险费的一定倍数。其表述语句一般是：保单累计赔偿限额为实际支付保险费的 XX 倍。这是目前信用保险市场上最主要的一种累计赔偿限额确定方式，通常是实际支付保险费的 30 至 40 倍，个别项目可能会更高。被保险人支付的保险费越多，其在该保单下所能享受到的累计赔偿限额也就越高，付出和回报成正比，这样对于保险双方都是公平、合理的。在实务作中通常会注意以下方面：其一，累计赔偿限额和实际支付保险费都是相对于整个保单保险期间而言，因此，累计赔偿限额的实际数值只有待保险期间结束时投保人实际支付的保险费总额确定后方可确定。其

二，作为计算累计赔偿限额基础的保险费必须是保险人可以确认为实收保费的部分，投保人预交（付）保费因为还不能确认为实收保费，因此不能据此计算累计赔偿限额。（2）固定金额。信用保险保单中的累计赔偿限额以固定金额予以体现。固定金额累计赔偿限额与实际投保交易量和保费量都没有关系，往往更有利于被保险人，实际业务中尽量不主张使用。（3）其他方式。遇有某些特殊项目，比如单一买方投保，保单累计赔偿限额可界定为，"保险人实际批复买方信用限额的 XX%"，此处的百分比即为保单设置的赔偿比例。

四、利用索赔等待期提升催收减损效果

索赔等待期是指发生保险事故后，被保险人必须经过一段期间后才能向保险人行使赔付请求权。在信用保险中，如果被保险人的债务人没有在约定时间内付款，被保险人不能立即要求保险人履行赔付义务，必须在保险合同中约定的期限结束后才能要求保险人履行赔付。索赔等待期是信用保险特殊内容所在，是信用保险理赔管理中必须坚持的原则。之所以设置索赔等待期，是因为信用保险保险标的是应收账款，具有债权属性，一般情况下并不会彻底灭失。债务人发生未付款的风险后，被保险人通过各种催收措施是完全有可能实现债务的全部或者部分清偿。尤其是对于拖欠风险，债务人的拖欠一般是暂时的，其付款意愿甚至付款能力并没有彻底丧失，只要采取有效措施，还款可能性非常大。在信用保险实务中，拖欠风险发生后的催收回款成功率一般维持在 40%~60% 区间。[1]

设置等待期有助于敦促被保险人全力采取各种有效措施进行催收，而不是一旦发生债务人逾期违约就马上诉诸保险人就行索赔。对于信用保险而言，赔付不是关键和目的，其关键和目的是检验和确保被保险人的信用风险理念、制度和措施行之有效，这也必然包括被保险人的催收制度和措施。在索赔等待期内，如果被保险人通过催收使得债务人还款，那说明被保险人的信用风险管控富有有效性，这个意义远远大于从保险人处获得赔款。

---

[1] ICISA：*An Introduction To Trade Credit Insurance*，ICISA，2013，p. 104。

从经济效益角度来看，如果通过催收使得债务人在保险人理赔前顺利付款，对保险人和被保险人都最为有利，实现双赢。对于保险人而言，不再需要进行繁杂的理赔程序和冗长艰难的追偿行动，同时可以释放相应的风险准备金，提高承保能力，还可以避免理赔后可能由于被保险人不积极协助或者其他因素所导致的追偿未果，最大限度地减少损失。对于被保险人而言，则同样不再需要准备各种理赔追偿文件，也可以避免基于风险自担比例而造成的损失，更为关键的是被保险人可以藉此修复与债务人的关系，继续维持跟债务人的合作。

在实际业务中，债务人拖欠款项风险项下的索赔等待期一般是 4~6 个月左右，而债务人破产风险项下则不存在索赔等期待，被保险人指导债务人破产后可以立即向保险人行使赔偿请求权，获得相应赔款。[1] 中国人保《国内短期贸易信用保险条款》第 25 条规定："若发生买方破产或无力偿付债务，被保险人应在获悉买方破产或无力偿付债务后 1 个月内向保险人提出索赔；若因买方拖欠应收账款而引起损失，被保险人应在贸易合同约定的应付款日截止且等待期结束后向保险人提出索赔。"

五、将再保险制度作为最主要的损失分摊方式

再保险是指保险人将其承担的保险业务和责任采用分保的形式部分转移给其他保险人的制度安排。再保险是保险的具体类型之一，是保险公司将其所承担的风险进行外部转移的方式，因此被称为"保险的保险"。有些保险项目的风险较大，一旦发生将产生巨额的保险金赔偿，保险公司为了缓解损失，通过与再保险公司签署再保险合同，将部分风险和责任分担出去。如果以一个已经损坏的自来水龙头举例，当水龙头无法拧紧而导致水滴从水龙头中渗出之时，我们可以用一个水桶来承接渗出之水，当这个水桶被装满而导致水从桶中溢出之时，我们又可以用一个大木盆来承接该水桶溢出之水。如果把风险替换成漏水，保险公司视为承载风险的容器，不管是水桶顺势流入大木盆里，以此类推，循序渐进。[2]

---

〔1〕 黎建飞著：《保险法新论》，北京大学出版社 2014 年版，第 325 页。
〔2〕 李文娟著：《与巨灾风险博弈》，武汉大学出版社 2009 年版，第 103 页。

再保险是一种非常有效的分散风险方式，使原保险人承担了大于其承保能力的风险。[1] 当保险人与再保险人分配保险自留额，确定佣金和承保比例后，即可通过签订再保险合同将相关权利义务确定下来。信用风险的发生在概率分布上具有非对称性，即厚尾性，与传统的大数法则不尽相符，一旦发生将使投保人或被保险人得不到足够的风险分散和平衡保障。再保险的风险分散够有效的确保信用保险的保障功能，运用再保险可以平滑信用保险的厚尾性影响，在更大的空间和时间范围内分散信用风险。具体而言，信用保险公司主要面临两种类型的风险：其一，频发风险，即小额损失大量发生，这种情况在 2008—2009 年经济危机期间非常典型，对信用保险公司尤其是国际三大信用保险公司（EULER HER-MES、ATRADIUS、COFACE）的经营结果产生了严重的影响。其二，峰值风险，即偶尔发生的来自于一个主要买方的"巨大打击"，在这种大买方身上通常会有较为显著的风险累积。[2]

法定分保也称作强制再保险，是指保险公司根据国家法律的强制性规定必须办理的再保险。基于保护被保险人利益的立场，世界各国政府通常都通过法律的形式规定保险公司的最低资本额，并具体明确为每笔业务或每一个危险单位的最高自留额不能高于其资本加准备金的一定百分比，一般是 5% 至 10%。[3] 法定分保在一定程度上限制了保险公司的危险程度，防止保险公司过度追求业务规模造成风险集聚过多，为保险公司提供基础必要的再保险保障，也有助于有效保护本国的保险市场秩序和发展。[4]

在信用保险中，由于风险特殊性，并不是所有的商业和政治风险都可以安排再保险。当保险人无法在商业市场获得再保险支持时，有时候国家（政府）会发挥再保险人的功能。政府再保险支持主要针对中长期合同，比如：中长期投资

---

[1]　ICISA：*An Introduction To Trade Credit Insurance*，ICISA，2013，p. 117。
[2]　通常会有若干被保险人与同一个大买方交易的情况，授信累加，也就是风险的累计。
[3]　我国现行《保险法》第 103 条规定："保险公司对每一危险单位，即对一次保险事故可能造成的最大损失范围所承担的责任，不得超过其实有资本金加公积金总和的百分之十；超过的部分应当办理再保险。"
[4]　黎建飞著：《保险法新论》，北京大学出版社 2014 年版，第 359 页。

性商品（船舶、大型机电设备等），港口、电站、高铁等大型工程项目。在政府再保险项目中，保险人需要将保险费交给政府，同时由政府接受索赔，保险公司因此发生的业务费用和成本通常会得到政府相应的补贴。日本在这方面做得比较好，政府设立了出口专用风险保障基金，NEXI 通过该基金向通产省进行再保险，分保比例达到 95%。NEXI 首先每年年底制定下一年度的贸易信用保险计划，报通产省审核，再由通产省报国会以特别会计制度安排风险保障基金。然后，NEXI 与通产省签订再保险协议，报通产省大臣审批后实施。如果 NEXI 出现赔付，日本政府将承担 95% 的风险。相应的，NEXI 需要将 95% 的保险费收入转入日本政府设立的出口专用风险保障基金。[1] 英国《1991 年出口和投资担保法》规定 ECGD 可以对商业化的短期出口信用保险提供再保险，切实发挥官方信用保险机构的职能。

第四节　信用保险行业监管路径

保险监管是国家设立监管机构对保险行业的组织及其经营活动等进行监督和管理。由于保险行业的经营特殊性和社会公益性，各国通常都设立专门的监管机构负责实施监督管理，并对监管机构的职责明确予以规定。

一、信用保险监管的必要性

美国的经济深受放任自由主义影响，市场自由运行而不受监管是正常状态。凡是支持政府履行监管职责的人，必须表明市场的自由运行已经不能实现社会公共政策目标。政府监管的必要性在若干领域里已经被大众所接受，而这当中至少有五个原因和保险行业有关，即保险负债经营、保险合同的特殊性、保险赔付的

---

[1]　陈德明、黄伟志："中日贸易保险比较"，载《保险研究》1998 年第 5 期。

滞后性、社会公益性,〔1〕 具体如下。

(一) 保险经营的特殊性

保险行业属于负债经营,其经营负债性要求保险公司必须拥有充足的资金来支付承担这些负债,因此,保险公司必须遵循稳健经营的基本准则。在现代市场经济条件下,不盈利的企业是不道德的,追逐利润最大化是所有企业的最根本目的,保险公司也不例外。通常而言,利润和风险成正比,高利润必然伴随着高风险,为避免保险公司为了一味地追求高利润而不得不承担高风险,从而影响保险公司的偿付能力,有必要对其经营行为进行监督和管理,确保其能够切实有效地坚持稳健经营的原则。

(二) 保险合同的特殊性

与常规的合同相比,保险合同具有射幸性、附和性等特点。射幸性是指保险人履行赔偿责任依赖于特定保险事故的发生,同时,其损失原因的确认要符合保险行业自身原则或惯例。针对单个具体的保险合同,射幸性使得交易双方因合同产生的权利和义务体现不等价关系。附和性则是指保险合同的主要内容由保险人事先拟定,投保人只能全部接受或者拒绝,基本无商议的空间。尽管保险合同是双方当事人协商一致、遵循公平原则自愿订立的,但在实务中,保险人通常占据主动,而投保人和被保险人处于弱势和被动地位,交易双方的实际力量是相对失衡的。此外,保险合同的履行过程更为复杂,不确定性较大,投保人和被保险人的利益更容易遭受损害。所以,当保险合同条款的理解存在异议时,在尊重当事人的意思表示和按照通常理解予以解释之外,需要作出不利于保险条款提供者的解释。其目的就是要通过公力救济,使原本失衡的法律关系得到校正,避免让本已处于交易优势地位的保险人不当获利。〔2〕

---

〔1〕 [美] 小罗伯特·杰瑞、道格拉斯·里士满著:《美国保险法精解》,李之彦译,北京大学出版社2009 年版,第 1~4 页。
〔2〕 张锐:"中国保险监管适度性研究",西南财经大学 2011 年博士学位论文,第 21 页。

（三）保险赔付的滞后性

通常情况下，商品交易过程中的货款支付和货物提取是同时进行，供需双方能够现场即时实现交易结果，消费者可以及时了解商品质量。但在保险交易中，保费支付在先，赔款获得在后。保险人都是事先向不特定的投保人集中收取保费，待保险事故发生后才向个别具体的被保险人支付赔款。尤其是对于绝大部分人身保险合同而言，这一滞后时限可能长达几年甚至几十年。赔付是保险经营的核心所在和价值所在，更是投保人和被保险的关键诉求和主要依赖，但赔付的滞后性增大了保险经营的风险性和获得赔款的不确定性。保险人经营的对象是风险，风险聚集、分散和转移的过程比较复杂，一般的消费者不易理解，更难以对前述过程予以掌控。另外，随着保险经营期限的加长，政策法规、自然灾害、意外事故以及经济周期等外部因素变化的不确定性增加，对保险运营产生不确定性进而导致赔付的不确定性。在保险赔付的实际履约存在滞后性并导致赔付不确性的背景下，保险公司能否持续稳健经营，对于保障投保人和被保险人的权益至关重要。

（四）信息不对称性

信息不对称主要体现为保险人的信息劣势和投保人的信息劣势。（1）保险人的信息劣势。保险人的信息劣势主要体现在对于保险标的的认识和把握，保险人掌握的信息要远远少于投保人所掌握的信息，尤其是对于那些隐性但又重要的信息。保险人相对于投保人的信息劣势贯穿于保险合同订立到终止的整个过程。在订立保险合同时，投保人比保险人对保险标的的风险状况存在更加全面和深入熟悉和认知。比如在信用保险中，投保人清楚地了解债务人的经营业绩、信用记录、履约实力以及未来趋势等影响信用风险的状况，但保险人却难以真实全面地获取上述信息。保险合同成立后的履行过程中，保险人同样处于信息不对称的劣势。比如，信用保险合同成立后，被保险人可能会一如既往地重视信用风险管理，以减少发生损失的可能性，但也可能采取截然相反的行动。对于被保险人的前述动向和行为，保险人难以把握甚至基本没有可能性，但投保人或被保险人则相对更加容易和便利。（2）投保人的信息劣势。投保人的信息劣势主要体现在对保险人以及保险产品的认知缺乏方面。首先，投保人对保险人的信息掌握不充分。投保人对保险人的财务状况、偿付能力、持续经营能力等信息很难获取并进行准确分析和把握。其次，投保人对保险产品的信息掌握不充分。保险行业技术性强、专业化程度高，保险产品的机构和内容非常复杂，普通的投保人对于保险产品涉及的责任范围、除外责任、权利义务、保险费率的确定以及各保险产品的差异等信息很难正确地进行认识和把握。投保人和保险人之间的信息不对称所带来的危害主要逆向选择和道德风险，其引发的问题其可能造成的危害后果是保险市场无法依靠自身机制和能力解决。在市场失灵的情况下，保险监管就成为消除这些不利因素、保障保险市场健康良性发展的必要路径。

（五）社会公益性

作为风险转移、社会互助和社会管理的有效机制，保险具有经济补偿、资金融通和社会管理的主要功能。在宏观层面，保险为社会再生产的有序进行提供保障，为社会管理提供长期资金来源，为资金融通提供便利和信用。在微观层面，保险可以发挥稳定企业生产经营以及维护居民生活安定的作用。作为广泛而密切影响社会公共利益的行业，保险在社会共同体内担当重要的角色并发挥显著作用，即"经济越发展、社会越进步、保险越重要"。稳定、公平和有效的保险体系对整个经济社会而言是一种公共产品，需要政府通过有效手段来维护这一体系的健康稳定运行。当社会公众对保险有迫切需求时，政府有义务鼓励并引导保险业尽量满足社会公众的需求，处理好保险产品可获得性和可支付性之间的矛盾。但对于某些保险产品来说，其风险的高发生率决定了高昂的供给价格，使得相当多有潜在需求的消费者缺乏支付能力。但是降低保险产品价格，不仅会导致市场的低效率，从长期来看也会损害保险体系的稳健运行。对于这种可获得性和可支付性之间的矛盾，通过政府适当的监管，采取提供财政补贴等措施保持市的稳定供给，将会大大提高社会公众的福祉。[1]

作为保险行业中的重要组成部分，信用保险完全地体现了上述保险监管必要性的各项因素。同时，由于信用保险具有其他保险险种所无法比拟的特殊性，比如，信用保险的标的是无形物且体现相对权的属性，信用保险存在更加严重的信息不对称性，信用保险更加容易产生逆向选择和道德风险，[2] 信用风险具有更加显著的传递性和更加突出的发生概率分布厚尾性，其因素和影响涉及政治、经济、社会等诸多广泛领域，其风险识别和管控的难度非常之大，因此，信用保险监管的必要性也更加的显著和迫切。

以信用保险的信息不对称性困境而言，其信息不对称主要体现为保险人的信息劣势和投保人和被保险人的信息劣势。（1）保险人的信息劣势。保险人的信息劣势主要体现在对于债务人的信用风险了解和把握，保险人掌握的相关信息要远远少于投保人和被保险人所掌握，尤其是对于那些隐性但又重要的信息。保险人相对于投保人的信息劣势贯穿于保险合同投保和承保期间。双方开展信用保险合同缔约磋商时，投保人比保险人对保险标的的风险状况具有更加全面和深入的了解和把握。投保人清楚地了解债务人的经营业绩、信用记录、履约实力以及未来趋势等影响信用风险的状况，但保险人却难以真实全面地获取上述信息。保险合同成立后的承保期间，保险人同样处于信息不对称的劣势地位。投保信用保险后，被保险人可能会一如既往地进行信用风险管理，减少信用风险发生概率；但也可能出现截然相反的态度甚至行为。对于被保险人的前述动向和行为，保险人难以把握甚至基本没有可能性，但投保人或被保险人则相对更加容易和便利。（2）投保人的信息劣势。投保人的信息劣势主要体现在对保险人以及信用保险产品的认知匮乏方面。首先，投保人对保险人的信息掌握不充分。投保人对保险人的财务状况、偿付能力、持续经营能力等信息很难获取并进行准确分析和把握。其次，投保人对信用保险产品的信息掌握不充分。信用保险领域技术性强、专业化程度高，保险条款的结构复杂、内容晦涩，普通的投保人对信用保险条款

---

[1] 张锐：《中国保险监管适度性研究》，西南财经大学 2011 年博士学位论文，第 25 页。

[2] Miran Jus：*Credit Insurance*，Academic Press is an imprint of Elsevier，pp. 59–60。

涉及的适用主体、责任范围、除外责任、权利义务、保险费率的确定以及各保险条款的差异等信息很难准确了解和把握。投保人和保险人之间的信息不对称所带来的危害主要是逆向选择和道德风险，其可能造成的危害后果是信用保险市场无法依靠自身机制和能力予以解决。在信用保险市场失灵的情况下，保险监管就成为消除这些不利因素、恢复保险市场秩序平衡的必要路径。

此外，中国信保实际上的准垄断经营地位以及长期游离在中国保监会监管范围之外，客观上导致了我国信用保险市场无序、不平等、非透明竞争的局面，由此也凸显了有效实施信用保险市场监管的必要性。

二、信用保险监管在世界主要国家的历史演进

（一）保险监管制度在世界范围内的变迁

保险监管制度最早出现在 19 世纪的美国，宾夕法尼亚州于 1810 年通过一部规定禁止所有外州保险公司在本州开办相关保险业务的法律。紧随其后，马里兰州和纽约州也相继通过了类似法律。由此产生了保险监管制度的萌芽。1851年，新罕布什尔州设立了保险委员会（Board of Insurance Commission），这是历史上最早的保险监管机构，它标志着现代意义的保险监管的诞生。随后纽约州、马萨诸塞州等相继效仿，各州先后成立了专门的保险监督管理机构。1868 年，美国最高法院确认了州对保险业的管理权，从此保险监管在各州逐步发展起来。[1] 1945 年的《麦卡伦—福尔格森法》（McCarran-Ferguson Act）确立了以州监管为主，联邦统一监管的监管体制。《格拉斯—斯蒂古法》（Glass－Steagall Act）和《麦卡伦—福尔格森法案》（McCarran-Ferguson Act）定义了联邦监管的基本框架，州政府的监管规则主要包括州颁布的法律、监督官颁布的法规以及众多的判例法。

英国于 1870 年开始逐步建立了保险监管法律制度，其标志是《人寿保险公

---

〔1〕　刘红林著：《发达国家保险监管制度》，时事出版社 2001 年版，第 11~41 页。

司法》在当年的颁布。从现代保险法的历史进程来上，英国建立了完备的保险监管法律制度，对其他国家的保险监管立法产生了深远的影响。目前英国对保险业进行监管的法律依据主要是 1982 年的《保险公司法》和 1986 年的《金融服务法》及有关的保险条例。[1] 英国保险业的主要监管机构是英国贸易与工业部（DTI）。DTI 的职能并不限于保险监管，其由一系列的处室组成，保险处属于贸易与工业公司和消费者事物机构的一部分。保险处的监管职能主要由两个分支部门执行，其中一个部门负责非人寿保险和保险公司的批准，另一个部门主要负责人寿保险和伦敦保险市场。

法国在 20 世纪 90 年代以前负责保险业监管的是国家财政部下属的保险管理局。1989 年，保险监控委员会（CCA）从财政部分立，成为法国的主要保险监管机构，负责对法国的保险业进行日常的监督管理。同时，财政部也保留了一部分管理保险业的权力，从而形成了财政部和保险监控委员会共同管理的体制。[2]

日本的保险监管起源于 1893 年颁布的日本商法，日本商法的保险法部分于 1898 年颁布，这是日本最早的保险法规。[3] 目前，日本涉及保险监管的法律法规主要有《保险业法》《保险业法实施细则》《新保险法》和《新保险法实施细则》。日本保险业的监管部门是大藏省，大藏省内设银行局，银行局下设保险部，具体负责对保险公司的行政监督和管理工作。其中，保险部第一课负责管理和监督人身保险，第二课负责管理和监督财产保险。

（二）主要国家的信用保险监管模式选择

欧美各国保险监管主要有三种方式。[4] 其一是自由监管模式，即国家对保险公司的经营活动不直接进行任何干预和监管，仅仅要求保险公司公开披露其资

---

〔1〕 祝节："我国保险监管体系法律研究"，吉林大学 2011 年博士学位论文，第 44 页。
〔2〕 祝节："我国保险监管体系法律研究"，吉林大学 2011 年博士学位论文，第 43 页。
〔3〕 邓成明著：《中外保险法律制度比较研究》，知识产权出版社 2002 年版，第 288 页。
〔4〕 黎建飞著：《保险法新论》，北京大学出版社 2014 年版，第 401 页。

产负债、经营业绩以及其他相关事项，至于保险业务的产品种类、内容以及保险公司的具体经营状况，由投保人、被保险人、保险公司股东及普通公众自己分析、评估和判断，相关不利后果也由其自行承担。保险公司自主决定其组织形式、保险合同格式和内容的设定、保险资金运用等事项。这种监管模式是政府对保险行业监管最为宽松，英国保险业在 1944 年以前曾经采用这一监管方式，但随着时代的变迁和实践的发展，其已经不能适应现代保险业发展和监管的需要。其二是形式监管模式，即政府预先以法律法规形式规定保险市场准入的必备条件和保险业经营的一般准则，同时保险监管机构对保险经营经营相关的重大事项进行监管，比如规定保险公司的最低注册资本，审查保险公司的资产负债表、损益表、现金流量表，监督保险公司的偿付能力，检查保险公司信息披露的准确性和真实性，审查管理当局制裁方式的合法性等。这种监控模式可以有效地监管形式上的不合法行为，但是对于实质上不合法行为则鞭长莫及，无法完全切实地实现国家对保险行业的监管。其三是实质监管模式，即政府制定完备具体的保险监管法律法规，同时保险监管机构也对保险公司的整个经营过程和全部经营活动进行全方位、全流程的监管。在保险公司设立时，必须经监管机构审核批准，发放许可证；在经营过程中，监管机关要对保险公司的具体财务指标和业务经营等方面的情况进行监管；在保险公司破产清算时，监管机构主动介入并予以监督。此外，监管机构还对保险公司经营中的违法违规行为实施严厉的制裁手段和措施。这种模式对保险公司从设立到经营乃至清算的全面、严格的审查，使社会公众的利益得到有效的保护，因此正取代其他方式而为各国所采用。[1]

从加拿大、法国、英国、日本、韩国等国对信用保险的监管制度来看，都是采取实质监管模式，政府制定完备具体的信用保险监管法律法规，尤其是加拿大、韩国等国专门对信用保险的经营机构以及业务运营制定了体系化的法律法规，确保了依法监管、实质监管和严格监管。同时保险监管机构也对保险公司的整个信用经营过程和全部经营活动进行全方位、全流程的监管。保险公司设立开

---

[1]　邓成明：《中外保险法律制度比较研究》，知识产权出版社 2002 年版，第 275 页。

办信用保险业务必须获得监管机构的审核批准，发放许可证；在信用保险经营过程中，监管机关对保险公司的财务指标、风险敞口、业务范围和质量等方面进行管控；保险公司在信用保险经营中的违法违规行为会遭到监管机构严厉的制裁和处罚。总之，保险公司如果要从事信用保险业务，从设立到经营乃至清算的全流程和全放弃方位都将受到具体、严格的监管。此外，由于法律环境、国情社况、发展水平、市场成熟度、战略倾向等方面的差异性，也导致了各国在信用保险监管方面会有一些不同的战略和措施。

加拿大的信用保险监管机构分为两个层次，分别是联邦保险部和各省的保险部。联邦保险部负责管理外国保险公司及在联邦注册的加拿大保险公司，并对这些保险公司的偿付能力、保险准备金的提存及保险公司的投资问题作出具体规定。各省保险部主要管理在当地做业务的保险公司、需要在本省开业的联邦注册的保险公司。加拿大政府于 1985 年颁发《出口发展法》，指导和保障加拿大信用保险业务发展，其明确了出口信用保险的基本定义以及 EDC 成立目的、组织机构、运营程序、业务范围、风险管控、行政监管等方面具体内容。加拿大政府通过法律规定责任限额的方式对 EDC 的风险承担状况进行限制和管控，刚性地履行风险监管职能。EDC 开展各项业务所产生的应赔偿的责任余额不得超过法定资本的 10 倍，也不得超过 450 亿加元的上限。此外，EDC 应当按照法律的规定向加拿大总审计长和国际贸易部长提交公司的年度报告、公司计划和经营预算报告，国际贸易部长和总审计长应当就 EDC 的经营等情况向国会提交报告。韩国政府于 1968 年制定了《出口信用保险法》，2010 年更名为《贸易保险法》，该法对信用保险经营主体、范围、职权以及责任进行了详尽规定，主要涉及确保经营主体 K-sure 的合法地位、明确规定 K-sure 的组织机构及业务运营规则、界定监管机构的职能边界和具体措施、强调经营主体非法经营的责任后果和制裁手段。韩国政府建立了建立严格缜密的信用保险责任承担体系，确立了 K-sure 高管和职员参照公务员的刑事责任地位的原则，构建包括刑事处罚和行政处罚在内的信用保险处罚体系。日本政府于 1950 年制定《出口信用保险法》和《出口信用保险特殊会计法》，建立了出口信用保险的财务监管体系和制度。1953 年 8 月，《出口信用保险法》和《出口信用保险特殊会计法》被合二为一并更名为《出口保险法》，1987 年更名为《贸易和投资保险法》，将法定再保险作为履行监管职能重要载体和手段。

三、国际保险监管组织框架下的保险监管体系

国际保险监管监督官协会（International Association of Insurance Supervisors，IAIS）1994 年成立于瑞士，是全球性的保险行业监管组织，由 129 个成员国的保险监管机构和 98 个保险监管机构观察员组成，成员国享有表决权，可以完整地融入国际保险界、参与国际保险事务。IAIS 体现了全球保险监管机构的理念和意志，代表国际保险业的监管方向和趋势。IAIS 的作用主要体现在以下三个方面：其一，制定国际保险监管规则和标准。该规则是国际保险监管文件的范本，具有较高的权威性和专业性，引导着国际保险业监管的发展方向和趋势。其二，发布国际保险业监管最新动态。IAIS 持续关注各国保险业监管动向，及时发布国际保险行业监管动态信息，评估保险监管问题、新趋势。其三，构建国际保险监管界的交流平台。在国际组织范围内，IAIS 通常被与巴塞尔委员会以及国际证监会组织相提并论。

（一）IAIS 的监管原则和标准

IAIS 自成立以来先后制定了 40 条左右的保险行业监管标准，世界银行、IMF 将其作为对保险机构的评估标准。IAIS 在制定并推行国际保险监管标准的过程中首先是充分考虑实施和执行所在国的法律环境，同时还将所有实施的监管标准征求会员国的意见，确保符合适用所在国的政治环境。在 IAIS 2005 年年会上，启动了建立保险公司偿付能力框架和标准项目，力求制定一套世界范围内统一适用的保险机构偿付能力评价标准，确保保险公司偿付能力的透明度和可比性，使保险公司的偿付能力在世界范围内可以进行客观的比较和评估。[1] 对于保险监

---

[1] 李薇："中国保险监管质量研究"，吉林大学 2011 年博士学位论文，第 33 页。

管，IAIS 确立了"保险监管体系、保险机构监管、连续监管、审慎监管、市场和消费者、反洗钱和打击对恐怖组织的资金支持"六大核心原则，并对每一个核心原则进行了具体的标准认定。

表 5-3　IAIS 保险监管的原则及标准〔1〕

一、保险监管六大核心原则——"保险监管体系、保险机构监管、连续监管、审慎监管、市场和消费者、反洗钱和打击对恐怖组织的资金支持"。

1. 保险监管体系原则：包含保险监管目标、保险监管机构、保险监管过程以及监管合作和信息共享。

（1）保险监管目标原则：明确界定保险监管的主要目标。

（2）保险监管机构原则：要求法律授予监管机构有足够的权力、法律保障和财务资源来实施其功能和权力，并且在履行其职责和权力时，相对独立和自负其责；必要时，监管机构有权采取紧急措施，以达到其监管目标，尤其是保护投保者的利益。

（3）保险监管过程原则：鼓励监管机构以透明和负责的方式履行其职责。

（4）监管合作和信息共享原则：使保险监管机构在遵守保密要求的前提下，与有关监管机构合作和分享信息。

2. 保险经营的连续监管原则：明确要求对保险机构的监管应当具有连续性及一致性。

3. 审慎监管原则：包括风险分析和管理、保险活动、负债、投资、衍生产品及类似产品、资本充足偿付能力。

4. 市场和消费者原则。市场秩序和公司治理结构市场准入监管；保险主体的公司治理监管。公司治理包括公司规定、透明、独立、负责、公平和社会责任。高管人员具有合格并适宜职责的品行、能力、经验及资格。

5. 反洗钱和打击对恐怖组织资金支持的原则：促使保险公司和中介，至少那些出售寿险产品或其他保险相关投资的保险公司和中介，根据国际反洗钱工作组（FATF）的建议，采取有效措施发现、止和报告洗钱及对恐怖组织资金支持的情况。

二、监管风险控制目标

对保险主体的风险控制保证其资本充足性与偿付能力。制定了 14 个资本充足性和偿付能力准备金原则、其他负债准备金原则和再保险原则，要求提取各类准备金，实现风险转移的有效性。

资产原则和匹配原则：控制资产规模的合理性和易变现，强调资产与负债之间的匹配。

资本金最低限额原则和损失吸收原则：解决资本充足性问题。

信息披露原则：为消费者评价一种保险产品的风险和适用性时提供了条件。

风险敏感性原则：保障资本充足性和偿付能力监管体系能够在任何时候都具有适用性。

---

〔1〕　李晓林："解读国际保险监督官协会的监管思路"，载《中国金融》2007 年第 2 期。

资产管理监管标准和投资风险管理原则：要求对资产管理进行严格的监测和控制。

保险主体的再保险监管原则：实现保险公司的风险控制，对再保险人进行严格监管。

监管与信息披露原则：评估公司现在和预期的偿付能力，评估资产和负债，分析价目表的适当与否以及运营的平衡性；评价保险业务的技术行为；评价如何对待客户，并确定是否有损害保单持有人或公共利益的非法或不正确的行为；评价会计和内部控制制度。

保险公司应披露信息：包括财务状况、财务表现、风险暴露程度及其管理、信息准备包括会计政策，及基本业务、管理和公司治理等方面的信息；对压力测试假定情况的实际财务结果公开披露，使市场参与者评估和比较在账户、风险暴露及它们对财务状况和经济绩效的影响中所固有的不确定性。

跨区域的监管合作原则：对国际保险人、保险集团及其跨国业务经营的综合监管。

确立指导原则：指导保险监管机构在监管国际保险人和保险集团的境外经营活动中开展的相互合作。

（二）IAIS 对于监管质量的评估标准

稳健的保险监管体系促进保险行业和谐发展和有序竞争，保险监管体制必须确保保险行业乃至整个金融行业体系和环境的稳定性。保险公司是负债经营，其核心风险来自资产负债中的负债方，如果缺乏合理而稳健的监管，将导致偿付风险。因此，保险监管框架下的原则、标准必须直面并解决这些问题，提升保险监管的质量，为此，IAIS 制定了《保险监管质量指标体系》，涉及六大原则项下的 28 个具体评价指标标准，其中比较核心的监管质量指标体系是监管方式、监管对象和审慎标准。

表 5-4　国际保险监督官协会保险监管质量主要指标体系[1]

指标体系	指标释义	评估体系
有效监管条件体系	ICP1 有效的保险监管条件依赖于：金融部门监管的政策，制度和法律框架；发展完善的和有效率的金融市场基础设施；有效的金融市场。	遵守

---

[1]　李薇：《中国保险监管质量研究》，吉林大学 2011 年博士学位论文，第 72～74 页。根据 *Collection of International Insurance Regulatory Documents*（IAIS Volume）整理。

指标体系	指标释义	评估体系
监管体系	ICP2 监管目标：保险法应当明确规定监管部门的权力和责任；将监管目标公之于众促进透明度；法律明确阐明保险监管政策制定和实施的制度框架和基本的结构概念；保险监管主要目标是为了保单持有者的利益，促进一个有效、公平、安全和稳定的保险市场。	遵守
	ICP3 监管机构：法律、权利和财务资金保障使其发挥其功能并运用权利；相对独立和自负其责地履行职责和权力拥有足够高水平专业素养的工作人员，通过培训留住他们；对机密信息处理得当。	遵守或大部分遵守
	ICP4 监管过程：透明和负责的方式履行监管职责。	遵守
	ICP5 监管合作和信息共享：在遵守保密合同的前提下，保险监管机构与其他监管机构合作并共享信息。	遵守
被监管实体体系	ICP6 发放执照：开展保险业务之前，保险公司须通过批准并取得执照；清晰、客观和公开是发放执照的原则。	遵守
	ICP7 人员的合格适宜性：股东、董事会成员、高级经理、审计师、精算师为履职的合格人员；品行、能力、经验及资格都应是合格并适宜其职责的。	遵守或大部分遵守
	ICP8 股份变更和业务转移：保险公司主要股权、购买者能直接或间接，单独或共同获得对保险公司控制权的其他股权的方案都必须接受保险监管机构的审批；保险公司的业务转移或合并由监管机构对予以批准。	遵守
	ICP9 公司治理：保险公司遵循监管机构规定使用的公司治理标准；公司治理结构保护和区分所有有关各方的利益。	大部分遵守或未遵守评估
	ICP10 内控：保险公司要按着监管机构要求建立内控制度；内控制度要与该公司的性质和业务规模相适应；董事会和高级经理层通过监督和报告制度能够监督和控制公司的运行情况。	遵守

续表

指标体系	指标释义	评估体系
连续监管体系	ICP11 市场分析：对可能影响保险公司和保险市场的因素进行监测和分析，监管机构利用获取的信息资源，通过分析得出结论，以便采取相应措施。	遵守
	ICP12 向监管机构报告和非现场检查：有效地进行非现场检查评价保险市场及保险公司的经营情况；有些是例行检查，有些是监管机构接到报告信息。	遵守或部分遵守
	ICP13 现场检查：对保险公司进行现场检查，检查内容业务经营、遵守法律和监管规定情况。	遵守或部分遵守 遵守
	ICP14 预防和改正措施：为达到监管目标，采取必要恰当的预防和改正措施。	遵守或部分遵守 遵守
	ICP15 执行或处罚：监管机构根据公开、清楚和客观的惩罚标准对违规的保险公司进行处罚，实施改正措施。	部分遵守
	ICP16 解散和退出市场：对偿付能力不能满足法律法规明确定义标准的保险公司按法律处理的标准和程序解散，在解散过程中法律优先考虑保护保单持有者的利益。	遵守
	ICP17 对集团监管：除对保险公司监管外还要对其集团进行监管。	部分遵守
审慎标准体系	ICP18 风险分析和管理：保险公司有充分认识，并有效地分析和管理经营管理中所面临的风险。	大部分遵守
	ICP19 保险活动：保险公司测试、评价和管理所承担的风险，通过再保险分散风险，确保有足够数量保费平衡风险。	大部分遵守
	ICP20 负债：保险公司必须按着监管机构要求建立足够的准备金、满足监管要求其负债和再保险保障金的标准。	大部分遵守（监管机构评估准备金）
	ICP21 投资：保险公司要遵守监管机构所有关于投资活动的标准，主要包括投资政策、资产组合、估值、多样化、资产负债匹配和风险管理。	部分遵守
	ICP22 衍生产品及类似产品：保险公司要遵守保险监管机构关于运用金融衍生产品及类似产品的规定。	遵守或不适用（禁止使用衍生工具）
	ICP23 资本充足和偿付能力：保险公司要符合监管机构有关偿付能力的规定（资本充足及资本所采取的合适的形式）保证有能力承受不可预见的重大损失。	遵守（编制评估报告）

续表

指标体系	指标释义	评估体系
市场和消费体系	ICP24 中介：对中介的市场行为，监管机构直接或间接（保险公司）的监管，对其经营行为作出管理规定。	大部分遵守
	ICP25 消费者保护：对国内的保险公司和中介、的业务活动监管机构要制定达到的最低标准，确保经营活动规范。对外国保险公司跨境销售保险产品的经营活动也要有限制标准。	遵守
	ICP26 面对市场信息、信心披露和透明度：保险公司要按监管机构要求及时披露有关信息，以便使股东清楚地了解公司的业务经营活动和财务状况。	遵守或部分遵守
	ICP27 欺诈：监管机构要求保险公司和中介采取必要措施，防止、发现和处理保险欺诈。	遵守
反洗钱和打击对恐怖组织的资金支持体系	ICP28 反洗钱和打击对恐怖组织的资金支持：保险公司和中介，至少那些出售寿险产品或其他保险相关投资的保险公司和中介要根据监管机构要求，根据国际反洗钱工作组（FATF）的建议，采取有效阻止、发现和报告洗钱及恐怖组织资金支持的情况。	遵守

四、我国信用保险监管路径趋向

（一）我国保险行业现行监管体系

我国国务院于 1985 年颁布《保险企业暂行管理条例》，由此开始对保险业进行专门管理。中国人民银行于 1994 年设置保险司对各类保险公司进行监管，还设置稽核监督局负责对各类金融机构的现场稽核检查。随着我国金融监管体制的改革，分业监管成为趋势和必要，1998 年成立的保监会作为保险监管机构统一监督管理保险市场，先后制定和修订了一系列监管法律法规，主要包括《保险业监督管理规定》《保险公司管理办法》《保险公司业务范围分级管理办法》《外资保险公司管理规定》《保险公司信用等级评估办法》《再保险公司管理办法》《保险经纪人管理办法》《保险代理人管理办法》《保险公估人管理办法》等。

中国保监会对我国保险行业的监管内容以偿付能力监管为核心，辅以保险条款、保险费率、保险业务等方面的监管。在保险领域，偿付能力是指保险公司履行赔偿或给付保险金的能力。一旦保险公司偿付能力不足，就难以承担相应的责任，履行应尽的赔付职责。各国的保险监管机构基本都将偿付能力作为监管的关键措施，都通过法律法规明确规定保险人应具备的最低偿付能力。在我国，偿付能力充足率即资本充足率，是指保险公司的实际资本与最低资本的比率。如果保险公司偿付能力充足率未达标，保监会应当将其列为重点监管对象，并可以根据具体情况采取下列措施：（1）责令增加资本金、办理再保险；（2）限制业务范围；（3）限制向股东分红；（4）限制固定资产购置或者经营费用规模；（5）限制资金运用的形式、比例；（6）限制增设分支机构；（7）责令拍卖不良资产、转让保险业务；（8）限制董事、监事、高级管理人员的薪酬水平；（9）限制商业性广告；（10）责令停止接受新业务。

我国 1995 年《保险法》首次将偿付能力的监管作为监管机构的重要职责，2009 年《保险法》第 86 条明确规定保险公司应当按照保险监督管理机构的要求报送偿付能力报告，报告必须如实记录保险业务事项，不得有虚假记载、误导性陈述和重大遗漏。此外，第 101 条还规定："保险公司应当具有与其业务规模和风险程度相适应的最低偿付能力。保险公司的认可资产减去认可负债的差额不得低于国务院保险监督管理机构规定的数额；低于规定数额的，应当按照国务院保险监督管理机构的要求采取相应措施达到规定的数额。"第 138 条要求国务院保险监督管理机构应当建立健全保险公司偿付能力监管体系，对保险公司的偿付能力实施监控。中国保监会于 2008 年颁布《保险公司偿付能力管理规定》，要求经营商业保险业务的保险公司和外国保险公司分公司应当具有与其风险和业务规模相适应的资本，确保偿付能力充足率不低于 100%。在中国境内设有多家分公司的外国保险公司应当合并评估境内所有分支机构的整体偿付能力。保险公司应当于每个会计年度结束后，按照中国保监会的规定，报送董事会批准的经审计的年度偿付能力报告。保险公司应当于每季度结束后，按照中国保监会的规定报送季度偿付能力报告。

2008 年 12 月，中国保监会发布《关于实施保险公司分类监管有关事项的通知》，根据保险公司的风险程度实施分类监管，在产品、机构、资金运用等方面对不同类别的公司采取不同的监管政策，并根据其存在的风险采取不同的监管措施。中国保监会将保险公司分为四类：A类公司，指偿付能力达标，公司治理、资金运用、市场行为等方面未发现问题的公司；B类公司，指偿付能力达标，但公司治理、资金运用、市场行为等方面存在一定风险的公司；C类公司，指偿付能力不达标，或公司治理、资金运用、市场行为等方面存在较大风险的公司；D类公司，指偿付能力严重不达标，或者公司治理、资金运用、市场行为等至少一个方面存在严重风险的公司。

表5-5 保险公司分类监管监测指标一览表

序号	指标类别	产险公司的具体指标	寿险公司的具体指标
1	偿付能力充足率	偿付能力充足率	偿付能力充足率
2	公司治理、内控和合规性风险指标	公司治理 内部控制 合规性风险指标	公司治理 内部控制 合规性风险指标
3	资金运用风险指标	(1) 预定收益型非寿险投资型产品投资收益充足率 (2) 基金和股票市场风险 (3) 存款信用风险 (4) 债券信用风险 (5) 资金运用集中度 (6) 违反投资规定情况	(1) 资产负债持有期缺口率 (2) 投资收益充足率 (3) 基金和股票市场风险 (4) 存款信用风险 (5) 债券信用风险 (6) 资金运用集中度 (7) 违反投资规定情况
4	业务经营风险指标	(1) 保费增长率 (2) 自留保费增长率 (3) 应收保费率 (4) 未决赔款准备金提取偏差率 (5) 再保险人资质 (6) 单一危险单位自留责任限额	(1) 长期险保费收入增长率 (2) 短期险自留保费增长率 (3) 标准保费增长率 (4) 退保率 (5) 保单持续率 (6) 准备金充足状况

续表

序号	指标类别	产险公司的具体指标	寿险公司的具体指标
5	财务风险指标	（1）产权比率 （2）自留保费资本率 （3）综合成本率 （4）资金运用收益率 （5）速动比率 （6）现金流	（1）产权比率 （2）盈利状况 （3）短期险综合赔付率 （4）现金流测试情况

2015 年 2 月 5 日，中国保监会正式发布中国风险导向的偿付能力体系（以下简称偿二代）17 项监管规则以及《关于中国风险导向的偿付能力体系过渡期有关事项的通知》（以下简称《通知》），决定自文发之日起，进入偿二代过渡期，保险公司自 2015 年 1 季度起，编报偿二代下的偿付能力报告。保监会设置了灵活、富有弹性的过渡期，将根据过渡期试运行情况，确定新旧体系的全面切换时间。与偿一代相比，偿二代在监管理念、监管框架和监管标准等方面都发生了重大变化，最重大的变化是偿二代以风险为导向，逐步构建具有国际可比性的新偿付能力监管制度体系。《通知》要求各保险公司应当成立由董事长或总经理牵头，财务、精算、风险管理、投资、业务和信息技术等相关部门参与的偿二代试运行领导小组，制定工作方案，研判偿二代对公司战略规划、管理流程和产品结构的影响，积极调整公司的经营策略、组织架构和信息系统，尽早达到偿二代全面切换的条件。在过渡期内，现行偿付能力监管制度（偿一代）和偿二代并行，保险公司应当分别按照偿一代和偿二代标准编制两套偿付能力报告，保监会以偿一代作为监管依据。《通知》还明确了各项监管规则在过渡期内的适用要求和具体标准，包括寿险合同负债的折现率曲线、巨灾风险因子和计算模板、利率风险不利情景、压力测试的必测情景以及需要编报集团偿付能力报告的公司等。保监会于 2015 年首次对保险公司偿付能力风险管理能力进行监管评估，过渡期内监管评估结果暂时不与资本要求挂钩。

（二）我国信用保险行业监管的路径突破口

具体到信用保险领域，我国目前的监管基本还属于空白状态，主要还是保持传统财产保险公司所适用的常规通用的监管措施，比如条款和产品审批、偿付能力、公司治理等，这是由一定的历史原因造成的：在 2013 年以前，信用保险业务（主要是出口信用保险）基本都由政策性保险公司——中国出口信用保险公司垄断经营，中国出口信用保险公司在实际上基本没有被纳入中国保监会的监管范围；而市场化运作的国内信用险由于规模小、比重低、影响弱而没有引起中国保监会的过多关注。

随着短期出口信用险业务在 2013 年向商业性保险公司开放、国内贸易信用险由于经济不景气而爆发了诸多重大金额的虚假贸易案件以及信用保险在促进小微企业发展、刺激内需、拉动出口等方面的作用越来越被重视等因素的出现，中国保监会开始认识到信用保险的重要性和特殊性，逐步探索在信用保险领域作出一些与其风险特性相匹配的监管措施和指标。

比较可行有效的路径是在立足于我国信用保险发展的实际情况基础上，充分借鉴和吸收 IAIS 制定的监管原则和标准指标，尤其是监管质量指标体系中的"有效监管条件、监管体系、被监管实体、连续监管、审慎监管、市场和消费者"等指标。有效监管条件方面，保监会需要依赖相关明确和完善的信用保险法律法规框架体系，同时有必要制定边界清晰、目标明确的信用保险监管政策、制度；发展规范有效的信用保险市场，进一步打破中国信保的准垄断经营地位，将其纳入监管范围，建立基于商业性和政策性的分层分级监管原则、政策和机构，考虑建立中国保监会牵头主导的政策性信用保险部际监管委员会。监管体系方面，明确规定保监会在信用保险领域的监管权力和责任，以透明和负责的方式履行监管职责；逐步建设相对独立和自负其责地履行职责和权力并且拥有足够高水平专业素养的信用保险监管人才队伍，这是当前较为关键的。被监管实体方面，保监会 2013 年颁布《保险公司业务范围分级管理办法》，对信用保险业务制定了最为严格的准入许可标准，这是一个积极可喜的信号，但是距离持续有效的监管标准还远远不够，不能仅仅着眼于业务准入方面，而是要更多地在"从业人员的合格适宜性"以及"内控制度的实质运行"等方面实施监管，并制定具体明确的标准，确保监管是全流程的。"审慎标准"方面，这是信用保险监管的基本和根本根基，保险公司必须强化信用风险分析和管理能力，充分认识并有效地分析和管理经营中所面临的信用风险和其他风险；保险公司必须测试、评价和管理所承担的信用风险，通过法定再保险分散风险，确保有足够数量保费平衡风险；保险公司要符合监管机构有关偿付能力的规定（资本充足及资本所采取的合适的形式），保证有能力承受不可预见的重大损失；合理界定监管权限，明确市场调节和行政监管的有效边界，能让市场和竞争解决的绝不依靠行政介入，在保险条款和保险费率审批等方面则可以考虑简政放权。

小　　结

如果立法思路之于人体是精神、立法模式之于人体是骨架，那么具体的立法规则便是人体的血肉。确立信用保险立法思路模式并明确信用保险商业性和政策性范围之后，探究信用保险的核心要素便是应有之义和重中之重。从立法体例来看，信用保险法律制度内容可以分为信用保险合同法和信用保险业法两大基础部分。信用保险合同法主要包括信用保险合同主体建构、信用保险合同中保险责任与责任免除、信用保险合同承保风险的具体体现等核心要素，同时衍生出对信用保险合同保险人资质确立、投保人和保险人范围界定、受益人设置、第三人功能解读、保险人的提示说明义务履行标准、投保人和被保险人的如实告知义务以及统保义务、索赔等待期设置、保单累计赔偿限额、买方信用限额等重点方面的法理研究和分析。信用保险业法则需要针对信用保险行业监管路径进行路演和论证，最终推导出我国保险行业监管的关键举措以及信用保险监管所依赖的路径选择。

第六章　制定我国《信用保险法》的对策与建议

第一节　我国《信用保险法》立法模式与结构

美国著名法学家博登海默认为："一个理想的法律制度可能是这样一种制度，其间，必要的法律修正都是在恰当的时候按照有序的程序进行的。"[1] 信用保险的立法动因，源于规范和促进信用保险业务发展的内在需求以及实现信用保险法律关系各主体平衡保护的社会需求，而且这种需求在现行《保险法》和《对外贸易法》中未得到满足，进而制约和影响了信用保险的健康有序发展，阻碍信用保险经济社会功能的有效实现，由此确有必要对信用保险进行立法规范。信用保险的立法目的，是满足和实现信用保险的程序化需求。[2] 信用保险的规范化和秩序化，是信用保险自身内在价值和社会经济功能实现的保障。信用保险立法是实现信用保险规范化和秩序化的起点。

一、可供选择的《信用保险法》具体立法模式

（一）在《保险法》中单独增设"信用保险"的特殊规定

在这种模式项下，不需要重新设定信用保险立法的基本原则等内容，只需要

---

[1] ［美］E. 博登海默著：《法理学——法律哲学与法律方法》，邓正来译，中国政法大学出版社 1999 年版，第 328 页。

[2] 翟因华先生早在 1996 年就呼吁要对出口信用保险进行单独立法，参见翟因华："浅谈出口信用保险立法中的若干问题"，载《保险研究》1996 年第 6 期。邢海宝教授在 2008 年提出要完善信用保险法律制度，参见邢海宝著：《中国保险合同法立法建议及说明》，中国法制出版社 2009 年版，第 389～395 页；赵明昕博士也认为要尽快构建我国信用保险法律体系，参见赵明昕著：《中国信用保险法律制度的反思与重构》，法律出版社 2010 年版，第 242～248 页。

在现有《保险法》中单设一章进而实现对信用保险的法律规制。新增的这章内容专门适用于信用保险，即针对信用保险的特殊性，选择合适的法律规范种类并构建相应的法律规则，进行普通基本保险法之外的例外规定即可。这种模式看似简单，但是却面临以下几个问题：第一，《保险法》第 2 条规定"本法所称保险，是指投保人根据合同约定，向保险人支付保险费，保险人对于合同约定的可能发生的事故因其发生所造成的财产损失承担赔偿保险金责任，或者当被保险人死亡、伤残、疾病或者达到合同约定的年龄、期限等条件时承担给付保险金责任的商业保险行为"。信用保险中的中长期信用保险被定位于政策性保险，并非商业保险行为，如果在《保险法》中增设一章对信用保险进行完整的规制，将导致条款内容冲突和冲突选择问题；如果只是在《保险法》中增设适用于商业信用保险的相关规定，那么还需要通过别的立法形式对政策性信用保险进行规制，这样就失去了在《保险法》中完整单独增设"信用保险"特殊规定的意义和效果。第二，虽然保险的基本原理适用于"信用保险"，但是如前所述，信用保险具有诸多特殊性，《保险法》的诸多现有规定对信用保险并不能很贴切地适用。因此，如果采取这种立法模式，无论是在信用保险原则、保险金额、买方信用限额、合同成立生效及终止、投保人义务、保险重复等保险合同法方面，还是信用保险经营机构准入、准备金提取、再保险、监管等保险业法方面，都需要进行大范围甚至实质性的调整、修改和补充，容易导致出现"牵一发而动全身"的局面，甚至还会产生条款之间的不一致和冲突，而不仅仅是在现行《保险法》现有基础上简单增加内容的操作了。

（二）单独制定信用保险法的立法模式

采用单独立法的方式对信用保险进行规制，也就是在《保险法》之外，制定《信用保险法》这一单行法，作为《保险法》的下位法和特殊法。关于信用保险的法律适用，首先适用信用保险法这一单行法、特殊法的相关规定，只有在信用保险法没有相关规定的情况下，才适用作为一般法、普通法的《保险法》中寻找法律规范的适用。这种单独立法的模式，看起来需要完整的立法过程，时间较长且立法成本较高，但是具有如下优势：第一，不会破坏《保险法》现有的立法体系，也不需要对《保险法》现有条款内容进行修改和调整，在条款体系和内容的设计层面不用过多的考虑区分和兼容等问题；第二，便于法律体系的建构和条款内容的制定，可以充分地考虑信用保险的特殊性，进行更系统、更全面、更一致、更贴切的设计，无须基于考虑一般保险和信用保险的共同点、不同点而去设定边界规范，可以做到比较精准、简练地安排条款内容；第三，便于法律适用，信用保险法的规范对象或信用保险法律关系主体可以更加方便、明确地找到适合其行为的法律规范，而不需要在不同的法律条款之间进行犹豫、判断和取舍。但是，如此单独立法也存在一些弊端：第一，法律权威性和厚重感单薄一些。《保险法》是我国保险法律法规体系中的根本大法，发挥着统领全局、提纲挈领的作用，但现行《保险法》对信用保险只有区区四个字，没有任何说明、阐述、定义、规制性的法律规范，信用保险的基本性法律规范内容过于欠缺，在此基础上制定信用保险单行法，缺乏必要的承继和依据，显得头重脚轻。第二，法律位阶和效力偏低。如果采取单独立法的模式，最为可行的方式是由行政法规或者部门规章形式实现，[1] 这样就会在一定程度上削弱该法的法律位阶和效力，不利于推广和适用，同时也可能会导致该法在与其他法律法规发生效力和内容冲突时处于不利局面。

(三)"《保险法》+单行法"的模式

该模式是指在《保险法》中适当增加一些关于信用保险基本定义和原则的条款，在此基础上对信用保险进行单独立法，形成以《保险法》作为基本法、普通法，信用保险单独立法作为具体法、特殊法的信用保险法律法规体系，这样的立法模式既可以吸取前述两种立法模式的精华，也可以尽可能地避免其弊端，基本可以实现法律效益最大化，具有以下优势：第一，有利于强化信用保险

---

[1] 2012年10月24日国务院第222次常务会议通过《农业保险条例》；2010年7月29日国家旅游局第9次局长办公会议、2010年11月8日中国保险监督管理委员会主席办公会审议通过《旅行社责任保险管理办法》。

法律的权威性和厚重感，在《保险法》中规定信用保险定义和主要原则、保障风险范围等基础性内容，发挥着统领全局、引领指导单行立法的作用，在单行法中对信用保险合同法和信用保险业法的具体内容进行规制，同时将对于中国信保的规制和监管也纳入其中，作为特殊的一章内容。第二，有利于提高信用保险法律的整体法律位阶和效力，为单行立法提供了法律渊源和依据，便于信用保险法律体系的丰富和扩展。第三，有利于形成各归其位、各尽其责的信用保险法律法规体系，在《保险法》的统领下，单行立法与之相互配合、粗细得当，各自规定相应的信用保险内容，在立法上形成主次分明、重点突出、细节到位的内在逻辑和操作流程。第四，现实操作性强，容易为各方接受，实现难度相对较低。

二、确定我国《信用保险法》具体立法模式的理由

"法学并非'纯思'，它的理论兴趣不在于寻求'存粹'的知识或'存粹'的真理。法学必须关注和面向社会的世俗生活，为人们社会生活中的困惑、矛盾和冲突寻找到切实的法律解决方案，确立基本原则，或为法律的决定作出合理而有说服力的论证"[1] 以"《保险法》+单行法"的模式制定《信用保险法》，《保险法》和《信用保险法》单行法构成一般和特殊的关系，在《信用保险法》已有规定时，适用《信用保险法》的特殊规定，当其没有规定时，则适用《保险法》的相关规定，这是《信用保险法》立法模式较为理性而可行的建议。如此立法建议，除考虑到上述制定"《保险法》+单行法"的模式之优点外，还综合考量了以下因素。

其一，需要采用高超的立法技术对信用保险立法进行结构设计和内容确定，协调和承接不同的法域和部门法。立法技术是指为了促进立法科学化而在立法活动中所采取方法和技巧的总称，是法律规范的重要表达方式。[2] 信用保险法律制度，尤其是其中的中长期政策性信用保险法律制度，除了需要规范和调整民商事法律关系，也需要对信用保险中所存在的公权介入、行政监管而发生的行

---

〔1〕　舒国滢、王夏昊、梁迎修著：《法学方法论问题研究》，中国政法大学出版社2007年版，第7页。
〔2〕　周旺生著：《立法学》，法律出版社2009年版，第375页。

政法律关系进行规范调整，还需要特别地保障社会法的调整对象——公共利益。信用保险所调整的法律关系体现了复杂性和综合性的特点，难以纯粹简单地通过在《保险法》中增加相关内容来实现，因此确有必要通过信用保险单行法的形式并采取多种立法技术对私权、公权以及社会权之间的关系进行统一和均衡。

其二，任何具体的保险险种在体现保险普遍原则的同时，也有或多或少地具有一些自身特殊性，比如责任保险、农业保险等。但可以确定地说，与其他普通的保险险种相比，信用保险的特殊性更为突显著。《保险法》的一般规定对信用保险的适用性不是很强，尤其是对于中长期信用保险，而且《保险法》自始就存在一些缺陷和疏漏，如果再把信用保险的法律法规纳入其中，现存的缺陷和疏漏不仅无法满足信用保险的立法需求，而且可能会引起信用保险操作和法律适用上的混乱，此乃南辕北辙、缘木求鱼。

其三，从立法环境和需求来看，目前涉及信用保险的法律是《保险法》和《对外贸易法》，信用保险的立法需求和立法规制，需要结合信用保险的特殊性以及《保险法》和《对外贸易法》对其规制的可能性和可行性。从《保险法》角度来看，缺少对信用保险的定义和分类；缺少对风险共担、责任限额等主要原则的说明；缺少对信用保险损失原因的列明和阐述；缺少对投保人统保义务规定以及如实告知义务的延伸；缺少信用保险受益人的设置；缺少信用保险具体的法定再保险制度；缺少对小微企业的支持政策等。从《对外贸易法》来看，其只涉及出口信用保险，国内信用保险无法纳入其规制范围；同时，即便出口信用保险也仅仅是其众多内容中的极小一部分，无法用比较大的法律条款篇幅对出口信用保险的相关内容进行规制。此外，国务院刚于 2015 年 10 月公布《关于修改〈中华人民共和国保险法〉的决定（征求意见稿）》，出于维护法律连续性和稳定性，目前不适宜对《保险法》作大范围的调整和修改。总体而言，基于立法环境和立法需求角度考量，信用保险的法律规制适宜采用"《保险法》+ 单行法"的模式。

其四，从立法经济效益来看，任何立法活动必然需要评估立法的成本、投入和产出之间的关系。[1] 何种立法模式对信用保险进行规范和调整更能节省立法投入、增加法律功效，是选择和确立立法模式时必须考虑的因素。信用保险法律的科学有效性与立法成本和立法效益直接挂钩。《保险法》相关立法缺陷和疏忽、信用保险概念的缺失以及对信用保险特殊性的忽略，导致不能有效地满足信用保险的立法目的和需求。此外，如果对《保险法》进行大幅调整并增加信用保险的较多内容则会导致法律条款众多、法律规则精准度不够、法律适用性不强、篇幅比例严重失调等诸多问题。在《保险法》中单独增加信用保险的相关规定并非简便易行，反而会涉及《保险法》诸多内容的调整和修订以及较大立法体例篇幅的变化。对现行基础性的法律作出如此大范围的变动，非但不会节省立法成本，反而会导致成本的增加甚至精确度的偏离，得不偿失。

除此之外，信用保险单独立法将有助于调节信用保险法律规制精准度和弹性之间的矛盾。从立法效益角度而言，信用保险单行特别法的制定将为信用保险法律关系主体以及相关第三人提供更加明确的预期和对行为后果的预测，信用保险法律关系所涉及的权利、义务以及责任也将更加清晰明了，有助于减少因对法律模糊理解和适用而导致的成本上升、效益降低。综上所述，采用"《保险法》+《信用保险法》单行法"的立法模式是相对更为节约、高效的模式。

三、《信用保险法》的立法原则

《信用保险法》的立法原则，可以作为信用保险法律体系构建的基础，并且和信用保险的价值理念密切相关。《信用保险法》的原则体现着信用保险发展的价值理念和基础功能，并受到信用保险发展的价值理念和基础功能的影响。因此，在设定信用保险立法的原则时，应结合信用保险发展所涉及的安全、效率和正义的价值理念以及信用保险在转移和保障信用风险、促进和便利资金融通、扩大出口和内销规模、提高和完善风险管控、优化财务报表等方面的基础作用。此外，由于信用保险本质上属于私法意义上的财产运用和管理制度，因此，信用保

---

〔1〕　彭丽萍著：《社会保障基金信托法律问题研究》，法律出版社 2013 年版，第 255 页。

险的立法理念应是在坚持民商法自治理念基础上，适当结合公权对社会权的保护从而产生的管制理念，即信用保险的立法理念应兼顾自治和管制，自治为主，管制为辅。《信用保险法》的基本立法原则应体现以下内容：

（1）信用保险立法体系采用《保险法》结合《信用保险法》的模式，即《保险法》中增加信用保险基础原则性内容，《信用保险法》作为单行法具体完整地规定信用保险相关内容。

（2）信用保险发展应以安全、效率、公平为目的，积极发挥转移和保障信用风险、促进和便利资金融通、扩大出口和内销规模、提高和完善风险管控、优化财务报表等功能。

（3）确立《信用保险法》的主要调整对象，区分商业性信用保险和政策性信用保险的范围。《信用保险法》主要适用于商业性信用保险，明确商业性信用保险的本质在于其营利性，[1] 同时特殊适用于政策性信用保险。

（4）基于信用保险的风险特性，确立统保原则、赔偿比例原则、责任限额原则等。

（5）梳理信用保险的主要类型。

（6）实行信用保险保险人准入和退出机制和资格的考察评估制度。

（7）明确保险人和投保人以及被保险人的主要权利和义务。

（8）执行信用保险法定再保险制度。

（9）确立小微企业支持政策和措施。

（10）规制中国信保及其业务，并作为特殊内容独立成章纳入单行法，由国家进行行政管制和监督，采取严格责任制度，包括中国信保的成立、定位、宗旨、业务范围、组织机构、运营规则、风险管控、责任限额、监督管理、法律责任等。

（11）建立行政监管为主导，利害关系人监管为辅助的信用保险监管机制，并赋予行政监管机构准司法权，对侵害信用保险的行为及时进行法律处理。

（12）构建全面的责任追究机制体系，包括民事责任、行政责任、刑事责任，建

---

[1] 邢海宝著：《中国保险合同法立法建议及说明》，中国法制出版社 2009 年版，第 3 页。

立和完善信用保险保险人、投保人、被保险人平衡的法律保护和法律救济机制。

四、《信用保险法》的基本结构

信用保险立法体系采用《保险法》结合《信用保险法》的模式，在《保险法》中增加信用保险基础原则性内容，发挥统领全局、承上启下的作用，主要规定信用保险定义、承保风险范围等。在此基础上制定单行法——《信用保险法》，藉此完整地规定信用保险相关内容。从基本结构来看，《信用保险法》由总则、分则、特别准则和附则等四部分组成。

（一）总则

众所周知，在法律体系中，总则具有统领全局的作用，有助于提升法律结构设计的科学性和完整性。《信用保险法》总则的设计应对《信用保险法》全部内容进行抽象和升华，提炼出能够统领和贯穿信用保险的灵魂，真正发挥总则纲目并举的功效。在具体内容上，总则应当包括《信用保险法》的立法依据、立法目的、适用范围和基本原则等。在具体设计和确定《信用保险法》总则的时候，应当遵循以下两个要求：第一，对于基本原则的确立，应立足于信用保险的性质、目的、特征、功能以及信用保险法的价值理念和目标所及，将对信用保险的存在和发展具有重要影响的因素确定为基本原则，切忌原则确立得过于随意或者过宽过细。第二，在具体条文的拟制方面，规则内容不能过繁过简，法律逻辑应当缜密和谐，表述风格应该朴实简约，做到要点清晰、内容完整和表述精炼。[1]

（二）分则

法律的分则是法律结构中的实体性内容，是总则的承继和细化，是总则具体化条文的整合。《信用保险法》的分则主要包括信用保险合同法和信用保险业法两大部分。信用保险合同法的分则至少应当包括信用保险的主要类型、信用保险

---

〔1〕　彭丽萍著：《社会保障基金信托法律问题研究》，法律出版社 2013 年版，第 256 页。

合同设立、变更、终止的规定；主要主体权利、义务、责任内容的规定；保险金额；主要风险管控制度和措施等。信用保险业法的分则至少应当包括开办信用保险业务的资质和条件；信用保险经营机构的设立、变更和终止条件与程序；保险条款制定的流程和要求；保险费率的确立标准；法定再保险制度；保险人的偿付能力标准；未决赔款准备金计提标准；监督管理；法律责任等。

（三）特别准则

特别准则是《信用保险法》的特别条款内容，是"单行法中的单行法"、"特殊法中的特殊法"。其主要目的是对作为国有政策性信用保险公司的中国信保及其业务进行规制，树立严格监管、严格责任的原则，确保中国信保勤勉、积极、高效地履行政策性职能，消除扰乱我国信用保险市场的完全垄断性和不平等竞争性。特别准则至少包括中国信保的定位、任务、经营原则、经营范围、政策支持、注册资本金、监管机构、治理结构、业务规则、风险管控措施、信息披露、法律责任等。对于中国信保而言，如果特别准则中有相关规定，则优先适用；如果没有，则先后适用信用保险法、《保险法》的相关规定。

（四）附则

《信用保险法》中的附则是对总则、分则以及特别准则实施拾漏补缺，负责对《信用保险法》中辅助性和补充性内容作出规定，主要涉及非实体性、非基础性的程序性内容。具体内容方面，可以包括名词解释、术语界定、解释权归属、授权对象以及生效失效日期或者条件。

在参考《合同法》《公司法》《保险法》《对外贸易法》《农业保险管理条例》《国务院对确需保留的行政审批项目设定行政许可的决定》《保险公司业务范围分级管理办法》《财产保险公司保险条款和保险费率管理办法》《关于申请办理出口信用保险若干规定的通知》《关于对中国出口信用保险公司办理的出口信用保险业务不征收营业税的通知》以及英国《出口和投资担保法》、美国《进出口银行法案》、韩国《贸易保险法》、日本《贸易和投资保险法》、加拿大《出口发展法》、香港地区《出口信用保险局条例》、澳门地区《商法典》等相关规定的基础上，结合我国信用保险发展实际情况以及我国的立法元素、立法习惯和《立法法》的相关规定提出了我国《信用保险法》基本架构的初步设想。

表6-1　我国《信用保险法》的基本构架

序号	名目	条文要旨	要点备注
1	总则	立法依据	《保险法》、《对外贸易法》、《公司法》
		立法宗旨	规范信用保险活动，保护信用保险活动当事人的合法权益，发挥信用保险的基本功能，加强对信用保险业的监督管理，维护社会经济秩序和社会公共利益，促进信用保险事业健康发展
		适用范围	时间效力、空间效力和对主体效力
		基本原则	基于信用保险特殊性，在安全、效益、公平理念下拟定
		支持小微企业发展政策	着重加强对小微企业的风险保障服务
2	分则	信用保险的主要类型	从信用期限和买方所在区域划分信用保险类型
		信用保险合同的保险人	包括资格、权利、义务和责任
		信用保险合同的投保人和被保险人	包括资格、权利、义务和责任
		信用保险合同的受益人	包括资格、权利、义务和责任
		信用保险合同的其他参与主体	包括对参与主体的角色和职责界定，尤其是对债务人/买方的角色确定
		信用保险合同成立、生效、变更、终止	包括信用保险合同成立、生效、保险责任开始、变更、终止的条件和形式
		保险金额	包括保单累计赔偿限额和买方信用限额的定义及性质
		重复保险	在信用保险中禁止重复保险
		主要风险管控制度和措施等	防范和解决逆选择等道德风险的主要措施
		开办信用保险业务的资质和条件	财产保险公司开办信用保险业务所具备的资质和条件，主要是注册资本、净资产、偿付充足率、公司治理、专业人员

续表

序号	名目	条文要旨	要点备注
		信用保险经营机构的设立、变更和终止条件与程序	专业性信用保险公司设立、变更和终止条件与程序
		保险条款制定的流程和要求	主要区分审批和报备两种流程和要求
		保险费率的确立标准	明确保险费率厘定的考虑因素和公式，以及使用条件
		法定再保险制度	确立法定再保险分出比例以及再保险机构范围和资质
		未决赔款准备金计提	不同损失原因项下的未决赔款准备金计提比例及金额
		设置索赔等待期	明确索赔等待期不得早于4个月
		监督管理	监管主体；监管主体的权利、义务、责任；监管手段；主要监管制度
		法律责任	民事责任、行政责任、刑事责任
3	特别准则	定位	国家出资设立、支持中国对外经济贸易发展与合作、具有独立法人地位的国有政策性保险公司
		任务	通过为对外贸易和对外投资合作提供保险等服务，促进对外经济贸易发展，重点支持货物、技术和服务等出口，特别是高科技、附加值大的机电产品等资本性货物出口，促进经济增长、就业与国际收支平衡
		经营原则	商业化公司化运作，独立核算，保本经营，积极履行政策性职能
		经营范围〔1〕	中长期出口信用保险业务；海外投资保险业务；与中长期出口信用保险相关的信用担保业务和再保险业务；应收账款管理、商账追收等出口信用保险服务及信息咨询业务；保险资金运用业务；经批准的其他业务

---

〔1〕 将国内短期贸易信用保险和短期出口信用保险等已经或者正在完全商业化的业务剔除，促进中国信保全心全意从事政策性信用保险业务，确保中国信保严格、积极履行政策性职能，体现存在必要和意义。

续表

序号	名目	条文要旨	要点备注
		政策支持	不征收营业税
		注册资本金	明确注册资本金金额、来源以及后续补充方式
		监管机构	确立中国保监会作为主要监管机构的原则，财政部以实际控制人身份通过董事会、股东会参与公司的决策和经营
		治理结构	明确董事会、股东会、监事会的组成规则和运行程序；内部机构和分支机构的设置、变更和撤销
		业务规则	建立健全开展中长期业务的经营规则和流程
		风险管控	强化国家风险政策、承保条件、买方信用限额、未决赔款准备金提取、再保险、理赔追偿等方面的管理
		信息披露	定期公开批复重大经营情况、主要财务数据以及异常风险事项
		法律责任	明确将中国信保所属全部人员纳入公务员范畴，建立完整的民事责任、行政责任和刑事责任体系
4	附则	名词和专业术语定义	赊销、应收账款、买方信用限额、保单累计赔偿限额、出口、发货、交付、申报等术语的解释说明
		解释权的赋予	
		实施细则的授权	
		相关法律规定的失效或废止	
		与相关法律之间的协调	
		施行日期	

在附则中，专业术语的定义至关重要，有助于规范信用保险的操作标准，减少各种纷争和异议。比如对于"交付"标准，由于我国《物权法》和《合同法》存在现实交付、观念交付、拟制交付等形式，导致对于交付的认定存在多种理

解。具体对于贸易信用保险而言，其根本目的是促进实体贸易的发展，因此承保范围必须是真实、合法、有效的贸易行为，必须是存在货物的现实交付和所有权的真实有效转移，信用保险中的交付应当是现实交付，[1] 而不应当是观念交付或者拟制交付，比如仓单交付等。但是，在现实业务中存在"名为买卖、实为借贷"的虚假贸易行为，被保险人和买方虚构贸易行为，借贸易之名行借贷之实，被保险人和买方之间存在贸易单证流向、资金流向，但并不存在真实的货物流向，即走单、走票、不走货，这实际是被保险人和买方的资金融通行为。在北京康拓科技有限公司与北京荣之联科技股份有限公司买卖合同纠纷案中[（2013）一中民终字第10263号]，当事人签订的合同从表面形式上看属于买卖合同，但从交易情况以及各诉讼参加人的陈述来看，除买受人出具的货物签收单外，并无出卖人向买受人实际交付货物的相关凭证，且诉讼中，出卖人也不能明确合同标的物的具体状况。在此情况下，二审法院认为认定案件的法律关系为买卖合同纠纷的依据不充分。在中材供应链管理有限公司与上海浩轩国际贸易有限公司买卖合同纠纷案中[（2013）一中民初字第10671号]，法院认为当事人虽然签订了购销合同，但如果并不存在真实的交易关系，出卖人未交付购销合同项下的货物，应认定购销合同名为买卖合同，实质上为借款合同，如果出借人并不以资金融通为常业，利息的约定也在合同范围之内，应认定借款合同有效。在上海物润铁路物资有限公司与上海铁路浦东物资有限公司、无锡长椿金属制品有限公司企业借贷纠纷案中[（2010）沪高民二（商）再终字第2号]，二审法院认为虽然当事人之间签订了《买卖合同》，但如果双方之间并无实际交付货物的行为，且该货物完全由第三人进行控制，买受人根本不关心实际交易是否，并且当事人之间又签订了违背买卖合同惯例的回购条款，在此情况下，应认定当事人之间实际上为借贷法律关系，而非买卖合同关系，并根据当事人之间的相应过错，分配责任。

因此，从保险人角度来看，保险人与被保险人缔结的信用保险合同是基于被

---

〔1〕 Gary Collyer：*The Guide to Documentary Credits*, Institute of Financial Services, p. 176。

保险人与买方存在真实的贸易行为，保险人承保的是买卖合同法律关系，而非资金融通行为，亦非借贷合同法律关系。换言之，从保险利益角度来看，被保险人的保险利益应当是基于货物买卖等贸易行为产生的债权，而不是基于借贷行为产生的债权，或者以贸易为名而行借贷之实的行为所产生的债权。对于被保险人的上述行为，保险人可以考虑适用《保险法》的相关规定，通过认定被保险人对买方不存在保险利益为由拒绝承担保险责任。此外，保险人也可以根据被保险人的实际主观故意和客观行为综合考虑适用《合同法》的相关认定信用保险合同无效：其一，恶意串通损害他人利益，"恶意串通"是指合同当事人在明知或者应当知道某种行为将会损害国家、集体或者第三人利益的情况下而故意共同实施该行为。如果被保险人与买方恶意串通，伪造贸易单证，并未发生真实的货物交付，损害保险人利益，则认为属于"恶意串通损失他人利益的保险合同无效行为"。其二，以合法形式掩盖非法目的，"以合法形式掩盖非法目的"包括两种情况：（1）指当事人通过实施合法的行为来达到掩盖其非法的目的；（2）指当事人从事的行为在形式上是合法的，但在内容上是非法的。如果被保险人与买方之间存在名为贸易实为借贷，买卖双方只存在资金流通和形式贸易单证，并未存在货物现实交付，则认为属于"以合法形式掩盖非法目的保险合同无效行为"。

第二节　我国《信用保险法》的主要规则

《信用保险法》的内容应当以立法目的为基础，坚持立法的基本原则，通过具体法律规则的建构和制定，为信用保险的健康有序发展提供具有操作性的法律依据，将信用保险对小微企业的支持提升到法律层面，对信用保险合同主体的资格、权利、义务和责任予以明确，对信用保险中的逆选择等道德风险进行法律反思和应对，对信用保险行业的经营和监管进行界定和明确，对中国信保的定位和运营进行法律规制。此外，信用保险法的出台，还应涵盖法律责任规则，从而有效地遏制和惩处信用保险经营中的各种违法行为乃至犯罪行为。

一、规则在信用保险立法中的意义

法律规则是构成法律制度体系的基础元素。[1] 根据庞德的解释，法令可以分为概念、原则、规则和标准等四种形式。规则是对某种具体模式的事实状态赋予某种特定的具体后果的法令。在没有规则或者规则不明确的情况下，尽管概念和原则有助于我们应付各种新情况新问题或者不确定的情形，但这绝对布不能否认规则是帮助我们实现法律控制的最主要、最直接的路径。[2] 法律规则是对法律上的权利、义务和责任进行标准化的具体规定或是赋予某种事实状态以法律意义的规定和指示。[3]

因此，信用保险法律所期待的法律控制主要是通过规则来规范行为主体行为实现的。构建信用保险法律事实上是该法的规则创生的过程和产物。与原则相比，信用保险法律的规则应具备法律规则的一般特点，也就是一定的确定性、微观的指导性和较强的可操作性。

构建信用保险法律规则的过程中，不仅要考虑到信用保险的立法需求，通过规则解决信用保险中的关键问题，而且还要考虑拟定的规则对我国立法环境的适应性、适用性和功能意义。规则引导和敦促人们遵守法律，形成一定的秩序，即便有时会发生遵守法律未必最大限度地满足个体利益的追求，即程序正义促成实体正义，实体正义服从程序正义。信用保险法律的规则，使信用保险所涉法律关系主体的需求和需要得到满足，行为受到合法的规范和制约，对信用保险的利益提供有效的法律保护，使侵害信用保险的行为遭受惩罚。设计制定信用保险法律规则是为引导和规范信用保险的操作流程和程序，为信用保险法律关系各主体的行为以及所涉及的信用保险法律关系变更和调整提供法律依据和判断标准。

---

〔1〕 彭丽萍著：《社会保障基金信托法律问题研究》，法律出版社 2013 年版，第 263 页。
〔2〕 ［美］罗科斯·庞德著：《通过法律的社会控制》，深宗灵译，商务印书馆 2010 年版，第 22~23 页。
〔3〕 张文显主编：《法理学》（第 4 版），高等教育出版社、北京大学出版社 2011 年版，第 69 页。

二、构建《信用保险法》主要规则的考量因素

构建《信用保险法》主要规则是一个系统性工程，必须优先明确若干重点考量的因素，即如何确定信用保险法律中的主要规则，如何确保规则能够有效指导和规范信用保险法律关系各主体的行为，如何提升规则的约束力和执行力《信用保险法》的主要规则应当通过下述两个方面发挥引导和规范作用：其一，引导信用保险法律关系各主体的行为；其二，规范信用保险的监管机构及其行为。两者并非割裂甚至冲突的关系，而是相辅相成，犹如一枚硬币的两面，因为信用保险法律关系主体的行为与监管行为基本对应，信用保险的监管对象主要就是信用保险法律关系主体。由此可见，信用保险法律关系主体对于信用保险的法律规制，乃至信用保险法律的主要规则的选择和拟定都具有重要意义和作用。认识到信用保险法律关系主体在信用保险中的重要意义和影响，在拟定信用保险法律的主要规则时，才能确保信用保险法律的立法理性。

信用保险是财产保险的法定险种，理应属于民商法领域，在本质上体现私法的属性和特征。但不可否认的是，信用保险的存在和发展与国家的经济社会的秩序和利益息息相关，承载着一定的社会利益和公共利益，如果再考虑到作为政策性保险公司的中国信保，信用保险的社会利益和公共利益属性将更为强烈和厚重，在一定程度上体现社会化甚至公法的属性和特征。因此，信用保险的法律规制，在法律规则的性质上应以任意性规则为主，这是私法意思自治、契约自由、责任自负的精髓所决定和体现；与此同时，考虑到信用保险在一定范围、一定程度内体现了社会法的强制性和统制性特点，因此需要在一定领域内、一定情况下以强行性规则为辅。[1] "在自由竞争经济时期，经济活动与政治立场基本分离隔绝，与之相对应的是规制经济活动的私法与规制政治活动的公法也处于完全对立的境地。在统制经济时期，公私法相互融合的中间法域逐步浮出水面，这个中间法域就是社会法。"[2] 史尚宽先生此番阐述的本意其实是为了论述民法与社

---

[1] 张文显主编：《法理学》（第4版），高等教育出版社、北京大学出版社2011年版，第70页。
[2] 史尚宽著：《民法总论》，中国政法大学出版社2000年版，第56~57页。

会法的关系以及社会法演进的背景，但客观上我们对社会法所兼有的公法属性和私法属性可见一斑。对于《信用保险法》主要规则的拟定，必须把握规则的正当性和针对性，规则在制定和实施过程中一旦出现偏差便有可能成为混乱无序、南辕北辙的"罪魁祸首"，最终导致信用保险的法治水源遭到污染。

三、我国《信用保险法》的主要规则内容

我国信用保险采用《保险法》+ 单行法的具体立法模式，在《保险法》中增加信用保险基础原则性内容，发挥统领全局、承上启下的作用，主要规定信用保险定义、承保风险范围、相关立法授权等。在此基础上，制定《信用保险法》作为单行法，完整具体地规定信用保险合同及监管相关内容。卢梭曾感慨"要为人类制定法律，简直是需要神明"。[1] 同样，为信用保险制定法律是一项极富开创性和挑战性的工程，本人虽非神明，亦非圣贤，但出于建立健全我国信用保险法律制度、促进我国信用保险健康和谐发展的拳拳之心，明知山有虎，偏向虎山行，本书斗胆尝试拟定信用保险法律制度的主要规则，以供学界参考、评判。

（一）《保险法》中增加的信用保险主要规则内容

《保险法》中增加信用保险最为基础的内容，担当我国信用保险法律制度的根本性条款，为后续的单行法提供法理依据和内容支持。

1. 信用保险定义

债权人向保险人投保其债务人因破产、拖欠、政治因素等而未能履行还款义务的信用风险的保险。

立法说明：本条是对信用保险的定义。本条在综合我国《关于审理保险纠纷案件若干问题的解释（征求意见稿）》、我国澳门特别行政区《商法典》相关规定以及黎建飞、贾林青等学者观点的基础上，从信用保险法律关系主体、承保风险、违约范围等角度着手对信用保险进行定义。

---

[1] [法] 卢梭著：《社会契约论》，李平沤译，商务印书馆 2012 年版，第 44 页。

2. 信用保险承保风险

信用保险承保商业风险和政治风险。商业风险主要包括：（1）债务人拖欠；（2）债务人破产；（3）债务人拒收货物；（4）其他经保险人认定的商业风险。政治风险主要包括：（1）债务人所在国家或地区颁布法律法规禁止或限制债务人以贸易合同载明的货币或其他可自由兑换的货币向被保险人支付款项；（2）债务人所在国家或地区禁止或者限制债务人所购货物进口；（3）债务人所在国家或地区或者参与付款国家或地区实行全面延期付款；（4）债务人所在国家或地区政府实施征收、征用，导致债务人无法履行合同；（5）债务人所在国家或地区发生战争、内战、叛乱、革命或暴动，导致债务人无法履行合同；（6）其他经保险人认定的政治风险。

立法说明：本条是对信用保险承保风险的列明规定。本条采用具体列明＋兜底条款的方式对信用保险承保的商业风险和政治风险分别予以列明规定，坚持法律指导性和保险合同约定性相结合，赋予保险人充分的意思自治和契约自由。

（二）《信用保险法》的主要规则内容

作为信用保险单行法的《信用保险法》，采用总则、分则、特别准则和附则结构，主要涉及信用保险合同法和信用保险业法两方面内容。具体而言，总则部分应当勾勒出统领和贯穿信用保险法全部内容的灵魂，切实发挥纲举目张的功能和效果，其内容主要包括信用保险法的制定依据、立法目的、基本原则、适用范围等。分则部分是信用保险法律结构中的实体性内容，是总则的承继和细化，主要包括信用保险合同法和信用保险业法两大部分。信用保险合同法至少应当包括信用保险的主要类型、信用保险合同的设立、变更、终止的特殊规定；信用保险主要主体权利、义务、责任内容；保险金额；主要风险管控制度和措施等内容。信用保险业法至少应当包括开办信用保险业务的资质和条件；信用保险经营机构的设立、变更和终止条件与程序；保险条款制定的流程和要求；保险费率的确立标准；法定再保险制度；保险人的偿付能力标准；未决赔款准备金计提标准；监督管理；法律责任等内容。特别准则是《信用保险法》的特别条款内容，其主要目的是对作为国有政策性信用保险公司的中国信保及其业务进行规制,其内容至少包括中国信保的定位、任务、经营原则、经营范围、政策支持、注册资本金、监管机构、治理结构、业务规则、风险管控措施、信息披露、法律责任等。附则主要是就信用保险法中的辅助性和补充性内容作出规定,主要包括名词或术语的界定和解释、解释权的授予、实施细则的授权、变通或补充规定的授权以及宣告法律或法律规定的失效、信用保险法的施行日期等内容。作为单行法,信用保险法的内容非常具体全面,故只将其主要规则的内容列明如下。

1. 立法依据

依据我国《保险法》《对外贸易法》《公司法》以及其他相关法律制定本法。

立法说明:本条开宗明义,承上启下,表明了本法立法的既有法律依据,明确了本法与《保险法》《对外贸易法》《公司法》以及其他相关法律的关系,有助于公众和司法实践更好的理解本法的相关规定,并正确适用。

2. 立法宗旨

为了规范信用保险活动,保护信用保险活动当事人的合法权益,发挥信用保险的基本功能,加强对信用保险业的监督管理,维护社会经济秩序和社会公共利益,促进信用保险事业健康发展,制定本法。

立法说明:本条明确信用保险法立法的目的,为整个信用保险法奠定立法、司法的基调,明确了本法的目标以及各个目标之间的关系,便于从目的和本质上把握本法的相关规定,正确适用、严格遵守。

3. 适用范围

本法适用于信用保险法律关系以及对信用保险进行监督管理而产生的法律关系。政策性国有保险公司开展信用保险活动优先适用本法特别准则的相关规定,如特别准则无相关,则适用本法其他规定。

立法说明:本条主要是对本法的调整对象和适用的范围进行限定。本法内容主要涉及信用保险合同法和信用保险业法相关内容。此外,本条还特别明确了政策性保险公司开展信用保险活动的法律适用范围及顺序。

4. 与其他法律法规的关系

本法规定的事项，其他法律法规与本法不一致的，适用本法的规定。对于本法没有规定的事项，其他法律法规有规定的，只要与本法的立法目的不相违背的，适用该法律法规的规定。依据本法开展信用保险活动，不得违背《保险法》《对外贸易法》以及《公司法》的基本原理和立法精神。

立法说明：本条明确了本法与周边其他法律法规之间的关系。本法与《保险法》《对外贸易法》以及《公司法》属于特殊法与一般法的关系，《保险法》《对外贸易法》和《公司法》分别作为保险制度、对外贸易制度和公司制度的一般性法律，为本法提供了立法依据。本法的内容不得违背《保险法》《对外贸易法》和《公司法》的基本原理。但是，由于本法作为特别法，在法律适用顺序上应当优先于上述法律规范得到适用。

5. 统保原则

信用保险应当遵循统保原则，投保人或者被保险人应将全部交易向保险人投保并申报，否则保险人有权要求投保人或者被保险人补充申报漏报交易或对所有交易不承担保险责任或解除保险合同。双方有约定的除外。

立法说明：本条确立了信用保险的统保原则以及法律责任，主要是为防范投保人和被保险人的逆向选择和道德风险，构建相对客观平等的承保秩序。同时，本条坚持意思自治和契约自由，如果经过双方协商一致，保险人可以实行部分承保，比如某一个标准项下、某一行业内或者某一个区域内的交易。韩国《贸易保险法》第7条规定了"预防逆向选择"相关内容，其中统保原则便是最主要措施。[1]

6. 风险共担原则

信用保险应当遵循保险人和被保险人风险共担原则。保险人应当根据一定比例赔偿被保险人的损失，该赔偿比例应在保险合同中载明，且不应超过90%。

立法说明：本条确立了信用保险风险共担原则，并且属于强制性法律规

---

[1]　*Trade Insurance Act* 第7条。

范，旨在加大被保险人的风险自担比例，提高被保险人道德风险成本，有效规制被保险人的逆向选择和道德风险,〔1〕 构建可持续发展的行业基础。

7. 支持小微企业发展原则

为支持中小微企业发展，发挥信用保险的积极功能，保险人应当在费率、买方信用限额、索赔等待期或者其他方面向小微企业提供优惠。小微企业的认定标准以国家有关规定为准。

立法说明：本条确立了信用保险支持小微企业发展的原则，有助于提升信用保险对小微企业的承保覆盖面，发挥信用保险在风险保障、增信融资、社会管理等方面的积极功能，缓解小微企业融资难、融资贵问题，这是我国信用保险行业履行社会责任的重要体现。韩国《贸易保险法》第8条专门确立了"中小微企业优惠原则"以及具体措施。〔2〕

8. 出口信用保险税收优惠政策

国家对出口信用保险业务免征营业税。

立法说明：本条确立出击出口信用保险的税收优惠政策。世界各国的通行惯例是对出口信用保险业务免征营业税，支持其积极发挥促进对外贸易、支持小微企业发展的作用。

9. 信用保险的主要分类

根据买方所在区域，信用保险可以分为国内信用保险和出口信用保险；根据信用期限，出口信用保险可以分为短期出口信用保险和中长期出口信用保险。中长期信用保险的信用期限为2年以上。

立法说明：本条明确了信用保险的主要分类标准和内容。根据买方所在区域，如果买方在我国境内，则是国内信用保险；如果买方在境外，则是出口信用保险。通常情况下，还会根据信用期限对出口信用保险进行分类，短期出口信用保险的信用期限是2年以内（通常是1年以内），中长期出口信用保险的信用期限则是2年以上。

---

〔1〕 Miran Jus: *Credit Insurance*, Academic Press is an imprint of Elsevier, p. 60。
〔2〕 *Trade Insurance Act* 第8条。

10. 保险公司开展信用保险业务的资质条件

保险公司开展信用保险业务，应同时符合以下条件：

（1）持续经营五个以上完整的会计年度；

（2）最近三年年末平均净资产不低于人民币五十亿元；

（3）上一年度末及最近四个季度偿付能力充足率不低于150%；

（4）公司治理结构健全，内部管理有效，各项风险控制指标符合规定，上一季度分类监管评价结果为A类或B类；

（5）有专项内控制度、专业人员、服务能力、信息系统和再保险方案；

（6）最近三年内无重大违法违规记录。

保险公司开展出口信用保险业务，应同时符合以下条件：

（1）获得财政部等相关部门审核批准；

（2）国内信用保险持续经营五个以上完整的会计年度；

（3）最近三年年末平均净资产不低于人民币一百亿元；

（4）上一年度末及最近四个季度偿付能力充足率不低于150%；

（5）公司治理结构健全，内部管理有效，各项风险控制指标符合规定，上一季度分类监管评价结果为A类；

（6）有专项内控制度、专业人员、服务能力、信息系统和再保险方案；

（7）最近五年内无重大违法违规记录。

立法说明：本条规定了保险公司开展信用保险业务的资质，旨在确保信用保险业务的健康稳健发展，营造良好的行业环境。本条规定的资质条件比《保险公司业务范围分级管理办法》的相关规定要严格，同时对资质条件根据业务类型进行了差异化规定，开展出口信用保险的资质条件要比国内信用保险更加严格，因为出口保险在风险识别、分析、判断和管理方面难度更大，对保险公司的资本实力、经营能力、治理结构、专业人员、信息系统、风控制度等方面要求更高。

11. 投保人和被保险人认定及资质

信用保险的投保人是被保险人，且必须具有独立的法人资格。

立法说明：本条明确了信用保险的投保人和被保险人是同一法人资格主体。

信用保险是债权人向保险人投保其债务人因破产、拖欠、政治因素等而未能履行义务的信用风险的保险，属于典型的"为自己投保的保险"，因此，投保人和被保险人通常是同一主体。此外，信用保险是的投保人和被保险人都必须具有独立的法人资格，依法独立享受民事权利并承担民事义务以及责任。

12. 投保人、被保险人和受益人的告知义务

订立信用保险合同期间，投保人对保险人就保险标的或者被保险人的有关情况所进行的询问应当如实告知。即便保险人未予询问，投保人应将明知或者应知的与保险标的或者被保险人有重要关系的情形如实告知保险人。

投保人故意或者因重大过失未履行上述如实告知义务，足以影响保险人决定是否同意承保或者改变承保条件的，保险人有权解除合同。保险人对于合同解除前发生的保险事故，不承担赔偿责任，并不退还保险费。投保人因重大过失未履行如实告知义务，对保险事故的发生有严重影响的，保险人对于合同解除前发生的保险事故，不承担赔偿责任，但应当退还保险费。保险人在合同订立时已经知道投保人未如实告知的情况的，保险人不得解除合同；发生保险事故的，保险人应当承担赔偿责任。

保险期间内，如果保险标的危险程度显著增加或者发生保险事故，投保人、被保险人和受益人应当及时告知保险人。

故意或者因重大过失未及时通知，致使保险标的危险程度显著增加，保险人对因此造成的损失扩大部分不承担赔偿责任；致使保险事故的性质、原因、损失程度等难以确定的，保险人对无法确定的部分不承担赔偿责任，但保险人通过其他途径已经及时知道或者应当及时知道保险事故发生的除外。

立法说明：本条详细区分了投保人、被保险人和受益人在订立信用保险时以及保险期间的告知义务以相关法律责任。信用保险区别于其他传统财产保险的重要特征包括"保险标的是无形物"和"显著的信息不对称性"，信用风险看不见、摸不着，必然要求保险人对保险标的或者被保险人的信息有更加真实、完整、深入、及时的了解和把握，保险标的或者被保险人的有关情况对保险人至关重要。但现实中，在涉及保险标的或者被保险人信息方面，保险人往往处于劣

势，失衡局面产生，需要法律进行调整和平衡。"不法是对法的否定，法是对不法的否定，通过否定之否定，来达到一个肯定"，[1] 法律应当对投保人和被保险人赋予足够约束力的如实告知义务，以保护信息方面的弱势者——保险人，实现平衡性保护，促进社会诚信道德体系的形成。在如实告知内容范围的立法倾向上，本条坚持以《保险法》确立的"保险人询问"为原则，同时基于信用保险的特殊性增加了"投保人主动告知"为辅导和补充，适度加重投保人和被保险人在如实告知方面的义务。为防止过度加重投保人和被保险人的如实告知义务，其主动告知的范围限制于"明知或者应知的与保险标的或者被保险人有重要关系的情况"。

13. 加重投保人和被保险人责任条款效力的限制

信用保险合同中加重投保人和被保险人责任的条款，如果该条款的生效有助于积极有效地减少实际损失或者实质性地提升保险人对保险标的风险状况的掌握和防范或者促进信用保险合同目的的实现，则条款有效。

立法说明：该条是对加重投保人和被保险人责任条款无效情况的限制使用，是我国《保险法》第 19 条相关规定在信用保险中的区别对待和合理适用。《保险法》第 19 条之所以认定加重投保人和被保险人义务的格式条款无效，目的在于以内容的合理性与公平性为基准标准，对格式化条款进行效力评价，实现对格式条款的纠正和调整，达到契约自由和实质公平的协调一致。"保险公司相对于自然人显得足够强大，但相对于政府机构、银行、跨国企业又显得渺小。应当对具有垄断优势地位的公司乃至政府机构进行约束，限制其在与保险经营有关的活动中损害保险人的利益。"[2] 因此，对于第 19 条的目的和内容要区别对待和适用，应区分一般消费型合同和商业性合同而区别对待，侧重保护弱势消费者的利益。如果投保人、被保险人是个人的保险合同，适用本条无疑问；对以企业或

---

〔1〕 〔德〕黑格尔著：《法哲学原理》，范扬、张企泰译，商务印书馆 2012 年版，第 91~109 页。
〔2〕 周波、陈会平、王同海著：《保险法的人文精神》，法律出版社 2012 年版，第 7 页。

者其他商业组织为投保人、被保险人的保险合同，适用本条可以给予特别考虑。[1] 在信用保险，投保人和被保险人都是具有独立法人资格的企业，甚至很多投保人和被保险人还聘请了保险经纪人，在谈判地位、专业能力、话语权、影响力等方面丝毫不弱于保险人，甚至在所处行业、信用风险等方面优于保险公司。"事物的力量总是倾向于摧毁平等的，所以立法的力量就应该总是倾向于维持平等"，[2] 面对信用保险信息不对称的困境，基于风险考量而适当加重投保人和被保险人责任更有其合理性和必要性。

14. 受益人设定

信用保险的投保人或者被保险人可以指定一人或者数人为受益人。保险事故发生时，该受益人可以向保险人直接行使赔偿请求权。

立法说明：本条突破了现有《保险法》仅在人身保险设定受益人的规定，在财产保险中设定受益人。信用保险具有增信融资功能，一旦被保险人出现破产或者停业等情况，其债权人的利益将受到损害，索赔无门、救济无果。允许在信用保险中设定受益人不会增加额外利益，也不会发生其他道德风险。同时，受益人在信用保险中的设定也不存在理论上的障碍。在大陆法系，指定受益人可以解释成为第三者设定权利。在英美法上，则可以用信托理论解释。[3] 此外，受益权的行使有助于减少资金流通环节、降低成本、对特殊债权人进行特殊保护，有助于实现财产权利的更大范围内的自由流转，促进权利功能的充分释放和使用，提升交易效率和效益，实现信用保险功能的最大化。

15. 保险金额的责任限额分层体现以及保险责任的开始

信用保险中的保险金额以买方信用限额和累计赔偿限额确立。信用保险合同成立生效后，被保险人向保险申请买方信用限额。买方信用限额是保险人承担保险责任的前提和基础。保险人承担保险责任始于被保险人交付货物或者提供

---

[1] 刘学生："保险条款的效力评价——新《保险法》第十九条的理解与适用"，载《保险研究》2009年第6期。

[2] [法] 卢梭著：《社会契约论》，李平沤译，商务印书馆2012年版，第70页。

[3] 邢海宝著：《中国保险合同法立法建议及说明》，中国法制出版社2009年版，第58页。

服务。

单一买方或者债务人发生损失时，保险人以约定的买方信用限额为赔偿计算标准的上限。保险人在单一保险合同项下承担保险责任的总和不得超过累计赔偿限额。买方信用限额和累计赔偿限额以信用保险合同载明为准。

立法说明：本条确立了保险金额在信用保险中体现的规则。鉴于信用保险的特殊性，其保险金额通过责任限额的方式予以确立，并进行了分层细化，主要分为买方信用限额和累计赔偿限额。买方信用限额是保险人对单一买方所承担的最高赔偿责任，是针对单一风险单位而言。累计赔偿限额是同一保险合同项下的多个买方同时或者相继发生保险事故时保险人所承担的最高赔偿责任总和，是针对系统性风险而言。此外，本条明确了信用保险合同成立生效后，保险人承担保险责任的前提是存在有效的买方信用限额，即"有限额、有责任，无限额、无责任"，同时强调了信用保险合同中保险人承担保险责任始于被保险人交付货物或者提供服务。

16. 保险条款和保险费率的审批及报备

保险公司应当依据法律、行政法规和中国保监会的有关规定制订信用保险条款和保险费率，并对保险条款和保险费率承担相应的责任。

保险公司应将保险期间超过两年的信用保险条款报中国保监会审批，保险期间不超过两年的信用保险条款报中国保监会备案。

对于应当申报审批的保险条款和保险费率，在中国保监会批准前，保险公司不得经营使用。

立法说明：本条明确了保险公司在保险条款和保险费率等方面接受监管的义务和责任。同时也对中国保监会对信用保险保险条款和保险费率的监管内容进行差异化界定，即根据信用保险业务类型的不同而履行审批或者报备流程。

17. 保险条款和保险费率报行一致

保险公司应当严格执行经中国保监会批准或者备案的保险条款和保险费率，在使用中不得对保险条款或者保险费率进行实质性变更。

立法说明：本条要求保险公司必须坚持保险条款和保险费率报行一致，旨在防止保险公司通过保险单、批单甚至合作协议等形式对已经中国保监会批准或者备案的保险条款和保险费率进行实质性变更和修改，导致监管落空，侵犯投保人和被保险人的利益，危害我国信用保险市场秩序。

18. 未决赔款准备金评估及提取规则

保险公司应当根据信用保险风险特征，谨慎、科学、合理地制定未决准备金评估及提取方法。

已发生已报案未决赔款准备金应按逐案估损法评估并计提。对于债务人破产风险，未决赔款准备金提取比例不应低于损失金额的60%；对于债务人拖欠、拒收以及政治风险等，未决赔款准备金提取比例应不应低于损失金额的30%。

立法说明：本条细致、刚性地对保险公司信用保险未决赔款准备金评估及提取予以规制，明确了在不同风险项下的具体提取规则，旨在强化保险公司信用保险业务的风险控制制度，提高风险防范意识和能力，真实准确地反映信用保险业务的风险状况和经营业绩，保障我国信用保险行业的持续健康发展。

19. 强制再保险制度

保险公司应建立基于风险单位为基础的信用保险最大自留额管理及再保险工作制度，按照相关规定办理再保险业务，原则上国内信用保险分出比例不得低于50%，出口信用保险分出比例不得低于70%。

立法说明：本条确立信用保险的强制再保险制度，并对国内信用保险和出口信用保险的分出比例进行差异化规定。信用风险的发生在概率分布上具有非对称性，即厚尾性，与传统的大数法则不尽相符。信用风险一旦发生，更容易导致投保人或被保险人得不到足够的风险分散和平衡保障。再保险的风险分散能够有效地确保信用保险的保障功能，平滑信用保险厚尾性的影响，在更大的空间和时间范围内分散信用风险，保障信用保险持续发展。日本在这方面做得比较好，政府设立了出口专用风险保障基金，强制 NEXI 通过该基金向通产省进行再保险，分出比例达到95%。

20. 索赔等待期设置

债务人拖欠款项，被保险人必须经过一定的索赔等待期且债务人仍未完全履行还款义务才能向保险人行使赔偿金请求权。索赔等待期由保险合同具体载明，原则上不得早于 4 个月，债务人破产风险可以不适用索赔等待期。双方有约定的除外。

立法说明：本条明确了信用保险特有的索赔等待期规则。基于信用风险的不可逆和整体性，信用保险的赔付不是关键和目的，其长远效果是检验被保险人的信用风险理念、制度和措施并确保行之有效，其中包括被保险人的催收制度和措施。设置索赔等待期有助于敦促被保险人全力采取各种有效措施进行催收，提升被保险人的信用风险控制能力，高效、经济、平衡地维护被保险人和保险人的利益，真正体现信用保险的精髓。

21. 建立风险信息共享机制

中国保监会推动建立信用保险信用信息共享机制，建立健全企业经营异常名录、失信企业"黑名单"制度及跨部门联合惩戒机制，将信用保险信用信息纳入金融信用信息基础数据库，实现信用信息互联互通、共享共用。

保险公司应当依法积极向金融信用信息基础数据库提供信用信息。

立法说明：该条积极倡导在中国保监会主导下建立风险信息共享机制，力争实现信用信息互联互通、共享共用。此外，该条明确了保险公司有依法提供信用信息的义务。信用信息是信用保险的生命线，实现信用信息互联互通、共享共用有助于提升保险公司的风险识别和管控能力，强化应对保险欺诈的措施和手段，促进社会诚信体系的形成。

22. 中国保监会的监管职责

中国保监会依法对信用保险实施监督和管理，推动与财政、税务、公安、税务、银行监管等行政机构的合作，为信用保险健康有序发展提供良好环境。

立法说明：本条明确了中国保监会作为信用保险监管机构的地位，同时强化了中国保监会在推动外部合作、营造良好外部环境的职责。

23. 中国信保的性质和定位

中国出口信用保险公司是国家出资设立、支持中国对外经济贸易发展与合作、具有独立法人地位的国有政策性保险公司。

立法说明：该条对中国信保的性质和定位予以界定，明确其经营目标和运行原则。中国信保具有独立的法人地位和民事行为能力，必须按照现代化公司治理结构进行管理运营，依法独立行使民事权利、履行民事义务并承担民事责任。

24. 中国信保的任务

中国出口信用保险公司通过为对外贸易和对外投资合作提供保险等服务，促进对外经济贸易发展，重点支持货物、技术和服务等出口，特别是高科技、附加值大的机电产品等资本性货物出口，促进经济增长、就业与国际收支平衡。

立法说明：本条明确了中国信保的具有经营任务，强调其存在的意义和作用，这也是其政策性职能的具体体现。中国信保应当积极履行政策性职能，将其特有的资源、优势和作用投放到我国外贸发展方式转变和"一带一路"等国家重大战略等方面。

25. 中国信保的经营原则

中国出口信用保险公司实施商业化公司运作，独立核算，保本经营，积极履行政策性职能，不得与商业性保险公司进行竞争，只承保商业性保险公司不能或者不愿意承保的业务。

立法说明：本条明确中国信保的经营原则。积极履行政策性职能与商业化公司运作不矛盾，反之，商业化公司运作有助于敦促中国信保合法运营、规范管理，更加有效地履行政策性职能。作为国有政策性保险公司，中国信保必须承担一些高风险业务，不得与商业性保险公司竞争，发挥拾漏补缺的作用，担当最后保险人的角色。积极履行政策性职能必然在一定程度上影响中国信保盈利能力，因此从中长期角度来看，保本经营即可，但也不允许出现亏损，尤其是长期亏损。在日本，政府要求 NEXI 实现保费与赔款大体一致，力求盈亏平衡。近 30 年来的信用保险经营记录显示，日本信用保险从中长期来看是保持收支平衡的，大规模的赔付情况仅仅集中在特定的时期内。加拿大《出口发展法》强调 EDC 实现自负盈亏（self-sustaining），必须在"良好的财政状况"（financially sound manner）下经营。

26. 中国信保的经营范围

中国出口信用保险公司经营范围包括：中长期出口信用保险业务；海外投资保险业务；与中长期出口信用保险相关的信用担保业务和再保险业务；应收账款管理、商账追收等出口信用保险服务及信息咨询业务；保险资金运用业务；经批准的其他业务。

立法说明：本条具体界定中国信保的经营范围。作为政策性国有保险公司和官方出口信用保险公司，中国信保近年来过多地参与到本应商业化市场化的国内信用保险和短期信用保险，不仅扰乱市场秩序，还弱化其政策性职能。国家审计署在 2014 年对中国信保的审计中明确提出"履行政策性职能不到位"，尤其是体现在"中长期信用险业务承保金额占承保总额的比重小且呈逐年下降趋势、落实国家产业和区域政策不够到位"。因此，中国信保必须坚持有所为、有所不为，防止缺位、越位和错位，严格坚守中长期出口信用保险领域，适时退出国内信用保险和短期出口信用保险，积极履行政策性职能。

27. 中国信保的监管机构和机制

中国出口信用保险公司应当接受中国保监会全面监督和管理。中国保监会主导成立政策性信用保险部际委员会，由财政部、商务部、外交部等部门组成，共同研究国家风险分类、国家限额、小微企业支持等出口信用保险政策，报国务院批准后执行。

立法说明：本条确立中国信保的监管机构和机制，明确中国信保应当接受中国保监会全面监督和管理，包括信用保险条款、保险费率、偿付能力、公司治理等方面。同时，由中国保监会主导成立政策性信用保险部际委员会，在国家风险分类、国家限额、小微企业支持等政策方面统一协调应对，进一步明确监管主体，划分内部职能，提高监管效率和质量，避免多头管理造成资源浪费。[1]

28. 中国信保的公司治理结构和制度

中国出口信用保险公司应当坚持现代公司治理结构和制度，依法建立健全股

---

〔1〕 荣幸、张彤、杨成佳："国外出口信用保险理论与实践"，载《保险研究》2015 年第 11 期。

东会、董事会和监事会机构设置和运行规则，制定和完善业务经营管理规则，强化国家风险政策、承保条件、买方信用限额、未决赔款准备金提取、再保险、理赔追偿等方面的管理。

立法说明：此条强调了中国信保的现代公司治理机构和制度，通过制衡性的公司结构设置和制度性运营方案来规范中国信保的经营管理和风险控制，尤其是防范其政策性所滋生的权力滥用甚至腐败，把权力放进制度的笼子里，让权力在阳光下运行。

29. 中国信保的信息披露义务

中国出口信用保险公司应当定期披露经营业绩和财务报表，及时公布重大异常风险状况和其他事项。

立法说明：此条强调了中国信保的信息公开披露义务。虽然并非上市公司，中国保监会在 2010 年通过的《保险公司信息披露管理办法》第 5 章第 30 条中也明确规定政策性保险公司不适用此办法。但作为惠及社会公众的国有政策性公司，且资金来源于国家财政，中国信保有义务有责任履行信息披露义务，这也是强化中国信保监督管理的有效途径。现实情况是中国从 2003 年起就以年度报告的形式公开信息披露，但自从 2014 年开始又停止了信息披露。

30. 中国信保工作人员的法律责任

中国出口信用保险公司的所有工作人员应当依法、勤勉、诚信履行相关工作职责，自觉遵守各项法律法规和相关监管。如果行为触及刑事犯罪，参照国家公务人员适用刑事法律法规相关规定。

立法说明：此条确立了中国信保工作人员的法律责任承担原则，明确了参照国家公务人员适用刑事法律法规的准则，为中国信保全体工作人员依法、勤勉、诚信履行政策性职能提供法律保障。

结　语

作为最有效、最重要的社会化风险分散转移机制之一，保险对一个国家的政治、经济和民生都具有举足轻重的作用，是社会进步和经济发展的稳定器、助推器和转换器。从古老的海上保险到近代的火灾保险再推演至现代的信用保险，保险的形态和功能始终反映时代的特征，服务时代的需要。当经济发展踏入市场经济和信用经济时阶段，信用的需要和使用日趋平常，信用风险的发生也日益严重，信用保险随之应运而生。与财产损失保险等传统财产保险相比，信用保险具有保险标的是无形物且体现相对权的法律属性、风险主体是保险合同当事人以外的第三方、显著的信息不对称性、较强的风险传递性等重要特征。信用保险在风险转移、资金融通、社会管理等方面均发挥积极作用，基本覆盖了保险的所有职能，具体表现为保障信用风险、便利资金融通、扩大销售规模、完善风险管控、优化财务报表。

在我国现行法律制度中，信用保险已经被确定为独立的保险险种，是财产保险公司法定业务范围之一。但与世界先进国家立法实际和我国信用保险发展需要相比，我国的信用保险法律制度基本处于空白阶段，无法可依、无章可循的法律现状严重制约我国信用保险事业的发展壮大，甚至影响我国市场经济的和谐发展和社会信用体系的健全完善。构建信用保险法律制度体系，完善信用保险法律法规及配套制度，有助于确立信用保险独立完整的法律地位、推动我国信用保险市场积极健康进步、健全我国社会信用体系、保障我国市场经济和谐有序发展、促进信用保险行业监管的合法性和适度性。

"没有革命的理论，就不会有革命的运动"，没有信用保险的理论，也就不会有信用保险萌芽、发展和立法。信用保险产生、存在和发展的基础理论主要包括社会契约理论、社会互助思想、信用哲学等法哲学理论，马克思"产品扣除"

和"信用本质"学说、亚当·斯密古典经济学思想、"市场缺陷"理论、出口补贴合法化理论等法经济学理论以及社会连带思想、社会控制理论等法社会学理论。理论在一个国家的实践程度，决定于理论满足于这个国家的需要的程度。在具备充分理论支持的基础上，完善我国信用保险法律制度必须立足于我国信用保险发展的实际情况并积极借鉴世界发达国家或地区的立法经验和成果。通过对世界上比较常见的"政策先行"和"政商不分"两种立法模式进行分析和比较，深入研究英国、美国、韩国以及我国澳门、台湾地区的信用保险法律制度内容，最终认为我国的信用保险立法思路应当采用"寓政于商"的第三种模式，这是比较现实而综合的考量。

明确"寓政于商"的信用保险立法思路模式后，需要建立合理的信用保险商业性和政策性协调模式，这是完善我国信用保险法律制度的前提和基础，也是我国信用保险立法思路和模式的承前启后。对信用保险的商业性和政策性进行协调的关键在于界定和限制政策性信用保险范围；界定和限制政策性信用保险范围的关键则在于如何把握短期出口信用保险的商业化。无论是从世界范围的历史演进还是各国的立法实践效果都表明短期出口信用保险商业化是可行的，也是必要的。本书认为信用保险商业性和政策性的合理界定应当是国内信用保险和短期出口信用保险属于商业化信用保险，中长期出口信用保险政策性信用保险。中国信保应当立足政策性职能，适时从商业性业务领域退出，为我国信用保险市场的和谐有序作出贡献。

确立信用保险立法思路模式并建立信用保险商业性和政策性协调机制后，构建信用保险法律规则的核心要素和制定《信用保险法》便是应有之义和重中之重。信用保险法律规则的核心要素内容从立法体例来看可以分为信用保险合同法和信用保险业法两大基础部分。信用保险法律规则的核心要素是制定《信用保险法》的基石和支柱，也是路径和通道。制定《信用保险法》是本书的最终落脚点，通过对各种具体立法模式进行论证，本书认为应当以《保险法》＋单行法的模式制定《信用保险法》，《保险法》和单行法之间构成一般和特殊的关系。在《保险法》中增加信用保险基础原则性内容，主要规定信用保险定义、承保风险范围等较为抽象原则的内容，承担信用保险法律根本大法的作用；制定单行法《信用保险法》，较为系统、具体地规定信用保险具体内容，承担信用保险单行法的作用。

徒法不足以自行。制定《信用保险法》只是我国信用保险法律事业征程的第一步，未来需要我国的理论界、实务界、立法司法机关以及监管机构戮力同心，形成信用保险法律共同体，推动信用保险法律制度适用于实践和市场，并通过实践和市场的检验以进一步完善我国的信用保险法律制度，确保有法可依、有法必依、执法必严，使法治信仰在我国信用保险发展中生根发芽，促成和谐健康的信用保险行业秩序。

"能用众力，则无敌于天下矣；能用众智，则无畏于圣人矣。"信用保险法律制度并非孤岛，如果要最大限度发挥信用保险法律制度的功能，还需要《合同法》《物权法》《担保法》《破产法》《商业银行法》《征信管理条例》等相关法律法规的衔接和配合，形成真正有效的信用保险法律制度体系。这将是一个充满希望的课题，也是伴随挑战的任务，有待于我国信用保险法律共同体甚至法律共同体的各位同仁共同努力、持续推进。

参考文献

一、经典著作及文献资料

1. 马克思著：《资本论》，中共中央马克思恩格斯列宁斯大林著作编译局译，人民出版社 2004 年版。

2. 中共中央马克思恩格斯列宁斯大林著作编译局编著：《马克思恩格斯选集》，人民出版社 1972 年版。

3. ［古希腊］亚里士多德著：《政治学》，吴寿彭译，商务印书馆 1965 年版。

4. ［古希腊］亚里士多德著：《尼各马可伦理学》，廖申白译注，商务印书馆 2003 年版。

5. ［法］卢梭著：《社会契约论》，李平沤译，商务印书馆 2012 年版。

6. ［法］孟德斯鸠著：《论法的精神》（上册），张雁深译，商务印书馆 1982 年版。

7. ［英］约翰·阿克顿著：《自由和权力浅说》，侯健、范亚峰译，译林出版社 2011 年版。

8. ［英］亚当·斯密著：《国民财富的性质和原因的研究》（下卷），郭大力、王亚南译，商务印书馆 1972 年版。

9. ［英］罗斯科·庞德著：《通过法律的社会控制》，沈宗灵译，商务印书馆 2010 年版。

10. ［英］哈特著：《法律的概念》，许家馨、李冠宜译，法律出版社 2011 年版。

11. ［德］黑格尔著：《法哲学原理》，范扬、张企泰译，商务印书馆 2012 年版。

12. ［美］罗科斯·庞德著：《通过法律的社会控制》，沈宗灵译，商务印书馆 2010 年版。

13. ［美］E. 博登海默著：《法理学——法律哲学与法律方法》，邓正来译，中国政法大学出版社 1999 年版。

14. ［美］约翰·密尔著：《论自由》，程崇华译，商务印书馆 1959 年版。

15. ［美］小罗伯特·杰瑞、道格拉斯·里士满著：《美国保险法精解》，李之彦译，北京大学出版社 2009 年版。

16. ［美］约翰·道宾著：《美国保险法》（第四版），梁鹏译，法律出版社 2008 年版。

二、著作、译著及编著

1. 梅仲协著：《民法要义》，中国政法大学出版社 1998 年版。

2. 史尚宽著：《民法总论》，中国政法大学出版社 2000 年版。

3. 王利明著：《物权法研究》，中国人民大学出版社 2007 年版。

4. 王利明著：《合同法研究》（第一卷），中国人民大学出版社 2011 年版。

5. 王利明著：《民法·侵权行为法》，中国人民大学出版社 1993 年版。

6. 王利明著：《中国民法典基本理论问题研究》，人民法院出版社 2004 年版。

7. 王利明著：《人格权法研究》，中国人民大学出版社 2005 年版。

8. 杨立新著：《人身权法论》，中国检察出版社 1996 年版。

9. 崔建远著：《合同法》（第五版），法律出版社 2010 年版。

10. 黎建飞著：《保险法新论》（第二版），北京大学出版社 2014 年版。

11. 郑玉波著：《保险法论》，台湾三民书局 1992 年版。

12. 桂裕著：《保险法论》，台湾三民书局 1981 年版。

13. 江朝国著：《保险法规汇编》，元照出版有限公司 2009 年版。

14. 江朝国著：《保险法逐条释义》，元照出版有限公司 2012 年版

15. 江朝国著：《保险法基础理论》，中国政法大学出版社 2002 年版。

16. 刘宗荣著：《新保险法：保险契约法的理论与实务》，中国人民大学出版社 2009 年版。

17. 温世扬著：《保险法逐条释义》，法律出版社 2003 年版。

18. 樊启荣著：《保险法》，北京大学出版社 2011 年版。

19. 覃有土、樊启荣著：《保险法学》，高等教育出版社 2002 年版。

20. 贾林青著：《保险法》（第四版），中国人民大学出版社 2011 年版。

21. 李玉泉著：《保险法——理论与实务》，高等教育出版社 2010 年版。

22. 徐卫东著：《保险法论》，吉林大学出版社 2000 年版。

23. 孙宏涛著：《保险合同法精解》，法律出版社 2014 年版。

24. 程合红著：《商事人格权论——人格权的经济利益内涵及其实现与保护》，中国人民大学出版社 2002 年版。

25. 孙宏涛著：《德国保险合同法》，中国法制出版社 2012 年版。

26. 赵明昕著：《中国信用保险法律制度的反思与重构——以债权人的信用利益保障为中心》，法律出版社 2010 年版。

27. 何慎远、汪寿阳著：《中国出口信用保险研究》，科学出版社 2012 年版。

28. 秦道夫著：《我和中国保险》，中国金融出版社 2009 年版。

29. 蒲小雷、韩家平著：《企业信用管理典范》，中国对外经济贸易出版社 2004 年版。

30. 李振宇著：《资信评级原理》，中国方正出版社 2003 年版。

31. 李锦彰著：《货币之魂》，中国金融出版社 2012 年版。

32. 潘金生著：《中国信用制度建设》，经济科学出版社 2003 年版。

33. 邢海宝著：《中国保险合同法立法建议及说明》，中国法制出版社 2009 年版。

34. 彭丽萍著：《社会保障基金信托法律问题研究》，法律出版社 2013 年版。

35. 周辅成著：《西方伦理学名著选辑》（上册），商务印书馆 1964 年版。

36. 焦国成著：《中国社会信用体系建设的理论与实践》，中国人民大学出版社 2009 年版。

37. 王术君著：《出口信用论》，中国金融出版社 2006 年版。

38. 严启发、成泽宇著：《官方出口信用：理论与实践》，中国金融出版社 2010 年版。

39. 李志辉、严启发、成泽宇著：《各国官方出口信用机构概览》，中国金融出版社 2012 年版。

40. 王伟东、李雪峰著：《出口信用保险原理和实务》，中国商务出版社 2006 年版。

41. 崔吉子著：《韩国保险法》，北京大学出版社 2013 年版

42. 黄道秀著：《俄罗斯联邦民法典》，北京大学出版社 2007 年版。

43. 李文娟著：《与巨灾风险博弈》，武汉大学出版社 2009 年版。

44. 刘红林著：《发达国家保险监管制度》，时事出版社 2001 年版。

45. 邓成明著：《中外保险法律制度比较研究》，知识产权出版社 2002 年版。

46. 舒国滢、王夏昊、梁迎修著：《法学方法论问题研究》，中国政法大学出版社 2007 年版。

47. 周旺生著：《立法学》，法律出版社 2009 年版。

48. 张文显主编：《法理学》（第四版），高等教育出版社、北京大学出版社 2011 年版。

49. 周波、陈会平、王同海著：《保险法的人文精神》，法律出版社 2012 年版。

50. 何绍慰著：《中国保险保险制度研究》，社会科学文献出版社 2010 年版。

51. ［德］格哈德·瓦格纳著：《比较视野下的侵权法与责任保险》，魏磊杰、王之洲、朱淼译，中国法制出版社 2012 年版。

52. ［德］海因·克茨著：《欧洲合同法》，周忠海译，法律出版社 2001 年版。

53. ［美］理查德·H. 戴著：《混沌经济学》，傅琳译，上海译文出版社 1996 年版。

54. ［美］丹尼尔·史普博著：《管制与市场》，余阵、何帆等译，上海人民出版社 1999 年版。

55. 经济合作与发展组织（OECD）编著：《官方支持出口信贷的安排》（2015 年修订版），中国出口信用保险公司译，中国金融出版社 2015 年版。

56. 梁慧星主编：《民商法论丛》，法律出版社 2011 年版。

57. 赵秉志主编：《澳门商法典》，中国人民大学出版社 1999 年版。

58. 吴定富主编：《中华人民共和国保险法释义》，中国财政经济出版社 2009 年版。

59. 奚晓明主编：《最高人民法院关于保险法司法解释（二）理解与适用》，人民法院出版社 2013 年版。

60. 中国社会科学院语言研究所辞典编辑室主编：《现代汉语词典》，商务印书馆 1983 年版。

61. 罗竹风主编：《汉语大词典》，汉语大词典出版社 1989 年版。

62. 中国大辞典编纂处主编：《国语辞典》（影印版），商务印书馆国际有限公司 2011 年版。

63. 潘庆云主编：《中国法律语言论衡》，汉语大辞典出版社 2004 年版。

64. ［英］戴维·M. 沃克主编：《牛津法律大辞典》，北京社会与科技发展研究所编译，光明日报出版社 1989 年版

65. 郑功成、许飞琼主编：《财产保险》（第四版），中国金融出版社 2010 年版。

三、期刊论文

1. 王利明："对《合同法》格式条款规定的评析"，《政法论坛》1999 年第 6 期。

2. 贾林青："重构保证保险法律制度的法律思考"，《保险研究》2012 年第 2 期。

3. 贾林青："论保险受益人的指定与适用范围"，《保险研究》2015 年第 5 期。

4. 吴汉东："论信用权"，《法学》2001 年第 1 期。

5. 任自力："保证保险法律属性再思考"，《保险研究》2013 年第 7 期。

6. 李玉泉、卞江生："论保证保险"，《保险研究》2004 年第 5 期。

7. 石淑华、李建平："论现代信用文化建设"，《福建论坛》（人文社科版）2003 年第 1 期。

8. 赵爱玲："马克思信用理论初探"，《齐鲁学刊》2007 年第 5 期。

9. 谢家智、陈利："我国巨灾风险可保性的理性思考"，《保险研究》2011 年第 11 期。

10. 李青武、于海纯：“《伯尔尼联盟总协定》制度框架下的中国出口信用保险制度”，《首都师范大学学报》（社会科学版）2014 年第 5 期。

11. 唐英：“保险受益人若干问题的法律思考”，《吉首大学学报》2011 年第 7 期。

12. 张洪：“我国出口信用保险的经营模式探析”，《保险研究》1998 年第 4 期。

13. 何慎远：“国际出口信用保险经营模式的演进”，《保险研究》2007 年第 10 期。

14. 赵俊、柳之茂：“中西古代诚信伦理比较及其现代意义”，《兰州大学学报》（社会科学版）2010 年第 1 期。

15. 郝凤鸣：“法国社会安全法之概念、体系与范畴”，《政大法律评论》总第 58 期。

16. 梁堃、熊斌：“英国出口信贷担保署的运作方法及其法律问题”，《云南大学学报》（法学版）2006 年第 5 期。

17. 许让：“加快我国出口信用保险商业化转变刍议”，《中国保险》2013 年第 6 期。

18. 肖和保、陈荣鑫：“《澳门商法典》概述及其借鉴意义”，《财经理论与实践》2000 年第 7 期。

19. 庹国柱、朱俊生：“建立我国政策性农业保险制度的几个问题”，《金融教学与研究》2004 年第 5 期。

20. 赵苑达：“出口信用保险的商业化经营问题探讨”，《变革中的稳健：保险、社会保障与经济可持续发展——北大 CCISSR 论坛文集》2005 年。

21. 张丽：“出口信用保险合同中申请取得特定买家信用限额的影响”，《人民司法》2014 年第 2 期。

22. 于海纯：“保险人说明义务程度标准研究”，《保险研究》2008 年第 1 期。

23. 马宁：“保险法如实告知义务的制度重构”，《政治与法律》2014 年第 1 期。

24. 王静："如实告知义务法律适用问题研究"，《法律适用》2014 年第 4 期。

25. 李晓林："解读国际保险监督官协会的监管思路"，《中国金融》2007 年第 2 期。

26. 翟因华："浅谈出口信用保险立法中的若干问题"，《保险研究》1996 年第 6 期。

27. 刘学生："保险条款的效力评价——新〈保险法〉第十九条的理解与适用"，《保险研究》2009 年第 6 期。

28. 荣幸、张彤、杨成佳："国外出口信用保险理论与实践"，《保险研究》2015 年第 11 期。

29. 周玉坤："短期出口信用保险合同相关问题研究"，《保险研究》2015 年第 8 期。

30. 李本："出口信用保险制度立法的技术性考量"，《法学》2011 年第 1 期。

31. 姜福晓："人格权财产化和财产权人格化理论困境的剖析与破解"，《法学家》2016 年第 2 期。

四、博士学位论文

1. 江丽娜：《出口信用保险合同问题研究》，武汉大学 2009 年博士学位论文。

2. 谢茜：《出口信贷保险法律问题研究》，中国政法大学 2008 年博士学位论文。

3. 韩强：《出口信用保险法律制度研究》，吉林大学 2012 年博士学位论文。

4. 贾广余：《我国出口信用保险问题研究》，山东大学 2011 年博士学位论文。

5. 杨文礼：《信用哲学引论》，中共中央党校 2013 年博士学位论文。

6. 申韬：《小额贷款公司信用风险管理研究》，中南大学 2011 年博士学位论文。

7. 陈娜娜：《商业银行信用风险度量模型及其在我国的适用性研究》，西南财经大学 2007 年博士学位论文。

8. 张锐：《中国保险监管适度性研究》，西南财经大学 2011 年博士学位论文。

9. 于海纯:《保险人缔约说明义务制度研究》,中国政法大学 2007 年博士学位论文。

10. 祝节:《我国保险监管体系法律研究》,吉林大学 2011 年博士学位论文。

11. 李薇:《中国保险监管质量研究》,吉林大学 2011 年博士学位论文。

五、外文资料

1. ICISA.*An Introduction To Trade Credit Insurance*,ICISA,2013.

2. Miran Jus. *Credit Insurance*,ELSEVIER,2013.

3. Dick Briggs & Burt Edwards. *Credit insurance*:*How to reduce the risk of trade credit*,Cambridge:Wood-head-Faulkner Limited,Simon&Sehuster Intemational Group,1998.

4. Gary Collyer:*The Guide to Documentary Credits*,*Institute of Financial Services*,2015.

5. S.S. Huebner & Kenneth Black.*Property and Liability Insurance*,*Preentice Hall*,Inc.,1996.

6. Clyde William Phelps.*Commercial Credit Insurance as a Management Tool*,*Studies in Commercial Financing*,*No.*3,*Baltimore Educational Division.* Baltimore:Commercial Credit Company,1961.

7. J.L.McCauley.*Credit Insurance*:*Its Functions*,Vol.4,New York:New York State Insurance Department,1954.

8. Fabrice Morel. Credit insurance in support of international trade,*Berne Union* 2010 *Export Credit Insurance Report.*

9. Coppens D. How much credit for export credit support under the SCM agreement,*Journal of International Economic Law*,2009(12).

10. EXIM Bank of The United States. *Guide To Export Credit Insurance*,*EXIM Bankof The United States*,Washington,2014.

11. EXIM Bank of The United States. *Report To The U.S. Congress On Global Export*

Credit Competition, EXIM Bank of The United States, Washington, 2008-2015.

12. EXIM Bank of The United States. *Annual Report* 2014, EXIM Bank of The United States, Washington, 2014.

后　记

　　本书面世之际正是北京的金秋十月，这是我最喜欢的北京时节——秋高气爽、晴空万里、天高云淡，这也是寓意丰收、硕果累累的收获季节。本书是在我的博士论文的基础上丰富、完善而成，这是我送给自己的礼物，也是我送给所有关心、支持我的亲朋好友、师长同窗的礼物。

　　从来没有想过，有朝一日我能够出版真正属于自己的学术专著，直到现在都仿佛觉得这是梦一场。但是，我知道这场梦绝对不是白日做梦，而是用汗水、辛酸和坚持所培育浇灌而成的梦想之花、理想之树。对我而言，这本书犹如我的孩子，作为男人的我为此经历的不仅仅是"十月怀胎"。十余载的寒窗苦读，无数春夏秋冬的孜孜以求，不尽朝夕日夜的呕心沥血，这些都成为本书从无到有、十易其稿、日臻完善的历史见证和最佳注解。

　　我是一个比较内向腼腆的人，尤其是不善于表达感情。我深知这本书背后所蕴含的是极其厚重的感谢、感恩和感激之情，我需要感谢的人太多太多，我必须真正地勇敢一次，淋淋尽致地表达我的感情。

　　感谢中国人民大学，让我能够有幸在而立之年重温大学校园的美好，度过了难忘的四年博士时光。感谢法学院党委副书记阎芳老师，人淡如菊、心素似简的阎书记对待学生是那么的平易近人、动之以情、晓之以理，她让我真正认识到老师这个职业的伟大和光荣，让我真正感受到善意和温情的魅力和珍贵，没有阎书记的支持和关心，就没有我博士论文的完成，也不会有本书的出版面世。感谢黎建飞教授，严厉、幽默的黎教授不仅治学严谨、追求完美，更为重要的是他持之以恒学习英语的经历让我对"坚持"和"认真"这两个词语有更加直观和深刻的体会。感谢贾林青教授、邢海宝教授、张俊岩教授在博士论文写作过程中给予的悉心指导、耐心交流和专业意见，让我的论文得以在理论深度和厚度等方面实现质的突破，为本书的出版问世奠定坚实基础。感谢王利明教授、韩大元教授、林嘉教授、王轶教授、张新宝教授、董安生教授、高圣平教授、陆海娜教授，各位法学大师的治学态度、学术造诣和为人之道是对"国民表率、社会栋梁"的最佳诠释，让学生受益匪浅，终生难忘。感谢中国保监会广东监管局刘学生副局长，刘师兄是学者型官员，对保险法有着深入的研究和深刻的见解，在与刘师兄的日常交谈中，在研读刘师兄的论著中，我汲取了学术养分，开拓了研究视野。同时，还要感谢我的诸多同窗好友——常鑫博士、谢冰清博士、徐式媛博士、李磊博士、李静博士、刘灏先生、周东升先生、孙立波先生等。

感谢清华大学，让我能够在懵懂年华遁入法律之门，接受了系统而扎实的法学教育，形成较为完整的法律理念和思维，成为一名法律人。感谢朱慈蕴教授，温婉优雅的朱教授对学生总是传递着温情和善意，只要是有利于学生的事情，她都会尽力支持、鼎力帮助，十余年的师生缘分让我无比珍惜。此外，还必须感谢王保树教授、崔建远教授、许章润教授、施天涛教授、傅廷中教授、郑尚元教授、陈建民教授等。已故清华大学老校长梅贻琦先生于 1931 年在清华的就职演说中强调："大学者，非有大楼之谓也，有大师之谓也"。清华不仅有大楼，更重要是大师云集、精英荟萃，"自强不息、厚德载物"之校训得以一代又一代地传承和延续下去，清华岁月是我一生最珍贵的回忆。此外，还要感谢北京大学的刘凯湘教授、甘培忠教授在我博士论文写作中给予的支持和帮助。

感谢中国人保（PICC），让我从稚嫩走向成熟，让我懂得责任和担当，为我成为一名合格的社会人奠定坚实基础。感谢中国人保投资控股有限公司产品金融部总经理诸文辉先生，他对我的关照、支持和提携让我极为珍视，很荣幸我能被他视为是"同一个频道的人"，希望我们今后能在同一频道中引发更多的共震。感谢中国人民财产保险股份有限公司责任保险事业部总经理王玉玲女士，她是我进入中国人保的伯乐和领路人，即便是在我离别之际，王总依然对我多有提携、富有温情。感谢信用保证保险事业部总经理陈中竺女士，她是我进入信用保险殿堂的启蒙老师，是开启我博士学习历程的推动者，也是我博士论文写作的专业导师，我对于陈总始终心存感激和感恩。感谢法律部总经理邹志洪博士，已是保险法专家的邹总毫不嫌弃我乃无名小辈，与我亦师亦友，在专业研究方面给予我真知灼见和鼎力支持，在人生道路和职业生涯选择方面也是对我坦诚相待、指点迷津。感谢倪宏副总经理对我多年来工作的指导和包容，难忘儒雅睿智、才思敏捷的倪总在临别时对我的推心置腹和温情厚意。感谢张春华副总经理对我在工作和生活中的鼎力支持和帮助，在我的博士论文写作中，我完全被张总的视野、才华、认真和细致所折服。感谢康建中副总经理多年来对我的关爱和照顾，康总的君子风度和乐观心态让我总是感觉到生活的美好和前方的阳光。感谢方晓栋副总经理为我专门准备的足球告别赛，多年以来兄长般的关怀和坦诚值得我用一生去珍惜。感谢蔡黎新处长，她是我的"老领导"——虽然她始终是那么年轻，和善、优雅的蔡姐姐让我的人保时光有了更多的阳光明媚以及和风细雨，让我知道世界上还是好人多、善意足。感谢贾宁处长，他不仅是我的领导，也是我的邻居，更是我的好兄弟好"基友"，八年的风雨同舟、惺惺相惜和把酒言欢是我一生最重要的组成。他曾经说过，我和他不是"同性恋"，胜似"同性恋"。我也是这么认为的。感谢许星辰弟弟，中西通晓、才华横溢的他为我的论文写作贡献了珍贵的外文资料翻译，为本书增色不少，我是多么羡慕他的年轻有为、资质过人。感谢万千女士，集万千宠爱于一身的她让我明白，千万不要以为美女只有颜值，其实还有努力和专业，更有知性和优雅。需要感谢的还有郑霞处长、薛菲菲处长、郑璐璐处长、薛雅琴总经理、胡密飞总经理、方晓梅总经理、刘婧女士、娄天骄女士、蒋丹女士、赵露女士、李雪琼女士、柳旭女士、陈蓓女士、刘思洁女士，以及余桦总经理、邓志敏处长、潘峰处长、丛大海处长、李晖总经理、姚睿翀先生、杨东博士、施琦先生、赵彦景先生，能与这些优秀而可爱的人一起共事并相识相知是我的荣幸，我从他们身上学到很多很多，受益匪浅。此外，还要感谢康达律师事务所合伙人王正华大律师，他在保险法领域具有颇深造诣，我和他性情相似志趣相投，他给予我诸多帮助和支持。

最后，我必须感谢我的家人，家是我永远的港湾，家人是我无尽的牵挂。感谢我的父母把我带到这个世界上，含辛茹苦把我养大，从小告诉我要为人友善、要努力奋斗、要坚持自我，这些是我一辈子享之不尽、用之不完的宝贵财富。尤其是我那伟大的母亲，母爱深似海、母恩重如山，我永远难忘、终生难报。于我而言，母亲在、家就在。感谢我那年近百岁的外婆，她老人家是出生于旧社会的最普通的中国劳动妇女，虽然斗大的字也不认识一个，但她从小告诉我要好好学习、天天向上，外婆善良、勤劳、质朴，对我给予了远远超出其他孙子女或外孙子女的情和爱，希望我的外婆健康长寿。感谢我的夫人，她是如此的深明大义和通情达理，给予我充分的理解和尊重，无条件地支持我的博士学习历程，尽可能地承担了家庭的日常事务，在我最困难最郁闷的时候给我信心和力量，这本书也有她的功劳和贡献。感谢我的岳父母，他们为了让我安心学习，任劳任怨地洗衣做饭、打扫卫生，在我挑灯夜读的时候为我准备精致可口的夜宵。感谢陪伴我成长的亲人们：张颖女士、张真女士、张毅先生、邓玉英女士、伍春生先生、伍润华女士、伍学明先生、彭静女士、伍素文女士、舒蔚娜女士、林谋剑先生、伍彬先生、徐德谊先生、徐德萍女士、伍骏鹏先生等。需要感谢的亲人还有很多很多，实在无法一一列举，但是，你们的亲情和恩情始终铭记在我心。

最后的最后，我不得不感谢我自己，可能只有我自己知道我是多么的不容易，尤其是在这几年里。这本书虽然不是上乘之作，但我确实倾尽心血、穷尽精神。毫不夸张地说，我是用生命在读博和写作，我想通过这本书告诉我自己活着的意义、坚持的意义。这是属于我自己的第一本书，但我希望这不是最后一本书。

祝我自己健康、幸福、快乐，祝全天下我在乎的人以及在乎我的人健康、幸福、快乐！

张振华

2016 年 6 月 22 日于北京

图书在版编目（CIP）数据

信用风险及信用保险法律制度研究/张振华著. —
北京：中国法制出版社，2016.8（2017.4重印）
ISBN 978-7-5093-7753-6

Ⅰ.①信… Ⅱ.①张… Ⅲ.①贷款风险—法律—研究
—中国 ②信用保险—法律—研究—中国 Ⅳ.
①D922.280.4

中国版本图书馆 CIP 数据核字（2016）第 198800 号

责任编辑 侯 鹏   封面设计 杨鑫宇

信用风险及信用保险法律制度研究
XINYONG FENGXIAN JI XINYONG BAOXIAN FALÜ ZHIDU YANJIU
著者/张振华
经销/新华书店
印刷/北京九州迅驰传媒文化有限公司
开本/710 毫米×1000 毫米 16 开   印张/17.25 字数/260 千
版次/2016 年 10 月第 1 版   2017 年 4 月第 2 次印刷

中国法制出版社出版

书号 ISBN 978-7-5093-7753-6   定价：49.00 元

北京西单横二条 2 号   值班电话：66026508
邮政编码 100031   传真：66031119
网址：http://www.zgfzs.com   **编辑部电话：66060794**
市场营销部电话：66033393   **邮购部电话：66033288**

（如有印装质量问题，请与本社编务印务管理部联系调换。电话：010-66032926）